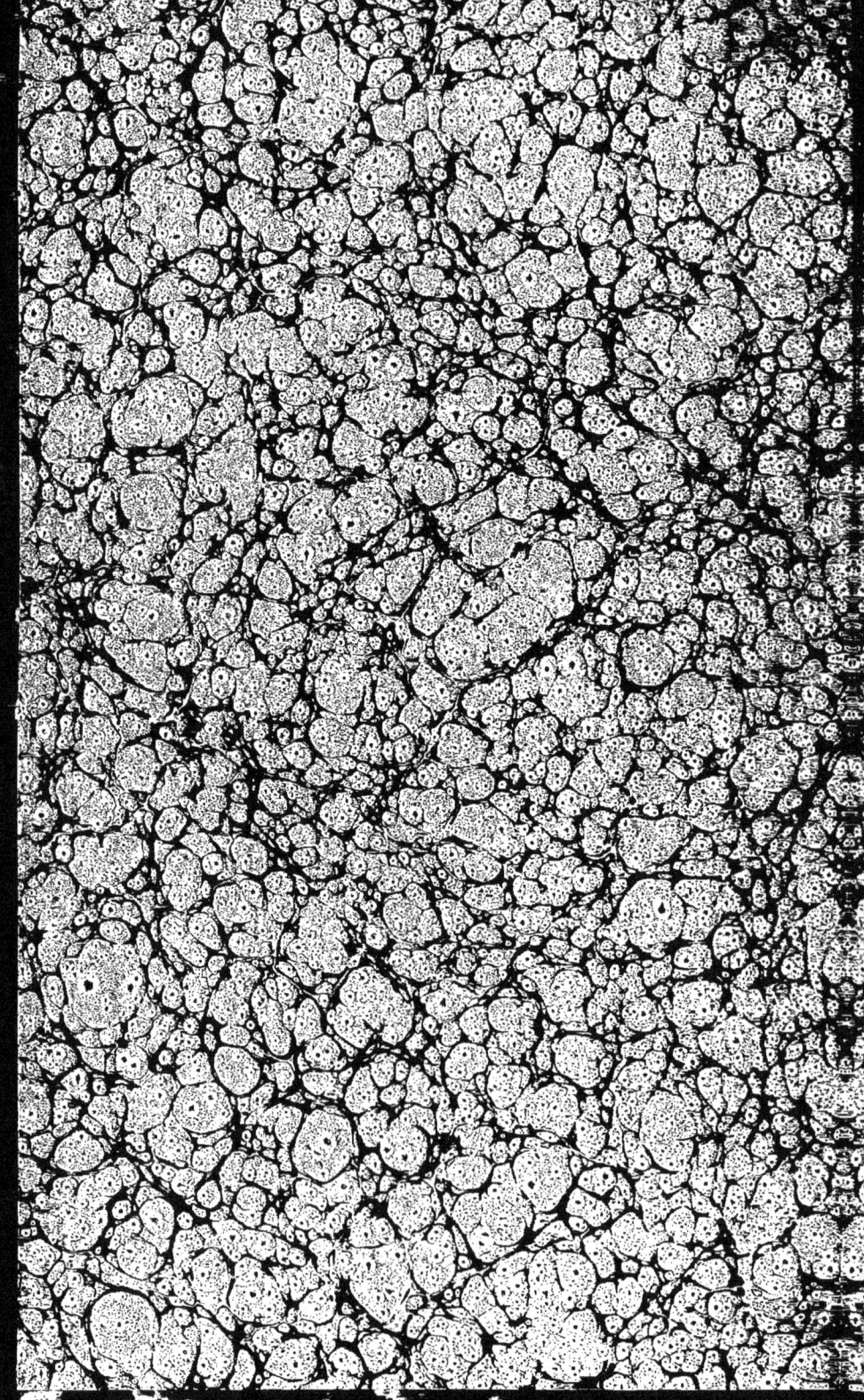

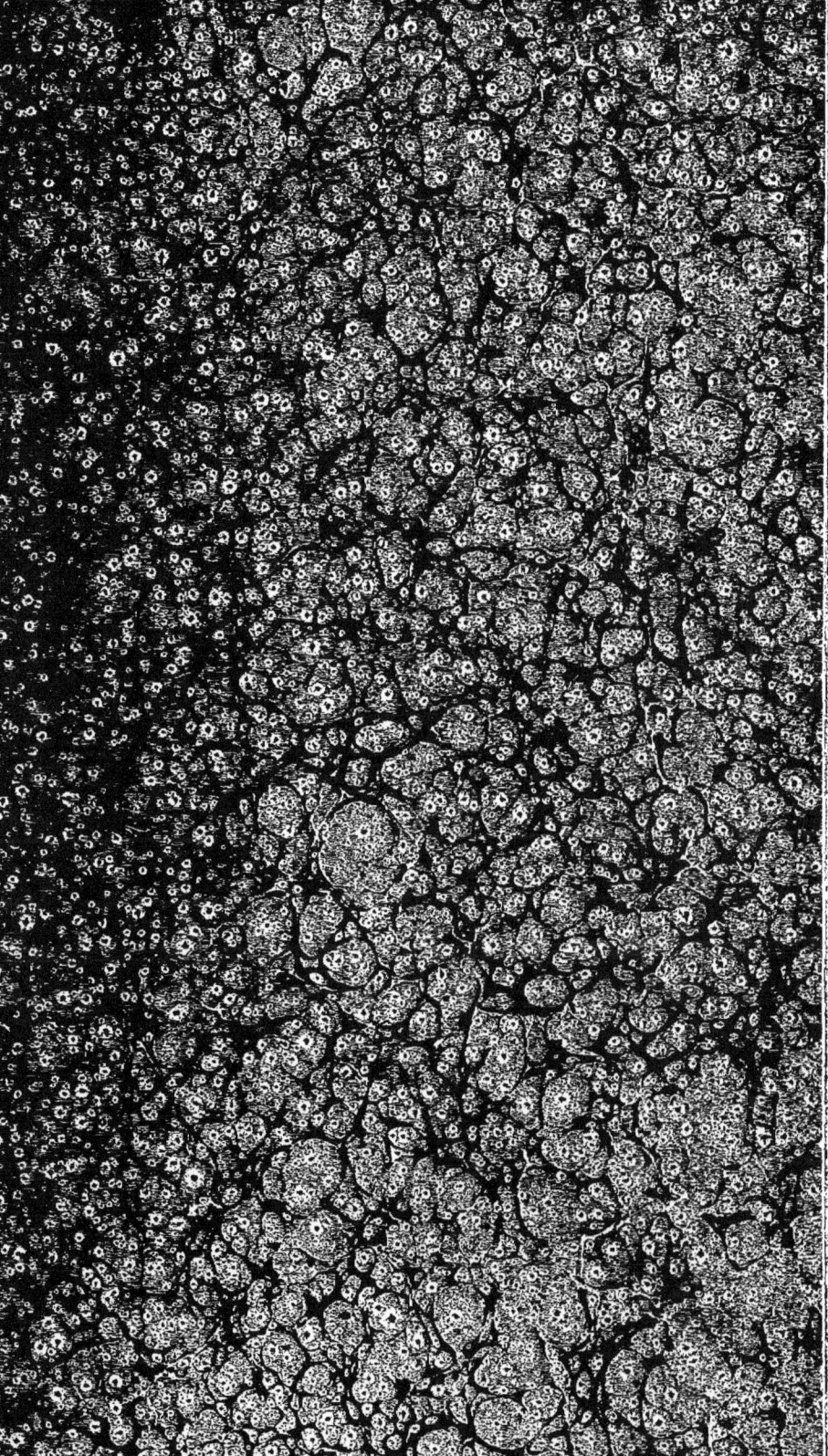

31593

DICTIONNAIRE

RAISONNÉ

D'ÉQUITATION.

Paris. Typographie de madame veuve Dondey-Dupré, rue St-Louis, 46, au Marais.

DICTIONNAIRE

RAISONNÉ

D'ÉQUITATION

PAR F. BAUCHER.

Les études premières bien comprises,
conduisent à l'érudition.
(PASSE-TEMPS ÉQUESTRES.)

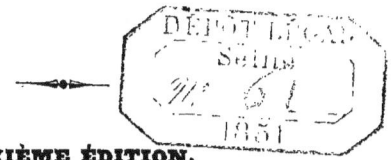

DEUXIÈME ÉDITION.

REVUE ET AUGMENTÉE.

PARIS.
CHEZ L'AUTEUR, RUE PIGALE, 36,
ET CHEZ LES PRINCIPAUX LIBRAIRES DE LA FRANCE ET DE L'ÉTRANGER.

1851

INTRODUCTION.

Malgré la prévention, souvent injuste, qui s'attache aux préfaces, sous quelque nom qu'elles se déguisent, je n'ai pu en épargner l'ennui au lecteur. J'ai senti le besoin de lui expliquer comment, sans avoir l'habitude d'écrire, j'ai été amené à faire imprimer le résultat de mes observations, et à augmenter la collection, déjà si nombreuse, des ouvrages d'équitation. J'ai senti aussi le besoin d'analyser les innovations qui se trouvent éparses dans mon Dictionnaire, et d'exposer les raisons qui m'ont fait choisir cette manière de détailler mes principes.

Une vocation prononcée m'ayant, dès mon enfance, porté d'abord à étudier et ensuite à professer l'équitation, j'ai dû méditer, avec le plus grand soin, tout ce qui avait été écrit sur cet art. J'ai cru, par la lecture de tous ces ouvrages, me faire une instruction solide et me mettre à même de pratiquer ensuite avec sûreté et connaissance de cause ; eh bien ! je dois le dire, après avoir commenté les traités, j'étais moins apte qu'auparavant à raisonner, à exécuter même ; en effet, généralement les auteurs avancent des principes sans les définir ; c'est un héritage qu'ils ont reçu et qu'ils transmettent comme le nom qu'ils tiennent de leur père ; ils les ont, il est vrai, enjolivés de phrases plus ou moins sonores, mais, pour la plupart, confuses, et ne changeant rien au fond. Pourtant c'était le fond qu'il fallait étudier et traiter ; car, à quoi bon élaguer les branches qui tiennent à un mauvais tronc ?

Comme tout ce qui n'a pas une base mathématique, l'équitation a été assujettie à toutes les variations de l'esprit humain ; chacun s'est fait une méthode suivant laquelle il a obtenu des résultats plus ou moins prompts, puis s'est empressé de mettre au jour les moyens qu'il a employés. Mais aucun, ce me semble, n'a pensé qu'il existât une règle fondamentale, constante, qui dût servir de repère à tous les écuyers. Cette instabilité m'a frappé. En voyant cette succession de faux principes adoptés ainsi de confiance, j'ai éprouvé le besoin d'en signaler les abus ; j'avais entrepris et presque exécuté cette tâche; mais, depuis, j'ai réfléchi qu'il valait mieux livrer mes propres idées au public, que de m'occuper à réfuter celles d'autrui.

Dégoûté de tous ces ouvrages amphibologiques qui ne m'apprenaient rien, puisque les uns défendaient ce que les autres avaient prescrit, je résolus de chercher, dans la pratique seule, les moyens de reconstituer une théorie. Dès lors, je me suis livré aux observations les plus minutieuses et aux essais les plus assidus. C'est en réfléchissant sur les effets, que j'ai trouvé les causes qui les produisaient.

J'ai poursuivi, d'une étude constante, une nouvelle manière de dresser les chevaux; mes recherches ont été lentes, longtemps j'ai douté du succès, parce que j'avais peine à comprendre que tous les écuyers se fussent trompés jusqu'à ce jour. D'une autre part, je ne me croyais pas appelé à faire des découvertes; mais enfin la continuité de bons résultats m'a enhardi; j'ai obtenu, en quatre mois, ce qui, naguère, me coûtait six mois de soins et de travail; plus tard, ce temps s'est réduit à deux mois, puis à un; enfin, quinze jours ne s'écoulent plus à présent, sans que je sois parvenu aux mêmes avantages.

Je me suis donc occupé de publier mes observations, parce que j'ai senti la nécessité de faire connaître ce que je regarde et comme une innovation, et comme un progrès réel en équitation.

En expliquant les résultats, j'ai dû dire comment je les ai obtenus, et, parfois aussi, comment mes devanciers se sont trompés. J'ai commencé par reconnaître la fausseté de deux assertions importantes qui, malheureusement pour l'art, ont été trop accréditées jusqu'à présent, et d'où découlent naturellement une foule d'impossibilités ; je me suis convaincu que les chevaux n'ont jamais la bouche dure, puisqu'en changeant la position de la tête et de l'encolure, je pouvais faire cesser la résistance attribuée à cette prétendue dureté de bouche. Je pense avoir suffisamment démontré cette vérité dans le cours de mon ouvrage.

On croyait encore que l'on ne pouvait ramener ou mettre dans la main les chevaux qui avaient la tête mal attachée, ou ceux dont l'angle de la ganache était trop serré ; mes observations ont détruit, à mes yeux, cette erreur, et m'ont donné la conviction qu'en faisant céder plus ou moins l'encolure, on donnait à l'animal une position qui le rendait léger à la main. C'est ce que j'ai expliqué à l'article : *Tous les chevaux peuvent se ramener.*

Il me restait encore à découvrir le meilleur moyen pour arriver promptement et sans danger à ce but. J'ai pensé à l'éducation première d'un enfant, et je me suis dit : D'abord, on lui fait connaître les lettres, puis il les assemble, enfin il lit couramment. Le cheval doit suivre une gradation analogue dans son instruction, et, s'il m'était permis de pousser cette comparaison jusqu'au bout, je dirais : La connaissance des lettres, c'est l'assouplissement; épeler, c'est placer convenablement toutes les parties de son corps ; lire enfin, c'est prendre facilement toutes les directions, une fois qu'il est en action : voilà l'instruction par gradation; mais, loin de la mettre en pratique, on la néglige. Ce n'est pas par degrés et insensiblement qu'on veut dresser un cheval : au contraire, on brusque son instruction, et une étude simple n'en précède pas toujours une plus compliquée. Aussi, bien des chevaux qui auraient été appelés à rendre de bons services, ont été viciés et même ruinés, grâce à ce mauvais enseignement.

Mes recherches ont donc eu pour but d'amener le cheval à acquérir promptement, et sans obstacle, cette souplesse et cette position dont je viens de parler. Le trot, tant recommandé pour les jeunes chevaux, ne pouvait remplir mes intentions, parce qu'à cette allure j'avais à travailler à la fois l'action et la position. Le pas présentait moins de difficultés; mais encore me fallait-il conduire le cheval, et mes mouvements pour le diriger se confondaient avec ceux que je faisais pour combattre ses forces. C'est donc par un travail en place, les quatre jambes fixées sur le sol, que j'ai définitivement pensé qu'il fallait commencer l'éducation.

Le cheval n'étant occupé que d'une seule chose, il est beaucoup plus facile de faire prendre toutes les positions possibles à sa tête et à son encolure, positions qui sont indispensables, puisque le cheval ne peut résister que par le plus ou le moins de facilité qu'il a à disposer de ses forces, et que la souplesse des parties soumises au cavalier, en neutralisant leurs contractions, le contraint à répondre à tous les mouvements de celui-ci.

J'ai tout ramené à ce principe, et le lecteur remarquera que tous mes moyens pour dresser un cheval, le corriger de ses mauvaises habitudes, et l'amener à effectuer un mouvement auquel il se refusait, consistent dans le même mode d'agir ; ce mode, c'est le travail en place où l'inaction, qui sont synonymes.

Si, dans quelques articles de ce Dictionnaire, j'ai cité et réfuté des passages d'auteurs vivants, ce n'est pas que j'aie cherché à me faire des prosélytes en dénigrant ceux qui ont écrit avant moi ; telle n'a jamais été mon intention ; mais j'ai voulu montrer aux jeunes cavaliers les erreurs dans lesquelles on est tombé. Une conviction ferme et entière, fruit d'études constantes, m'a seule déterminé, je le répète, à publier le résultat d'observations que je crois justes et utiles à l'art de l'équitation.

Au surplus, n'aurais-je fait que prouver cette vérité, *que presque toutes les défenses ou mauvaises dispositions des chevaux tiennent à une seule cause, le manque d'équilibre, suite de l'absence de souplesse* ; n'aurais-je fait que donner les moyens de corriger ces défauts, je croirais avoir rendu un assez grand service à l'art, et la critique devrait au moins m'en tenir compte.

On trouvera, sans doute, que je n'ai pas assez indiqué les mouvements qu'on doit faire dans maintes occasions. Je répondrai que ma méthode a pour unique base l'instruction *et le bien mener* du cheval; que, dès lors, je ne puis raisonner qu'avec des hommes déjà imbus de certains principes; c'est à l'intelligence de ceux-ci que je m'adresse. Expliquer avec la plume l'effet plus ou moins fort de tel ou tel contact n'est pas chose facile; aussi ne serai-je compris qu'imparfaitement par les gens qui n'auront pas déjà les connaissances préliminaires.

J'ai cru qu'il était nécessaire de donner la signification de plusieurs mots techniques assez mal compris, en général, des personnes qui s'occupent de cet art, leur faisant toutefois observer qu'il est préférable de parler un langage entendu de tout le monde. Ces considérations m'ont amené à penser que la forme de Dictionnaire se prêtait suffisamment aux explications que je voulais donner, et qu'elle rendait les recherches plus faciles.

J'ai développé, aussi longuement et clairement qu'il m'a été possible, les articles que je considérais comme fondamentaux. Je recommande donc principalement à l'attention du lecteur les articles intitulés : ÉCUYER. — ÉDUCATION RAISONNÉE. — FILET. — FUIR LES HANCHES. — GALOP. — INTELLIGENCE. — LEÇON. — MARTINGALE. — MORS. — POSITION DE L'HOMME A CHEVAL. — RAMENER. — RASSEMBLER.

Je n'ai recueilli que ce qui avait un rapport immédiat à l'équitation proprement dite ; bien d'autres auteurs ont suffisamment, trop longuement peut-être, parlé de tout ce qui compose les selles, brides, etc., etc.

Quant aux vingt espèces de mors les plus connues, je me suis bien gardé d'en faire connaître même les noms ; l'usage de la plupart de ces mors est par trop pernicieux. Le mors le plus doux et le plus simple est celui dont je me sers avec tous les chevaux. (*Voyez* MORS ET SES EFFETS.)

Je n'ai pas voulu non plus parler des soins à donner aux chevaux ; nous avons sur l'hygiène et l'hippiatrique d'excellents ouvrages modernes, qui ne laissent rien à désirer à cet égard.

Dix-sept années se sont écoulées depuis l'époque à laquelle j'écrivais cette introduction ; mes recherches et mes travaux constants m'ont amené à reconnaître que cette édition de mon Dictionnaire, entièrement épuisée du reste, laissait encore beaucoup à désirer. Je me suis donc déterminé à le faire réimprimer en y ajoutant, d'une part, les articles qui m'étaient échappés et en modifiant ceux auxquels la pratique m'a fait apporter quelques changements.

Depuis cette première publication, j'ai fait paraître une méthode d'équitation qui a éveillé l'attention de quelques officiers supérieurs de cavalerie. C'est alors que le ministre de la guerre m'appela à initier l'armée à mes nouveaux principes. Après deux années d'essais, les colonels et capitaines instructeurs donnèrent leur approbation; le duc de Nemours et quatre généraux du comité de cavalerie furent opposés; cette majorité de quatre contre trois fit rejeter ma méthode, à part toutefois les flexions. Je ne parlerai pas de mes peines et de mes soins, dont on ne m'a même pas remercié, mais le peu d'égards que l'on a eu pour l'opinion exprimée par les officiers de cavalerie, très-compétents dans la matière, est trop criant pour le laisser passer sous silence. Je crois donc devoir donner ici la copie d'un certain nombre de rapports inédits pour que le lecteur puisse apprécier les faits au moyen de pièces authentiques.

1er régiment de Hussards. — Rapport de M. de Kersolain, capitaine instructeur. Inspection 1843.

Des cent trente-six chevaux qui ont passé rigoureusement par toutes les prescriptions de la méthode provisoire, aucun n'a présenté de sérieuses difficultés. Celles qui ont pu s'élever momentanément, provenaient uniquement du cavalier, et il a suffi de faire monter le cheval par un homme plus adroit pour en acquérir la certitude. Bien mieux, cette patience, cette douceur, si nécessaires dans les flexions, la mise en main, etc., ont toujours vaincu dès les premières leçons les susceptibilités, les méchancetés même de quelques-uns, soit pour s'assujettir à la croupière, soit pour se laisser monter. Tant il est vrai, que ces principes qui reposent autant sur l'intelligence du cheval que sur celle du cavalier, établissent de prompts rapports entre eux.

Cette méthode est plus *prompte*, puisqu'en retranchant les dimanches ou jours de fêtes, ou ceux pendant lesquels le travail se trouve forcément interrompu, l'instruction du cheval est toujours terminée en *trente-cinq* ou *quarante leçons* d'une heure, et que rigoureusement, si les circonstances le demandaient, le cheval serait déjà, dès la *troisième* leçon, assez soumis, assez souple pour entrer dans les rangs.

Cette méthode est plus *facile*, parce qu'au moment où le cavalier commence à monter sur le cheval, il a déjà sur lui un moyen de puissance, soit dans la connaissance qu'il lui a donnée du mors, soit dans l'assouplissement qu'il a obtenu de l'encolure, qui est le véritable point d'appui de toutes les résistances. Et puis, cette sage progression qui ne passe que successivement d'une partie du cheval à l'autre, avant-main d'abord, arrière-main ensuite, en bornant les exigences toujours trop grandes des cavaliers avec les jeunes chevaux, facilite le travail de l'un et de l'autre, et évite tous ces désordres, ces accidents qui se renouvelaient si souvent par l'ancienne méthode. Il ne pourrait être cité aujourd'hui un seul exemple de défenses qui aient désarçonné un cavalier.

Cette méthode est plus *complète,* car admis à l'escadron, beaucoup de chevaux conservaient autrefois leur mauvaise position de tête, qui détruit toujours la mise en main. Mais assouplis par le travail préparatoire et individuel, ils cédaient plus habituellement par irritation que par conviction, et dès que les mouvements devenaient individuels, on rencontrait souvent des résistances qui compromettaient le cavalier, s'il ne savait pas les vaincre, ou fatiguaient le cheval par des luttes incessantes, s'il le réduisait.

Enfin, cette méthode est essentiellement *conservatrice* du cheval; elle ne suscite de sa part aucune de ces défenses qui rendent l'application difficile et dangereuse, et la progression en est aussi rationnelle pour ses moyens, que modérée pour ses forces, si on la restreint à la méthode du 17 décembre 1842, qui ne donne lieu à aucune observation critique.

Les autres principes développés par M. Baucher, tout raisonnés qu'ils sont, restent dans le domaine de la haute équitation, et par conséquent des cavaliers privilégiés ; leur application rencontrerait impuissance pour beaucoup et inconvénients pour les autres.

Le capitaine instructeur,
Signé DE KERSOLAIN.

5° régiment de Cuirassiers. — Rapport sur l'Essai de la Méthode Baucher, pour le dressage des jeunes chevaux, par M. Guays, capitaine instructeur.

Cette méthode a donc été essayée sur six chevaux n'ayant jamais travaillé, deux chevaux ayant déjà reçu huit leçons, et deux chevaux présentant des difficultés.

M. Baucher, qui jouit d'une immense réputation comme écuyer, a pu se convaincre par lui-même que la roideur de l'encolure et de la croupe occasionne seule les résistances que nous attribuons à tort à une mauvaise bouche ou aux mauvais penchants du cheval ; il a donc cherché à assouplir ces parties avant de mettre le cheval en mouvement.

Au moyen de ces assouplissements et de la mise en main, le cheval ne présente plus de résistances sérieuses et est continuellement à la disposition du cavalier; cette mise en main donne aussi au cavalier la possibilité de maintenir toujours le cheval en équilibre en ramenant le centre de gravité à sa véritable place ; par la mobilisation de la croupe, le cheval apprend à connaître les jambes en une ou deux leçons.

Cette méthode paraissait d'abord difficile à appliquer, parce qu'il était à craindre qu'elle ne fût au-dessus de l'intelligence de beaucoup de sous-officiers et brigadiers, et surtout des cuirassiers qui exécutent ; au bout de trois leçons, non-seulement les instructeurs donnaient la leçon, mais encore les cuirassiers exécutaient sans le secours de personne.

Les chevaux soumis au travail sont, au bout de douze leçons, assouplis de l'avant et de l'arrière-main, répondent sans hésiter à ce que leur demande la main du cavalier, cèdent à l'instant à la pression des jambes, reculent sans s'acculer et sont légers à toutes les allures, autant que leur conformation le leur permet.

Des deux chevaux qui présentaient des difficultés, l'un est devenu parfaitement tranquille et obéissant, l'autre n'a pas rué depuis quatre jours.

Ces résultats obtenus en si peu de temps ne laissent plus de doutes sur l'excellence de la méthode de M. Baucher pour le dressage des jeunes chevaux, et font désirer qu'elle soit adoptée pour l'armée; en l'employant, on obtiendra en douze ou quinze leçons ce qu'on n'obtenait pas avant en deux mois, et on arrivera à assouplir le cheval dans toutes ses parties et à annuler ses résistances.

Le capitaine instructeur,
GUAYS.

3ᵉ régiment de Lanciers. — Rapport de M. de Mezange, capitaine instructeur, sur les résultats obtenus par la mise en essai dans son régiment, de la nouvelle Méthode de M. Baucher, pour dresser les jeunes chevaux.

Dix chevaux de troupe et deux d'officiers ont été mis à la disposition de M. Baucher, pour être soumis au mode de dressage proposé par cet écuyer.

Il eût été à désirer que les chevaux désignés pour cet essai eussent été complétement neufs, et sans nulle ébauche d'éducation; mais le régiment n'en avait plus dans cette catégorie, et il a fallu choisir parmi ceux dont l'instruction se trouvait la moins avancée, c'est-à-dire parmi des chevaux qui, quoique depuis un an environ au corps, n'avaient vraiment, à cause de leur jeune âge, commencé leur instruction que depuis une quinzaine de jours, et encore parmi ceux-là a-t-on choisi de préférence ceux qui présentaient quelques difficultés, soit par défaut de construction, soit par irritabilité, méchanceté ou toute autre cause.

M. Baucher a obtenu en douze leçons ce que nous n'osions demander aux chevaux qu'après deux mois au moins de travail, et il l'a obtenu avec des cavaliers inhabiles et non formés à sa méthode, sur des chevaux choisis parmi les plus difficiles et les plus mal conformés. Les chevaux, s'ils n'ont pas encore tout le fini de l'éducation, obéissent au moins avec cette souplesse et cette légèreté qui sont tout ce que l'on peut demander au cheval de guerre. C'est là sans doute un résultat immense et qu'on doit d'autant plus apprécier qu'il a été obtenu par des procédés aussi simples que naturels, et par une méthode graduée, raisonnée, à la portée du cavalier médiocre, sans aucun danger et sans fatigue pour le cheval.

Il y a en effet deux parties bien distinctes dans le système de M. Baucher. La première consiste dans l'annulation complète de toutes les résistances du cheval par l'assouplissement successif et méthodique de la mâchoire, de l'encolure, des hanches et des reins. A l'aide de ces assouplissements arrive bientôt la mise en main, sans laquelle il n'y a point de bonne position et de légèreté. Le cheval est alors disposé à supporter des effets d'ensemble ; de légères oppositions de main et de jambes mettent facilement en rapport les forces des deux extrémités ; le cheval obéit à toutes les impulsions qu'on veut lui donner, toujours léger, souple et liant. C'est là, en quelque sorte, la partie élémentaire de l'art ; c'est la limite où doit s'arrêter l'équitation militaire commune et l'instruction du cheval de troupe. Cette partie, aussi facile dans l'exécution que prompte et féconde dans ses effets, a suffi pour obtenir les résultats dont nous avons parlé plus haut. Que l'on se hâte donc de propager cette méthode, ce sera rendre un service éminent à la cavalerie ; par elle en effet les instructeurs trouveront économie de temps dans le dressage des jeunes chevaux, amélioration et conservation de ces animaux. Par elle encore l'intelligence des cavaliers se développera; ils acquerront la connaissance et l'usage des aides, ainsi qu'un tact plus sûr et plus délicat dans la main; il y aura parmi eux émulation; l'amour du cheval et le goût de l'équitation se réveilleront, car l'on se passionne vite, lorsque chaque pas amène un progrès. Faire vite et bien faire, voilà enfin où conduira une méthode si simple, qu'elle peut être apprise et pratiquée en une seule séance, mais si bien raisonnée, si bien graduée, que l'on ne s'étonne bientôt plus que les résultats soient aussi décisifs.

La seconde partie de l'art, qui du reste se lie intimement à la première, consiste dans la concentration de toutes les forces du cheval vers le centre de gravité, concentration qui tend à les annuler, à les livrer à la disposition du cavalier, de telle sorte qu'il puisse les répartir à son gré, suppléer aux vices physiques de l'animal, et produire toutes ces savantes combinaisons de la haute équitation, avec lesquelles M. Baucher a su rendre familiers tous ceux qui s'occupent d'équitation.

C'est là la partie savante de l'art, la partie qui

doit rester l'apanage de l'écuyer, mais que cependant l'on ne saurait trop s'efforcer de propager partout où il y a goût et intelligence de l'équitation.

Ce n'est point à moi qu'il appartient de suivre la méthode de M. Baucher dans tous ses développements et dans son application à la haute école ; mais je ne saurais terminer sans témoigner ici toute mon admiration pour une science qui peut se raisonner, avec autant de précision et de logique qu'un problème mathématique, et dont les effets dans l'application, sont aussi certains et aussi positifs que ceux que le mécanicien imprime à la machine qu'il a savamment organisée.

Paris, 4 avril 1842.

Le capitaine instructeur,
DE MEZANGE.

9ᵉ régiment de Cuirassiers. — Rapport de M. le lieutenant-colonel de Mermet, sur la Méthode Baucher. Inspection générale de 1844.

Mon colonel,

Conformément à votre lettre du 18 juin, j'ai l'honneur de vous adresser un rapport sur le dressage des chevaux de remonte par la méthode Baucher.

M. Baucher a trouvé des adversaires, cela ne pouvait pas être autrement : quel novateur n'a pas trouvé d'oppositions? Ses adversaires naturels étaient d'abord les professeurs d'équitation, dont l'amour-propre n'a pu se résigner à adopter une doctrine dont quelques points essentiels sont en opposition directe avec ce qu'ils ont pratiqué toute leur vie. Une autre classe d'adversaires (et celle-ci est la plus nombreuse et la plus dangereuse) se compose de gens qui n'ont ni assez de patience, ni assez de temps pour étudier à fond, non-seulement dans les livres, mais en pratiquant la nouvelle méthode d'équitation, et qui trouvent beaucoup plus commode de dire : *Ceci ne vaut rien*, que de chercher à combattre par des raisonnements, fruits d'une étude approfondie, une chose qu'ils ne comprennent pas. J'ai suivi avec soin et assiduité le développement et la mise en pratique de la nouvelle méthode d'équitation, depuis l'époque où elle a fait du bruit dans le monde équestre, et je puis affirmer un fait qui est le fruit de mes observations depuis trois années, c'est que je n'ai pas vu un seul des adversaires de M. Baucher, quelque prévenu qu'il fût, persister dans ses préventions après une étude sérieuse de sa méthode. Sur trente-deux capitaines instructeurs ou lieutenants d'instruction réunis à Lunéville sous mes ordres, pour y être initiés au nouveau mode d'équitation, pas un n'est retourné à son régiment sans emporter la conviction la plus complète ; et pourtant, parmi ces officiers, qui depuis longtemps professent eux-mêmes l'équitation, la méthode de M. Baucher devait naturellement trouver une grande opposition.

La méthode de M. Baucher est positive et rationnelle ; elle est facile à comprendre, attrayante pour le cavalier, donne le goût du cheval et de l'équitation, si généralement perdu dans la cavalerie française ; elle tend à développer les qualités du cheval, surtout celle de légèreté qu'on aime tant à rencontrer dans le cheval de selle. Mise en pratique dans les régiments de cavalerie, elle doit donner les meilleurs résultats et faire faire à cette arme un immense progrès ; appliquée au dressage du jeune cheval, elle développe son intelligence et adoucit son caractère en lui faisant trouver aisance et agrément dans la domination du cavalier ; elle le préserve de la ruine primitive qu'entraîne souvent un dressage mal entendu. Appliquée à l'instruction des officiers, des sous-officiers et du peloton modèle, elle donne le goût de l'équitation, qui, on ne cesse de le répéter, se perd de jour en jour. Mon opinion personnelle est donc entièrement favorable à la nouvelle méthode d'équitation de M. Baucher. Je pense qu'elle est appelée à produire de grands et heureux résultats, et que ces résultats seront encore bien plus positifs, si, comme cela me paraît indispensable, on met promptement en rapport avec les principes de la nouvelle méthode, les trois premières leçons de l'école du cavalier à cheval. Je puis citer à l'appui de mon opinion les résultats que j'ai obtenus au 2e de cuirassiers, où, détaché avec deux escadrons, j'ai dressé, d'après la nouvelle méthode, et mis dans les rangs en six semaines cent soixante jeunes chevaux, tandis que les chevaux de la même remonte des autres escadrons, dont l'instruction avait été développée d'après l'ordonnance, étaient encore aux jeunes chevaux trois mois après. Je citerai également les travaux exécutés à Lunéville, où j'ai dirigé, sous les ordres de M. le lieutenant général Oudinot, les essais de la nouvelle méthode d'équitation. Ces résultats ont été tels, que j'ai exécuté devant M. le duc de Nemours, avec cent jeunes chevaux provenant des remontes d'Allemagne, d'Angleterre et de Normandie, le carrousel militaire de l'école de Saumur, en trente-quatre journées de travail. Mais ces différents essais ayant été l'objet de rapports particuliers adressés au ministre de la guerre, je me borne à les indiquer ici comme servant de base à mon opinion personnelle.

Depuis que la nouvelle méthode provisoire a été mise en usage au 9ᵉ régiment de cuirassiers, elle a été suivie par messieurs les officiers et sous-officiers qui ont fait un cours de manége et appliquée au dressage des jeunes chevaux.

Messieurs les officiers ont obtenu des résultats très-satisfaisants sur leurs propres chevaux : plusieurs d'entre eux ont dressé des chevaux dont ils n'auraient jamais pu se servir sans l'application de la nouvelle méthode.

Les résultats obtenus par les sous-officiers ont été également remarquables, et l'on s'aperçoit facilement à la manœuvre que les guides et les sous-officiers des ailes des escadrons, sont devenus de plus en plus maîtres de leurs chevaux à toutes les allures.

Quant aux jeunes chevaux, qui tous depuis deux ans et demi ont été dressés par la nouvelle méthode, pas un n'a été rendu au capitaine instructeur par les escadrons comme n'étant pas suffisamment instruit, ce qui arrivait journellement autrefois.

Mon opinion sur la méthode provisoire de M. Baucher lui est entièrement favorable; je pense qu'il est utile d'en continuer l'application au dressage des jeunes chevaux, et de la mettre en rapport le plus promptement possible avec notre ordonnance sur les exercices et les évolutions.

J'ai l'honneur d'être, etc.

Le lieutenant-colonel,
DE MERMET.

6ᵉ régiment de Lanciers. — Rapport de M. Peireimond, capitaine instructeur.

Pour résumer notre opinion, nous dirons: Le système émis par M. Baucher est de tous les systèmes d'équitation publiés le plus complet, le plus logique, le seul dans lequel, de déduction en déduction, le principe donne les résultats obligés; qu'il doit donc être la base de toute éducation du cheval; mais à l'intelligence de celui qui l'applique à le faire, suivant les besoins, les services auxquels le cheval est destiné.

La méthode provisoire du mois de décembre,

raccordée avec les principes du système général en tout ce qui s'en écarte, consacrant, comme exception pour les natures difficiles, l'attaque, cette conséquence essentielle d'un principe vrai, satisfait à tous les besoins de l'instruction militaire.

Enfin, la vérité de la méthode nouvelle admise, modifier l'ordonnance, et par suite l'instruction générale des corps dans le sens de cette théorie acceptée, car il ne peut y avoir dans l'armée deux principes différents d'instruction, deux éducations dissemblables, celle de l'homme et celle du cheval.

L'historique des essais faits au corps est tout entier dans la division et la progression prescrites par la méthode provisoire du 12 décembre.

Comme premier essai, cinquante chevaux furent soumis à cette méthode nouvelle ; ils exécutèrent tout ce qu'elle prescrivait : quarante-deux furent admis à l'école d'escadron après soixante-dix leçons.

Depuis, quatre-vingt-cinq autres jeunes chevaux ont été instruits d'après les mêmes principes, et ils sont prêts à entrer dans les escadrons après le même nombre de leçons environ. La progression parfaite de cette méthode, qui procède toujours de la partie au tout, du simple au composé, fait que l'on rencontre rarement de sérieuses résistances dans l'éducation du jeune cheval. Tous les chevaux se sont montrés dociles, et leurs progrès ont été en raison de leur race, de leur conformation, de leur énergie, des cavaliers enfin qui les dressaient. Nous ferons observer seulement qu'une partie des chevaux de cette dernière catégorie, montés par les cavaliers qui avaient dressé les premiers soumis aux essais, ont été plus prompts, plus faciles dans leur instruction : cela devait être, les hommes avaient compris.

Pour tous, les résultats de cette instruction nouvelle sont remarquables et réels, les chevaux ont été jugés faciles, obéissants, légers, mieux dans leur aplomb, et ce à toutes les allures.

Que si ces résultats n'ont point été encore tout ce qu'ils devraient, tout ce qu'ils pourraient être, la faute n'en est point à la méthode elle-même, mais bien à des causes indépendantes de ses principes.

Ainsi, nos selles, si mal entendues pour toute véritable équitation, tendant constamment à se porter en avant, privent le cavalier, en grande partie, de l'action des jambes en même temps que le pommeau gêne celle de la main.

Les libérations anticipées, si rapprochées les unes des autres, ne nous laissent que des recrues et point de cavaliers faits, capables ; puis, pour faire des cavaliers, nous n'avons que des cadres qui, chaque année, se renouvelant presque complétement, permettent à peine à ceux qui les composent d'apprendre ce qu'ils doivent enseigner.

Là est l'empêchement le plus réel à toute instruction vraie, bonne, complète.

Voilà les obstacles à vaincre pour doter l'armée d'une cavalerie instruite, intelligente, pour obtenir d'une méthode tous les résultats qu'elle peut donner.

Le capitaine instructeur,
PEIREIMOND.

2ᵉ régiment de Hussards. — Rapport annuel sur la Méthode Baucher, par M. Delard, capitaine instructeur.

Dans la méthode Baucher, il faut distinguer : premièrement le but, secondement les moyens.

La méthode Baucher a sur toutes celles qui l'ont précédée au moins cet avantage, que son *but* est clairement et nettement défini ; elle se propose de rectifier l'*équilibre naturel* du cheval quand cet équilibre est défectueux. L'*équilibre naturel du cheval* est défectueux lorsque par une conséquence inévitable de toute conformation vicieuse le poids général est réparti de telle sorte, que le centre de gravité se trouve plus ou moins éloigné de sa place normale. Alors il y a surcharge sur l'un des deux points extrêmes de la base de sustentation, et il est facile de comprendre que cette surcharge doit nécessairement fausser les allures et rendre l'exécution des mouvements propres à la partie surchargée, sinon impossible, au moins d'une extrême difficulté. De là les défenses et surtout l'usure prématurée de ces chevaux de troupe, dont la conformation est généralement si imparfaite. Le *but* que se propose la méthode Baucher, en rectifiant l'*équilibre naturel* du cheval, est donc rigoureusement conforme à la raison et d'une utilité incontestable.

Les *moyens* mis en usage par la méthode Baucher pour arriver au but que nous venons d'indiquer, sont d'une grande simplicité; ils n'exigent l'emploi d'aucun mode particulier de harnachement. La méthode repousse également comme inutiles ces divers instruments qui figurent dans les manéges de l'ancienne école, et sont pour le cheval autant de tortures. La main et les jambes du cavalier lui suffisent avec la bride d'ordonnance pour accomplir toutes les actions prescrites. La méthode se contente de soumettre isolément et successivement dans un certain ordre, les principales parties du système locomoteur à un exercice approprié, qui procure à chacune d'elles la plus grande souplesse et la plus grande liberté de mouvement. Cet assouplissement gradué et successif conduit ainsi à un résultat général ou d'ensemble, lequel donne au cavalier la faculté de faire refluer le centre de gravité dans telle direction qu'il lui plaît de choisir. Or, le cavalier disposant à son gré du centre de gravité de la machine équestre, il est clair que rien ne peut l'empêcher de ramener et de maintenir le centre de gravité à sa place normale, d'où il résulte que le but de la méthode est atteint.

Il convient maintenant de poser les trois questions suivantes : **1°** la méthode Baucher est-elle dangereuse ? **2°** est-elle efficace ? **3°** est-elle applicable à l'armée ?

1° Les procédés qu'emploie la méthode sont d'une intelligence si facile et d'une exécution si simple, qu'il suffit de les avoir pratiqués une seule fois pour être convaincu de leur parfaite innocence; par ces procédés on sollicite constamment le cheval, non à faire *effort*, mais, au contraire, à *céder*: dès lors il ne peut évidemment en résulter aucun dommage pour son organisme.

2° Quant à l'efficacité de la méthode, il est clair qu'elle tient essentiellement à l'emploi judicieux des procédés indiqués. Il en est de la méthode comme d'un médicament dont l'effet salutaire dépend de l'*opportunité* de l'application et de la *dose*. Cependant il ne faut pas trop s'exagérer la difficulté *d'appréciation et de mesure* que présente l'emploi de la méthode; en cela comme en toute chose, il faut du travail et du temps; mais pour peu que le cavalier soit attentif, il est rare qu'il n'acquière pas en quelques leçons un *tact* suffisant.

3° La partie élémentaire de la méthode renfermée dans l'instruction provisoire, est assurément à la portée de toutes les intelligences, et nous ne voyons rien, sous ce rapport, qui puisse l'empêcher d'être applicable à l'armée.

En résumé, le *but* de la méthode est rationnel; les *moyens* qu'elle emploie ne présentent aucun *danger;* son efficacité peut être garantie toutes les fois qu'elle est pratiquée par un cavalier suffisamment instruit, et son application à l'armée ne peut soulever aucune difficulté sérieuse.

Béziers, 7 mars 1845.

DELARD.

Résumé des rapports de MM. les Officiers composant l'état-major de l'Ecole de cavalerie de Saumur.

M. CONRARD, capitaine. Il se résume ainsi :

Les résultats que j'ai obtenus en trente-six leçons dans le dressage de *Joccé*, ont été immenses et m'ont convaincu de toute la vérité du système de M. Baucher. En effet, Joccé, d'une conformation commune et à encolure courte, est arrivée à une légèreté telle qu'elle figurerait avec succès dans une reprise de chevaux de manége. La méthode Baucher demande une grande réserve dans l'emploi de ses principes, exige du tact et de l'intelligence, et surtout le sentiment du cheval; mais elle est exacte, les calculs en sont bien raisonnés. J'ai lieu d'espérer qu'avec le temps et l'expérience, justice lui sera rendue ; il n'appartient qu'au temps de faire germer les principes de cette méthode et de lui assurer une supériorité bien méritée sur l'ancienne équitation.

M. RAME, capitaine. Après avoir rendu compte du travail journalier, il dit :

A cette dernière séance, la jument était aussi dressée qu'il le faut pour l'admettre à l'escadron, et montée le lendemain par un homme qui ne connaît pas le système Baucher, et au sabre elle a répondu correctement à tout ce qu'on lui a demandé.

M. de Jourdan, capitaine. Avant que cette jument ne fût soumise à cette instruction, elle avait été plusieurs mois à l'infirmerie pour boiterie de l'épaule. Je ne pense pas qu'elle soit complétement guérie, il lui reste du moins une grande faiblesse ; ce qui le prouverait, c'est l'amoindrissement de cette partie comparativement à l'autre épaule ; toute la conformation est faible et réclame un travail modéré et très-progressif. Celui qui a été suivi et dont la précipitation ne peut avoir pour excuse que le peu de temps qu'on avait à y employer, n'a été d'aucun fruit pour son instruction, qui néanmoins est assez complète au pas et au trot. Il n'est pas douteux qu'avec un plus grand nombre de leçons, je serais parvenu à lui conserver sa légèreté et la bonne position dans tous les mouvements et à toutes les allures. Quoique cette instruction ne fût pas en rapport avec le degré de force de mon cheval, je n'en ai pas moins été à même d'observer la justesse des principes qui m'ont été donnés, et reste convaincu qu'avec un nombre de leçons proportionné à ses moyens, je serais arrivé à une instruction complète et à un degré de légèreté que je n'aurais pas obtenu sans la méthode de M. Baucher.

Les résultats obtenus en général, quoique très-incomplets, suffisent pour prouver toute l'importance que l'on doit attacher à l'expérimenter à l'école de cavalerie surtout, et dans les régiments.

Si on s'en occupe sérieusement, on aura peut-être bientôt reconnu ce qui est applicable par la cavalerie et tous les avantages qu'elle peut en retirer.

M. ROLLAND, capitaine. A cette dernière leçon la jument était aussi légère qu'on pouvait le désirer, elle exécutait avec précision et facilité les changements de pied en l'air et toutes les figures de manége. En résumé, je crois que cette méthode, bien comprise et bien appliquée, doit amener de bons résultats pour les chevaux de troupe, et de grands avantages pour les chevaux de manége.

M. OUDET, capitaine écuyer. La progression m'a paru très-bien entendue jusqu'au départ au galop. Jusque-là, aussi, les résultats ont été très-satisfaisants. A partir de ce moment, soit que les chevaux ne fussent pas assez avancés, soit que la progression au galop ne fût pas assez graduée, les progrès ont été moins grands. Cependant, au bout de huit à dix jours, l'ensemble des chevaux allait bien et changeait même de pied passablement. Il est bon d'observer que M. Baucher, n'ayant qu'un temps limité, a dû hâter son travail, et, comme il l'a dit lui-même, s'attacher à bien faire comprendre les principes plutôt que la perfection de l'exécution. Je pense qu'il a bien rempli sa mission. Et en résumé, je considère que la méthode de M. Baucher est une source de grandes jouissances pour l'homme de cheval et de progrès pour la cavalerie, étant essentiellement dominatrice.

M. BRIFAUT, écuyer. Ma maladie m'a empêché de profiter des premières leçons, qui sont les plus importantes. *Esméralda*, quoique avec peu de moyens, n'a pas opposé de fortes résistances; les mises en main étaient bonnes et les attaques bien supportées. M. Baucher, forcé de se presser vers la fin des dernières séances, a expliqué et fait exécuter des mouvements dont l'application n'eût été bonne que quinze jours plus tard; or, cette jument pressée dans son travail du commencement comme à la fin, je n'ai pu obtenir les résultats sur lesquels il m'était permis de compter avec plus de temps à moi, et surtout si les cavaliers de ma reprise eussent été de moitié moins nombreux.

M. Jocard, lieutenant sous-écuyer. Les résultats que j'ai pu obtenir m'ont paru satisfaisants, et je crois qu'ils auraient été encore meilleurs, si l'application des moyens avait eu lieu isolément. Cette jument, d'un caractère doux, n'a pas offert de difficulté; elle a acquis une légèreté que je ne croyais pas possible en considérant son extérieur assez lourd.

Rapports des Capitaines détachés à Saumur.

M. Demolon, 4e d'artillerie. Dans les dernières séances, le cheval devenant de moins en moins sensible aux mouvements des autres chevaux, exécute bien la plupart des mouvements qu'on lui demande, et fait les changements de pied du tact au tact avec beaucoup de facilité. Le reculer est très-bon, mais bien plus régulier avec des actions de jambes presque insensibles. Le cheval reste dans la main dans toutes les positions, et ne cherche jamais à en sortir que lorsqu'il sent l'éperon, mais y revient néanmoins un instant après. Il supporte très-bien les plus fortes actions de jambe sans éperon, et se rassemble à un très-grand degré.

M. Besançon, 13ᵉ d'artillerie. Je m'aperçois que ma jument a acquis de la légèreté et qu'elle répond bien quand je lui demande juste.

Les effets d'ensemble sont compris, et ce travail est fort attrayant ; elle conserve la vitesse de son trot, tout étant placée.

Je pense que cette méthode a l'avantage d'être très-progressive et surtout fort puissante sur le physique et le moral du cheval. Ses résultats, sur les jeunes chevaux, me paraissent infaillibles, quand elle sera pratiquée par des cavaliers qui y auront été préalablement initiés d'une manière convenable.

M. Petit, 4ᵉ cuirassiers. En résumé, le cheval avant d'être soumis à la nouvelle méthode, était roide, peu maniable et cherchait à fuir, surtout dans les mouvements au galop : aujourd'hui il est léger, souple et calme à toutes les allures.

M. Hoffmann, 6ᵉ cuirassiers. Je puis affirmer que sans le secours du système Baucher, je n'aurais jamais obtenu les résultats que j'ai eus sur mon cheval, qui a cinq pieds un pouce et d'une conformation toute de trait; je trouve en lui maintenant légèreté, souplesse et justesse dans le travail que je lui demande; cependant nous n'avons reçu que trente-quatre leçons. Je ne mets pas en doute que s'il eût été possible à M. Baucher de nous donner seulement les cinquante-cinq prescrites par la méthode provisoire, à l'usage du dressage des jeunes chevaux, je fusse parvenu à exécuter la haute école avec un cheval qui ne remplit en rien les conditions voulues pour le manége.

M. Bournigal, 1er dragons. Mon cheval sort quelquefois de la main aux allures allongées, mais il est parfaitement ramené aux allures ordinaires; il se renferme bien dans les attaques, comprend les effets de rassembler et a acquis beaucoup de souplesse et de légèreté. Lors de son instruction première, ce cheval avait été très-difficile et avait eu particulièrement le défaut de se cabrer souvent. Dans l'instruction qu'il vient de recevoir, il a montré peu de difficulté, et le cavalier a maintenant sur lui des moyens de domination qu'il ne possédait pas.

M. de Brémond, 7e dragons. Le temps que ce cheval a été indisponible, m'a fait faire l'observation qu'un cheval soumis à la méthode Baucher, ne perd pas pour quelques jours d'interruption, car il s'est retrouvé très-bien dans la main et répondant bien aux attaques.

En résumé, je suis surpris des résultats obtenus sur ce cheval après si peu de temps, et j'acquiers une preuve de plus de la perfection de la méthode et de sa sage progression.

M. Delespaul, 12e dragons. Le cheval n'avait jamais été monté en bride avant de commencer le travail de la nouvelle méthode, qui lui a été très-profitable, puisque après trente-cinq leçons d'une heure et demie chacune, il a été léger et facile à diriger dans tous les sens et à toutes les allures.

M. de Balzac, 2e chasseurs. Ce cheval, qui a suivi l'instruction pratique de M. Baucher, eût fait sans aucun doute des progrès plus sensibles si le temps consacré à son instruction (et d'après ce nouveau système) eût été celui prescrit par la progression de ce travail, et si, enfin, je n'avais pas eu moi-même à apprendre avant de lui demander. Je suis donc bien convaincu que ce système d'instruction, aussi simple que rationnel, doit apporter dans la manière d'être du cheval, souplesse, légèreté, ainsi qu'un grand ménagement dans l'emploi de ses forces, qui restent toujours au pouvoir du cavalier.

M. Legualès, 7ᵉ chasseurs. Il est à regretter que nous n'ayons pas travaillé un mois de plus avec M. Baucher; car à en juger d'après les succès obtenus en trente-cinq leçons, les résultats eussent été étonnants.

La progression admirable de la méthode, la sagesse et la patience recommandées dans chaque exécution, sont les sûrs garants de prompts succès.

M. Guelle, 8ᵉ chasseurs. Le cheval a gagné beaucoup en force et en souplesse; il n'avait été monté que quelquefois et présentait des difficultés, maintenant on peut le dire dressé; il n'a plus besoin que de quelques leçons pour être conformé.

M. Lascours, 9ᵉ chasseurs. Les résultats obtenus par la méthode ont été aussi satisfaisants que possible. Le cheval roide en commençant est devenu léger; mais, n'étant point encore confirmé, cette légèreté n'est, surtout aux allures vives, que momentanée.

M. Raimond, 5ᵉ hussards. La jument basse du devant, ensellée et très-élevée de croupe, a du moral, beaucoup de fond et un très-bon caractère; elle a constamment eu une mise en main parfaite, a perdu peu à peu l'habitude qu'elle avait de prendre l'appui sur le mors, obéissant bien aux aides et les comprenant. Elle a acquis beaucoup de souplesse et de légèreté; cependant, fortement constituée et dominée par le système musculaire, surtout dans l'arrière-main, et ayant les jarrets droits, elle n'a pas cette extrême légèreté du cheval de manége, mais elle en a toute la souplesse.

M. Arquembourg, 6ᵉ hussards. J'ai obtenu de grands progrès dans tous les mouvements exécutés jusqu'à ce jour; mon cheval fait aujourd'hui avec aisance et légèreté ce que, dans le commencement, il exécutait avec difficulté.

M. Xardel, lieutenant, 1ᵉʳ dragons. Mon cheval est parfaitement obéissant dans l'arrêt, marchant au galop allongé; il travaille parfaitement à toutes les allures; depuis quelques jours il a beaucoup gagné; il ne sort plus de la main et est plus léger. Mon cheval étant taré par le feu a éprouvé quelque gêne dans tous les mouvements à gauche; ceux à droite ont été parfaitement exécutés. Ce que j'ai obtenu de mon cheval en obéissance, souplesse et légèreté, a surpassé mon attente.

DICTIONNAIRE

RAISONNÉ

D'ÉQUITATION.

A

ABANDONNER UN CHEVAL, c'est lui lâcher complétement les rênes. Le but que l'on se propose généralement par cet abandon est de le faire courir de toute sa vitesse ; mais le moyen est mauvais. D'abord il y a danger, si le cheval est ardent, à se livrer ainsi de confiance à sa fougue ou à ses caprices ; et, s'il est froid, il faut nécessairement entretenir ses forces, ce qu'on ne peut faire qu'en le soutenant de la main et des jambes.

Au reste, il n'est pas étonnant que plus d'un cavalier soit tombé dans cette erreur, puisque des hommes d'une expérience faite l'ont autorisée dans leurs ouvrages.

On lit, par exemple, dans un traité d'équitation, qui ne manque pas d'une certaine vogue, celui publié sous ce titre : *Traité d'équitation à l'usage des gens du monde :*

« On porte le cheval en avant, en baissant les
» poignets et fermant progressivement les jam-
» bes. Les jambes et les poignets reviennent dou-
» cement à leur place. »

Il est clair cependant qu'au lieu de laisser tomber ainsi les poignets pour porter un cheval en avant, il faut, au contraire, les soutenir, d'abord pour empêcher le cheval de prendre des positions vicieuses qui lui permettraient de se soustraire à la volonté du cavalier, ensuite et surtout pour empêcher que les forces qui le portent en avant ne surchargent les épaules. Si l'on néglige de l'aider ainsi, comment s'enlèvera-t-il? Son instinct lui servira, sans doute; mais alors où est l'écuyer?

Ce qu'il faut, c'est, par l'accord des mains et des jambes, enlever pour ainsi dire le cheval, et, l'impulsion une fois communiquée, diminuer imperceptiblement la tension des rênes, mais sans baisser les poignets.

L'écuyer doit savoir disposer des forces de son cheval, comme ce dernier s'en sert lui-même dans l'état de nature. Étudiez donc sa marche naturelle, et vous aurez des principes certains.

ACADÉMIE. Ce mot signifie en équitation le lieu où l'on apprend à monter à cheval. Il est moins en usage maintenant qu'autrefois, à l'époque où les manéges bien tenus étaient subventionnés par le gouvernement. A présent que tout le monde peut professer sans être pour cela académicien ou expert dans son art, l'on se contente de dire : « *Je vais au manége*, et non plus à l'*académie*. » Bien que j'aie quelquefois blâmé d'anciens principes qui m'ont paru erronés, je regrette néanmoins le temps où l'équitation était à son apogée, où cette science était le plaisir de tous les gens bien élevés; alors on voulait arriver à la connaissance de cet art, et on l'encourageait. Ceux-là mêmes qui en faisaient un passe-temps en étaient bien récompensés, tant par les jouissances sans nombre qu'il leur procurait, que par les félicitations qu'ils recevaient de leurs dames; car, du temps de la chevalerie, c'était un moyen de succès en amour comme en guerre.

Académie était donc bien le nom que l'on devait donner à ces beaux manéges, puisqu'on y allait pour y puiser de la science et faire prévaloir la supériorité de l'homme sur ce noble animal qu'il conduisait si savamment. Aujourd'hui on semble tout faire pour méconnaître et avilir ses brillantes qualités.

ACCORD. Ce mot a pour signification la parfaite harmonie qui doit exister entre la main et les jambes du cavalier.

Je suppose, par exemple, que le cavalier, pour porter son cheval en avant au pas, et le maintenir léger à cette allure, doive dépenser une force égale à vingt kilogrammes, dont quinze pour l'impulsion et cinq pour le ramener; si les jambes dépassent leur effet sans que la main augmente le sien dans les mêmes proportions, il est évident que le surcroît de force communiqué pourra se reporter sur l'encolure, la contracter, et dès lors plus de légèreté. Si, au contraire, c'est la main qui agit avec trop de violence, ce ne pourra être qu'aux dépens de la force d'impulsion nécessaire à la marche; celle-ci, par cela même, se trouvera contrariée, ralentie, en même temps que la position du cheval perdra de son gracieux et de son énergie.

ACCULER (s'). C'est le mouvement d'un cheval qui, après avoir reculé contre un mur, y reste opiniâtrement attaché. C'est aussi l'action de celui qui rétrécit le cercle sur lequel il doit marcher, malgré les efforts du cavalier. Un cheval est également acculé toutes les fois que ses forces et son poids se trouvent refoulés sur la partie postérieure; l'équilibre est dès lors compromis, et l'on rend impossible la grâce, la cadence et la justesse.

L'acculement est le principe des défenses, puisqu'il tend à prendre constamment sur l'action propre au mouvement, à reporter le centre de gravité en arrière et au delà du milieu du corps du cheval, à rejeter ainsi le poids du corps sur l'arrière-main ; le cheval n'est plus soumis momentanément à l'action des jambes, les forces se trouvent en arrière des jambes du cavalier, les pieds se fixent au sol ; dans ce cas, le cheval est tout disposé pour se livrer aux cabrades ou toutes autres défenses. Il faut, pour éviter l'acculement, que dans tous les mouvements, les jambes du cavalier précèdent la main, et que ce soutien des jambes se continue jusqu'à ce qu'il ait obtenu la légèreté ; c'est lorsqu'elle sera parfaite que l'on reconnaîtra que le cheval n'est ni acculé, ni sur les épaules, c'est alors qu'il sera entre la main et les jambes soumis à la volonté du cavalier. Amené à cet état d'équilibre, même au pas, le cheval est aux trois quarts dressé.

ACHEMINER UN CHEVAL, vieux mot qui signifie *accoutumer* un jeune cheval à marcher droit devant lui. Ordinairement on abandonne ce travail à ce qu'on appelle des *casse-cou*. Selon moi, c'est un tort, et cette première éducation devrait être, au contraire, réservée à des hommes d'un certain savoir. Pour acheminer convenablement un cheval, il ne suffit pas d'être solide en selle ; il faut discerner et réprimer tout de suite ses mauvais penchants, sinon on prépare à l'écuyer un surcroît de travail que l'on pouvait lui éviter.

Il en est du jeune cheval comme de l'enfant,

toujours habile à profiter d'abord, à abuser ensuite de la négligence qu'on a mise dans ses premières leçons; c'est alors qu'il contracte le plus souvent des défauts et un esprit de révolte dont une main savante eût corrigé même le germe.

ACHEVER UN CHEVAL, c'est terminer la série des exercices par lesquels il doit passer pour que son éducation soit complète.

ACTION, effet de la force qui met le cheval en mouvement. Cette force vient ou du cheval, ou du cavalier; on dit : *Un cheval a de l'action, donner de l'action à un cheval.*

Les chevaux qui ont naturellement de l'action primitive sont plus faciles à dresser, et moins sujets à se défendre que d'autres; leur tendance à se porter en avant leur permet de mieux apprécier les divers contacts du mors, de prendre plus vite une bonne position de tête, d'encolure, et de mieux rester dans la main.

ADELA est une exclamation dont on se sert pour décider le cheval à droite ou à gauche.

C'est surtout le cheval que l'on exerce dans les piliers, qu'il faut habituer à l'emploi de ce mot, pour avoir plus de facilité à le placer droit dans les longes.

Il est essentiel aussi de ne jamais approcher un

cheval dans l'écurie, sans lui parler au préalable, sinon quelques ruades dangereuses peuvent être les suites de la surprise que lui fait éprouver le contact ou la vue.

Il faut donc le prévenir de notre approche par un *adelà*, ou tout autre mot terminé en *a*.

AIDES (les) sont l'*assiette bien entendue*, les *poignets* et les *jambes*.

Il n'y a pas d'exécution précise possible, sans le parfait ensemble de ces forces; c'est assez dire au cavalier qu'il doit en posséder justement le mécanisme, avant de chercher à en rendre le mouvement expressif pour le cheval, sous peine de lui parler faux et de ne pas être compris.

AIRS BAS, AIRS RELEVÉS. On entend par *airs bas* ce qui constitue la haute école, c'est-à-dire toutes les figures que l'on fait exécuter au cheval, sur deux pistes, au pas, au passage ou au galop; plus, le piaffer.

Les *airs relevés* sont tous les *sauts* dans lesquels le cheval enlève à la fois les deux jambes de devant ou celles de derrière, ou même les quatre ensemble.

Les PESADE, COURBETTE, CROUPADE, BALLOTTADE, CAPRIOLE, etc., sont des *airs relevés*.

Le cheval, s'il est bien conduit, ne peut que

gagner aux premiers airs de manége; ils sont un moyen sûr de perfectionner son équilibre. Quant aux derniers, leur emploi est souvent dangereux, et l'on ne doit les demander au cheval qu'avec une grande circonspection, lorsque ses forces sont entièrement à la disposition du cavalier.

Ici vient naturellement se placer la nomenclature de trente et un nouveaux airs de manége dont j'ai enrichi l'équitation :

1° Flexion instantanée et maintien en l'air de l'une ou l'autre extrémité antérieure, tandis que les trois autres restent fixées sur le sol.

2° Mobilité des hanches, le cheval s'appuyant sur les jambes de devant, pendant que celles de derrière se balancent alternativement l'une sur l'autre, la jambe postérieure qui est en l'air exécute son mouvement de gauche à droite sans toucher la terre pour devenir pivot à son tour, sans que l'autre se soulève, puis elle exécute ensuite le même mouvement.

3° Passage instantané du piaffer lent au piaffer précipité, et *vice versâ*.

4° Reculer avec une élévation égale des jambes transversales qui s'éloignent et se posent en même temps sur le sol, le cheval exécutant le mouvement avec autant de franchise et de facilité que s'il avançait et sans le secours apparent du cavalier.

5° Mobilité simultanée et en place des deux

jambes par la diagonale; le cheval, après avoir levé les deux jambes opposées, les porte en arrière pour les ramener ensuite à la place qu'elles occupaient, et recommence le même mouvement avec l'autre diagonale.

6° Trot à extension soutenue; le cheval, après avoir levé les jambes, les porte en avant en les soutenant un instant en l'air, avant de les poser sur le sol.

7° Trot serpentin; le cheval tournant à droite et à gauche pour revenir à peu près à son point de départ, après avoir fait cinq ou six pas dans chaque direction.

8° Arrêt sur place, à l'aide des éperons, le cheval étant au galop.

9° Mobilité continue en place de l'une des extrémités antérieures, le cheval exécutant, par la volonté du cavalier, le mouvement par lequel il manifeste souvent de lui-même son impatience.

10° Reculer au trot, le cheval conservant la même cadence et les mêmes battues que dans le trot en avant.

11° Reculer au galop, le temps étant le même que pour le galop ordinaire, mais les jambes antérieures, une fois élevées, au lieu de gagner du terrain, se portent en arrière, pour que l'arrière-main exécute le même mouvement rétrograde aussitôt que les extrémités antérieures se posent sur le sol.

12° Changements de pied au temps, chaque temps de galop s'opérant sur une nouvelle jambe.

13° Pirouettes ordinaires sur trois jambes, celle de devant du côté vers lequel on tourne, restant en l'air pendant toute la durée du mouvement.

14° Reculer avec temps d'arrêt à chaque foulée, la jambe droite du cheval restant en avant, immobile et tendue de toute la distance qu'a parcourue la jambe gauche, et *vice versâ*.

15° Piaffer régulier avec un temps d'arrêt immédiat sur trois jambes, la quatrième restant en l'air.

16° Changements de pied au temps, à des intervalles égaux, le cheval restant en place.

17° Piaffer en avant et en arrière sans rênes.

18° Galop en arrière sans rênes.

19° Mouvement d'avant en arrière et d'arrière en avant des jambes transversales.

20° Galop sur trois jambes.

21° Piaffer *dépité*.

22° Ronds de jambes.

23° Jambes de devant croisées en dedans.

24° Élévation avec temps d'arrêt de chaque jambe de derrière.

25° Balancer du derrière et piaffer du devant, au reculer.

26° Tension des jambes de devant et flexion des jambes de derrière.

27° Piaffer balancé du derrière et *dépité* du devant.

28° Tension en dehors des jambes de devant alternées, en reculant.

29° Éloignement des jambes de devant des jambes de derrière, et rapprochement des jambes de derrière de celles de devant.

30° Balancer de droite à gauche au piaffer alterné avec un mouvement de va-et-vient d'arrière en avant et d'avant en arrière.

31° Travail au galop sur les hanches avec changements de pied au temps.

En présentant la nomenclature de toutes ces difficultés, qui grandissent l'équitation et que j'ai exécutées en public, les amateurs me feront le reproche de ne pas faire connaître les moyens par lesquels on obtient tous ces mouvements; mais ce n'est pas possible, puisqu'ils constituent la poésie de l'équitation, et que pour devenir poëte équestre, il faut de l'imagination, du sentiment et du tact; c'est assez dire que leur exécution forme une équitation qui devient personnelle, qui ne peut être le partage que de l'homme studieux auquel il sufit de savoir qu'une chose est faisable pour qu'il l'entreprenne et la conduise sûrement à bonne fin; il cherchera et deviendra innovateur à son insu, toute définition l'embrouillerait plutôt qu'elle ne lui servirait. Je ne donnerai donc qu'un seul principe général, c'est qu'il ne faut commencer ces difficultés qu'après avoir complétement terminé l'éducation du cheval.

AJUSTER UN CHEVAL, c'est lui donner le fini qui constitue le cheval bien dressé, c'est-à-dire lui faire exécuter tout ce que ses moyens et sa constitution comportent, avec grâce, avec précision, et sans que les mouvements du cavalier soient apparents.

Un écuyer de talent peut aisément, en moins de trois mois, obtenir ce résultat, avec des chevaux bien disposés; mais le vrai mérite est d'y parvenir dans le même temps, avec des conformations médiocres et différentes.

AJUSTER LES RÊNES, c'est les saisir avec le pouce et l'index de la main droite, près de la gauche, et les élever perpendiculairement jusqu'au bouton fixe qui se trouve à leur extrémité.

Dans cette opération, il ne faut pas déplacer le coude droit, hormis le cas où les rênes seraient plus longues que l'avant-bras; il suffit que la main de la bride s'entr'ouvre faiblement pour les égaliser, les allonger ou les raccourcir, mais sans que pour cela le cheval en sente jamais le moindre déplacement.

ALLÉGER, c'est rendre le cheval léger dans toutes ses parties; avec le cheval préalablement assoupli, cet effet s'obtient par l'opposition exacte de la main et des jambes. Du reste, tous les chevaux peuvent être allégés, si le cavalier sait combiner ses effets de force, et les baser sur les résistances qu'il éprouve. (*Voyez* RAMENER.)

AMAZONE, c'est le nom qu'on donne aux dames qui montent à cheval, et surtout au vêtement qu'elles portent pour cet exercice. Cette dénomination est un souvenir des fières Amazones qui jadis renversèrent des empires ; mais elle est loin d'obliger le sexe charmant qui s'en pare, à autant de courage et d'imprudence qu'en déployèrent, dit-on, ces héroïnes.

Le cheval est, pour les dames, un exercice salutaire qui rentre merveilleusement dans leur apanage ; et l'équitation, loin de les exposer à quelque danger, les met, au contraire, en garde contre les accidents sans nombre qu'enfante le non-savoir.

Au reste, une dame peut devenir très-bonne cavalière, c'est-à-dire mettre facilement son cheval à toutes les allures, le conserver en équilibre, et le conduire avec précision ; mais elle doit prendre le soin de ne monter qu'un cheval sage et bien dressé ; d'abord, parce qu'il n'est pas dans le caractère de ce sexe timide autant que gracieux de s'exposer à batailler avec son cheval ; ensuite, parce que celui-ci ne tarderait pas à s'apercevoir du peu de force qu'on lui oppose, et que d'ailleurs la position d'une femme ne comporte pas assez de moyens de répression.

Aussi la dame bonne cavalière n'est pas celle qui galope sur le premier cheval venu, en le livrant à lui-même; cette bravade n'est qu'une imprudence, et se changera en une peur invincible, à la première chute un peu grave.

La dame qui monte bien à cheval est celle qui, sans peur puérile, mais avec prudence, choisit sa monture, et la dirige avec habileté.

Encore n'est-ce pas assez de ce choix : jamais une dame ne doit sortir seule; il faut qu'elle soit toujours accompagnée d'un cavalier qui se place à sa gauche, 1° afin que la main droite de celui-ci soit disposée à saisir les rênes, pour calmer le cheval qui s'animerait trop ; 2° pour arrêter au besoin les chutes qui n'ont guère lieu que de ce côté.

Une dame ne peut se passer d'un cavalier, non-seulement pour sortir à cheval, mais même pour y monter ; car, pour monter, voici comme l'amazone doit s'y prendre : Après avoir entouré la fourche gauche de la selle, avec les rênes demi-tendues de manière à sentir légèrement la bouche du cheval, elle la saisit avec la main droite qui tient aussi la cravache ; puis, la main gauche appuyée sur l'épaule du cavalier, et le pied gauche dans sa main, elle s'enlève au moyen de la jambe droite, en tendant la gauche, elle soutient bien le corps, et s'assied légèrement en selle.

Là sa position est simple et facile; le corps est droit, sans force et sans affectation; la jambe droite tombe mollement sur le devant de la selle, et la gauche ne fait que poser sur l'étrier, dont la longueur doit être fixée de façon à ce que la cuisse gauche vienne se placer sous la troisième fourche; les bras tombent sans raideur près des côtés; le poignet gauche, qui tient les rênes, demeure élevé d'un pouce ou deux au-dessus du genou; le droit reste à côté.

Il faut que le quartier de la selle sur lequel tombe la jambe gauche soit très-court, pour que le cheval sente, sinon les pressions de la jambe, au moins celles du talon et de l'éperon au besoin [1]. Ces pressions aideront le cheval dans les mouvements à gauche, et la cravache, remplissant les fonctions de la jambe droite, servira pour les changements de direction opposée. Mais il faut avoir soin de la faire sentir, soit par pressions lentes, soit par petits mouvements réitérés derrière les sangles.

---

[1] L'éperon dont les dames ne s'étaient jamais servies avant que j'en aie conseillé l'emploi, est un des moyens qui ont concouru à donner de la célébrité aux amazones qui se sont tant fait applaudir au cirque des Champs-Élysées, telles que mesdemoiselles Caroline Loyo, Pauline Cuzent, Mathilde, Maria d'Embrun, etc., etc., toutes mes élèves.

Comme les dames ne peuvent apprendre à monter sans le secours d'un écuyer, je m'abstiendrai de plus amples explications; mais j'ajouterai, comme conseil à leurs professeurs, qu'il faut éviter de rendre leurs leçons trop monotones, et les varier par tous les exercices qui peuvent leur convenir. Or, une dame peut arriver à travailler un cheval bien dressé à tous les airs de manége, comme le plus adroit écuyer. Toutes mes élèves s'exercent à la haute école, et plusieurs d'entre elles sont devenues d'une habileté surprenante. Mais, pour que le travail du pas de côté soit plus gracieux, notre amazone doit adapter un petit éperon à son talon gauche; avec cet aide elle peut exécuter toutes les figures les plus gracieuses, les manœuvres simples, les jeux de bague, et même des contre-danses; ces gracieuses figures augmentent le plaisir de la leçon et finissent par donner autant d'adresse que de sécurité.

AMBLE (l') est une allure dans laquelle le cheval n'a qu'un mouvement alternatif de tout un côté sur l'autre, c'est-à-dire que les deux jambes gauches se lèvent en même temps, puis les deux droites, et ainsi de suite.

Si l'*amble* est héréditaire, l'équitation ne peut la corriger; si, au contraire, elle n'est que le résultat d'une mauvaise habitude, l'assouplissement dans l'inaction, les allures lentes et progressives, aidées d'une bonne position de tête et d'encolure, peuvent y remédier, et ramener le cheval à des allures régulières.

ANIMER UN CHEVAL, c'est entretenir ou augmenter son action par les jambes, et, au besoin, par les éperons.

Il semble d'abord que la main doive demeurer étrangère à cette translation de forces : c'est une erreur, elle y est indispensable ; car sans elle l'impulsion donnée à l'avant-main pourrait affaisser l'encolure et détruire l'action relative des parties antérieures et postérieures.

Il faut donc que la main et les jambes, par un mutuel secours, communiquent au cheval comme un flux et reflux de forces qui maintiennent tout à la fois la continuité de l'action, tout en conservant l'équilibre nécessaire à la position.

APPUI. Bon ou mauvais *appui*, c'est-à-dire se porter plus ou moins sur la main.

Comme il n'y a pas de chevaux qui, bien montés, ne puissent acquérir de la légèreté, quand ils en manquent, c'est au cavalier, et non à la structure de la bouche, qu'il faut s'en prendre.

L'inaction et l'allure du pas sont des moyens certains pour donner un bon *appui* à tous les chevaux, ou, ce qui est la même chose, pour les amener à répondre aux moindres indications du mors.

APPUYER DES DEUX. (*Voyez* ATTAQUER.)

ARDEUR. L'*ardeur* n'est pas un défaut, mais une qualité du cheval, à moins qu'elle ne soit extrême.

Le cheval ardent est plus facile à dresser et moins sujet à se défendre. Si, cependant, cette fougue devient excessive, il faut s'en garantir : or, pour empêcher le cheval d'en abuser, les moyens les plus simples et les meilleurs sont de l'assouplir et de le faire beaucoup reculer, une fois la légèreté acquise, afin que les mouvements à l'aide desquels on le modère lui deviennent familiers et faciles. Le travail dans l'inaction l'habituera, en outre, à demeurer en place, ce qui contribue de soi-même à le calmer.

ARMER, c'est l'action d'un cheval qui se défend contre l'effet du mors, soit qu'il tende son encolure et porte le nez au vent, soit qu'il l'abaisse et *s'encapuchonne*. Ces deux positions lui servent également à rendre le mors impuissant. J'indique, à l'article *Ramener*, le moyen de les combattre ; ici je me contenterai de dire que les chevaux ne s'armeraient jamais si leur instruction était mieux graduée et raisonnée. Qu'on n'exige donc point un déplacement, quel qu'il soit, avant d'être certain de pouvoir disposer des translations de poids, et, grâce à cette précaution, on se préservera du désagrément et du danger des résistances.

ARRÊT (l'), c'est le passage de l'action à l'inaction.

Pour arrêter sans brusquerie, il faut d'abord opposer les jambes à la main, pour faire céder l'encolure avant le corps, ramener les jambes postérieures près du centre de gravité, et obtenir ainsi la flexion des hanches, qui prévient la tension forcée des jarrets et ménage l'organisation.

ARRÊT (le demi-) devrait s'entendre de la moitié du temps d'arrêt ; mais, dans l'usage, ce mot veut dire *prévenir* le cheval avant de lui faire prendre des changements de direction, le *préparer*, tant par une légère pression des jambes que par une opposition graduée de la main, afin que son action reste la même.

On se sert encore du *demi-arrêt* pour passer d'une allure décidée à une moins vive, ou pour entretenir le brillant de la position.

ARRONDIR UN CHEVAL, c'est le contourner comme le cercle qu'il parcourt.

Le cheval doit être assoupli avant de marcher

sur des lignes courbes. Quelques personnes se sont figuré qu'il suffisait de lui faire suivre des lignes circulaires pour lui donner les diverses flexions qu'elles nécessitent; c'est une grave erreur qui a fait estropier plus d'un jeune cheval. On eût évité ces accidents si l'on eût pris le soin indispensable de préparer et disposer celui-ci avant de lui demander des résultats que l'éducation seule peut amener.

Toutes ces inclinaisons exigent une combinaison de forces doubles qui coûtent beaucoup au cheval et le poussent à se défendre, si d'abord, dans l'inaction et à l'allure du pas sur des lignes droites, on ne s'est assuré qu'il répond à des forces égales en obtenant les diverses flexions d'encolure qui serviront plus tard pour les inclinaisons que comporte le changement de direction.

Il faut graduer le travail si l'on veut en diminuer la difficulté et ne point mettre son cheval pour ainsi dire en *droit* de résister, si l'on veut le soumettre à une obéissance passive et prompte.

ASSEMBLER UN CHEVAL, c'est le mettre en équilibre sur ses quatre colonnes. Ce mot est un diminutif de *rassembler*. (*Voyez* RASSEMBLER.)

ASSEOIR UN CHEVAL. Il faut que le cheval soit parfaitement léger pour ramener les jambes de derrière près du centre de gravité et reporter, une fois cette position prise, le poids du devant sur le derrière, afin d'obtenir les mouvements élevés de l'avant-main. Le talent de l'écuyer consiste à conserver dans ses aides assez d'accord pour maintenir ainsi le cheval, sans le comprimer au détriment de son organisation.

ASSOUPLISSEMENT. En équitation, on entend par ce mot rendre souples et moelleuses toutes les articulations du cheval, de manière à rendre ses mouvements coordonnés et précis. Avant de chercher à donner ce liant à toutes les parties du corps et aux extrémités du cheval, il faut d'abord commencer par l'encolure, et ne passer outre qu'après qu'elle aura acquis toute la souplesse désirable. Le moyen d'y parvenir se trouve expliqué aux articles : *Tous les chevaux peuvent se ramener, Education raisonnée*, etc., etc. Je me contenterai de dire ici que sans l'exercice préalable des quatre flexions de l'encolure, l'éducation du cheval sera toujours imparfaite. En effet, ses mouvements naturels le portent à aller en avant, en arrière, à droite et à gauche; il faut que ce qui est la suite de son instinct, lorsqu'il est livré à lui-même, soit assujetti à votre volonté quand vous cherchez à vous en faire obéir. Pour cela, il est indispensable de détruire l'espèce de *bouclier* qu'il vous oppose, et laisser sans défense l'adversaire contre lequel vous avez à lutter. Nous n'agissons sur le cheval que par la position : il faut donc lui en donner une analogue à la route qu'il devra parcourir. Comme c'est par les diverses flexions de l'encolure que nous disposons convenablement le corps et les extrémités, et que c'est par sa contraction et son immobilité que le cheval montre l'intention de nous désobéir, il est évident que toutes les défenses se manifestent par l'encolure, et que son assouplissement et sa bonne position doivent d'abord nous occuper.

Je renvoie le lecteur à l'article *Tous les chevaux peuvent se ramener*, en l'engageant à user d'un peu de patience pour pratiquer les moyens qui y sont indiqués, bien persuadé qu'en dix minutes de temps il obtiendra ces premières flexions. Il suffira de renouveler ces mêmes mouvements pour arriver à ce que l'encolure, la tête et la mâchoire du cheval cèdent aux pressions les plus délicates du mors.

ASSURÉ, se dit d'un cheval qui ne bronche pas. C'est dans une bonne conformation qu'il faut d'abord chercher cet avantage; mais l'art peut rectifier et secourir ce que la nature a d'imparfait.

Le triomphe de l'équitation est d'obtenir, malgré les vices d'une mauvaise construction, les résultats heureux qu'une bonne paraissait seule pouvoir atteindre.

ATTACHER (s'), se dit d'un cheval qui se jette sur l'éperon, quand il en a été piqué. Dans ce cas, il faut savoir maîtriser les hanches, au moyen des épaules, et c'est par l'assouplissement préalable de l'encolure et plus tard des hanches, qu'on accoutume le cheval à cette réaction, et qu'on le force à répondre à l'attaque.

ATTAQUE. (*Voyez* ATTAQUER.)

ATTAQUER. On entend par attaquer l'action d'appliquer deux coups d'éperon, ce qui ne doit se pratiquer qu'après avoir employé inutilement toute la force des jambes.

Avant d'avoir recours à ce châtiment, il faut bien consolider l'assiette, afin de suivre l'élan du cheval, élan qui sera d'autant moindre, que la main sera plus sûrement et plus vigoureusement soutenue.

Il est des écuyers qui ne se contentent pas de ce châtiment, et qui compliquent ou rendent nulle l'attaque par de singuliers principes.

Par exemple, je lis dans un ouvrage moderne:
« Lorsque l'on donne deux coups de talon au
» cheval, on peut encore ajouter à la punition
» qu'on lui inflige, en saccadant les rênes. Mais
» lorsqu'on enfonce progressivement les éperons
» derrière les sangles, on doit toujours rendre la
» main. »

L'auteur suit ici la route commune, en donnant pour des principes généraux ce qui ne doit se pratiquer qu'accidentellement. En effet, dans quel cas devrait-on saccader? Selon nous, jamais. La saccade est en dehors de tout principe raisonné. Selon lui, ce serait quand le cheval se porterait avec trop de violence sur la main; mais alors ce qu'il y a de mieux, c'est d'être bien près du cheval, de soutenir la main avec vigueur, et de n'opposer de force qu'en raison de celle qu'il emploierait; encore faudrait-il s'y prendre sans *à-coup*, sous peine de ne point rencontrer juste.

Pour combattre une force continue, il faut opposer une force graduée; comment veut-on graduer un mouvement brusque, et obtenir la puissance qui doit priver le cheval de l'usage de ses forces? Comment le mors peut-il parler à l'intelligence du cheval, et ajouter à la punition des éperons, si ce n'est en interceptant les forces dont il apprend trop vite à se servir contre nous?

L'auteur ajoute encore qu'avec la progression des éperons, il faut rendre la main. Est-ce avec tous les chevaux qu'on doit abandonner le poignet? Si, à la suite de l'attaque, le cheval ne se porte pas en avant, alors la tension des rênes est inutile; si, au contraire, il répond à l'attaque, et se jette sur la main, il faut savoir diriger cette impulsion, de façon qu'il ne tombe pas sur les épaules, et ne tende pas l'encolure, mais qu'il conserve un équilibre qui garantisse de toute défense.

Ce n'est pas, je le répète, avec des mouvements brusques, des saccades et de l'abandon, qu'on soumet promptement le cheval : c'est avec des temps bien saisis. Au reste, ce qu'il y a de plus défectueux, à mon avis, dans ce principe, c'est de vouloir faire une règle absolue de ce qui ne doit être que le résultat de la nécessité du moment.

Les attaques doivent se pratiquer, non pas par à-coups, avec de grands mouvements de jambes, mais avec délicatesse et ménagement. Le cavalier devra rapprocher les jambes de manière à ce que l'éperon, avant de se mettre en contact avec les flancs du cheval, n'en soit éloigné que d'une ligne s'il est possible. Si par un temps mal saisi la main n'interceptait pas bien l'impulsion donnée et la commotion générale qui en résulte, on devrait, avant de recommencer, rétablir l'ensemble dans les forces du cheval, et le calme dans ses mouvements. On augmentera progressivement la force des attaques jusqu'à ce que le cheval les supporte aussi vigoureuses que possible, sans présenter la moindre résistance à la main, sans augmenter la vitesse de l'allure, ou sans se déplacer si l'on travaille de pied ferme.

On demandera sans doute quelle importance il peut y avoir à amener le cheval à supporter ainsi sans mouvement aucun l'action des éperons, et s'il n'est pas à craindre qu'ils ne perdent leur effet, qui consiste à donner l'impulsion propre au mouvement ; non, car dans le premier cas la main oppose une force égale à l'action du cheval, de manière à ce que les forces de l'avant-main soient égales aux forces de l'arrière-main, afin qu'il n'y ait aucun déplacement du centre de gravité ; et, dans le second cas, la main se soutient, mais le centre de gravité se portera d'arrière en avant, et par suite tout le cheval.

ATTENDRE UN CHEVAL, se dit de celui qui manque de force, et dont on retarde l'éducation.

On a souvent le tort, en montant les chevaux de trois ou quatre ans, d'exiger d'eux un travail qui n'est pas en rapport avec leurs forces. On peut dès cet âge les assouplir par les flexions à pied, et même les faire monter par des poids légers, en graduant le travail de façon à en faire un exercice gymnastique qui hâtera leur développement physique.

AUBIN (l'). On appelle *aubin* l'allure dans laquelle le cheval, galopant avec les jambes de devant, trotte ou va l'amble avec le train de derrière.

La plupart des chevaux de poste *aubinent*, au lieu de galoper franchement. Les poulains qui n'ont point assez de force dans les hanches pour chasser et accompagner l'avant-main, prennent aussi cette allure; dans le premier cas, il s'agit d'un cheval ruiné, l'art est sans effet ; dans le second, il n'y a que faiblesse, le temps est le seul remède, et l'on peut s'en remettre à lui comme au plus habile professeur.

AVANTAGE (être monté à son), c'est avoir un cheval proportionné à sa taille, et que l'on peut aisément embrasser.

Un bon écuyer doit rechercher tous les points de contact avec le cheval, et, à qualités égales, donner la préférence à celui dont la conformation se trouve le mieux en rapport avec la sienne. Les disproportions de taille entre le cheval et le cavalier nuisent toujours à la grâce, à la solidité, au sentiment de l'assiette et à l'ensemble des mouvements; c'est, du reste, un soin à prendre dès les premières leçons, que de proportionner, autant que possible, la taille du cheval à celle de l'élève, pour que celui-ci se trouve plus à l'aise, joigne mieux la monture, et acquière plus vite de la confiance.

AVERTI. *Pas averti*, ou *pas écouté*, signifie *pas réglé* dans lequel le cheval semble compter lui-même le posé de chaque jambe. Ces gracieux mouvements lui donnent de la fierté ; et comme on ne les obtient qu'à l'aide d'une belle position, l'animal qui les exécute est aussi toujours mieux disposé pour changer d'allure ou de direction.

Dans le manége, où toute évolution doit être précise, le *pas averti* est de rigueur, car sans lui il n'y a ni brillant, ni régularité dans les exercices.

AVERTIR UN CHEVAL, c'est éveiller son attention pour le prévenir qu'on va lui demander un acte d'obéissance.

Si l'on agit sur lui sans avertissement préalable, souvent la surprise peut le faire répondre avec brusquerie.

Pour éviter qu'il en soit ainsi, il faut faire usage de *demi-arrêts*, espèce de *garde à vous!* qui annoncent le commandement.

Si le cheval n'a pas beaucoup d'action primitive, il faut, de plus, que les jambes précèdent ces faibles pressions du mors; sans ce soin, elles pourraient le ralentir, et nuiraient, au lieu de servir à l'obéissance.

B

BALANCER, se dit du cheval dont l'allure n'est pas ferme, et dont la croupe vacille.

Ce défaut tient à une faiblesse de reins qui n'offre que peu de ressource chez les chevaux qui ont atteint leur sixième année; mais, bien que supportant difficilement les longues courses, ils pourront encore être agréables et rendre de bons services, s'ils sont habilement montés. (*Voyez* BERCER.)

BALLOTTADE (la), c'est un saut dans lequel le cheval fait un temps enlevé, et plie les genoux et les jarrets, en montrant ses fers, sans cependant détacher la ruade.

Il faut, pour exécuter ces violents mouvements, des chevaux construits en force; avec des organisations faibles, on estropierait l'animal avant d'atteindre au but.

BARRES. Les *barres* sont la continuation de deux os de la mâchoire inférieure, entre les dents mâchelières et les incisives; cet espace est recouvert d'une chair plus ou moins épaisse, sur laquelle le mors de la bride est posé.

Les *barres* ont été l'objet de graves erreurs. On s'est figuré jusqu'ici que, de l'épaisseur des gencives ou de la saillie des os, dépendait la sensibilité du cheval; de là toutes ces fausses dénominations de *bouches dures*, *bouches tendres*, *bouches faibles*, *fortes*, *égarées*, *pesantes*, etc.; de là aussi ces différentes espèces de mors, dont on fatigue si mal à propos les chevaux.

Et non-seulement ces erreurs existent dans les

ouvrages anciens, mais elles se reproduisent dans les traités plus modernes. Dans le Traité de M. W....., par exemple, qui a paru en 1823, nous lisons :

« On entend par bouches fortes celles qui tirent
» à la main et qui résistent à l'action du mors.
» Cela provient ordinairement de ce que les barres
» sont trop rondes, charnues et trop basses, en
» sorte que la langue forme le premier point
» d'appui du mors; il résulte aussi quelquefois
» de ce que l'épaisseur des lèvres et des gencives
» couvre les barres, seul endroit où se doit faire
» l'appui du mors. Lorsqu'un cheval tire à la
» main par trop de fougue, il sera facile de
» l'apaiser avec de bonnes leçons; mais s'il tire
» à la main pour avoir les lèvres et la langue trop
» épaisses, ou les barres trop rondes, il faut l'em-
» boucher avec un mors à gorge de pigeon, etc. »

Combien de chevaux n'a-t-on pas maltraités et estropiés, avec ce faux système de n'admettre dans leur mécanisme qu'une seule partie responsable de l'impression de nos forces, tandis que toutes sont solidaires !

Comment les personnes qui s'occupent d'équitation n'ont-elles pas observé de plus près l'intimité qui règne entre toutes ces parties? comment, lorsqu'on voit qu'elles se lient entre elles de manière à se secourir mutuellement, n'a-t-on pas cherché à s'assurer si un vice quelconque dans l'une d'elles ne privait pas les autres du jeu qu'elles sont destinées à fournir, si le mauvais emploi de force ne serait point un obstacle pour bien placer une partie qui doit servir de base à telle autre inapte à agir sans son concours? Pourquoi ne parle-t-on jamais de la contraction de l'encolure, d'où découlent toutes les résistances?

Pour moi, j'ai cru que ces études étaient les premières qui devaient occuper un écuyer consciencieux, et les recherches que j'ai faites dans cette conviction m'ont donné la certitude que les barres ne sont pour rien dans la sensibilité du cheval; que ce qu'on attribue à la bouche tient à la conformation des reins, des hanches, des jarrets, de la tête et de l'encolure, de tout le cheval en un mot.

Passant de l'observation à la pratique, j'ai cherché, pour agir sur les forces du cheval, les moyens le plus en rapport avec sa résistance; et, grâce à ces essais, maintenant il m'est facile, à moi comme à tous ceux qui, après avoir étudié mes principes voudront les mettre en pratique, de rendre léger n'importe quel cheval, avec le mors le plus simple et le plus doux, en moins d'un quart d'heure.

Mais ce n'est pas là le seul avantage que j'ai tiré de mes recherches; tous les écuyers en renom qui ont dirigé les principaux manéges de France, n'y ont admis que rarement les chevaux mal conformés; quand cela leur est arrivé, c'est toujours sous la prévention qu'ils avaient tel ou tel défaut, et jamais on ne s'est imaginé de chercher les moyens de les en corriger. On se contente de dire bien sérieusement: « Tel cheval a la bouche dure, tel autre le nez au vent; celui-là tourne plus facilement à une main qu'à l'autre; » et l'on ne s'inquiète pas des correctifs propres à vaincre ces défauts; cette indifférence tient à ce que les chefs d'établissement trouvent ces chevaux indignes d'eux, et les abandonnent en partage à des élèves écuyers auxquels il manque la science nécessaire pour sortir de la route commune.

Je suis une méthode tout opposée : loin d'acheter des chevaux de choix, je les prends, au contraire, avec une conformation fort ordinaire; et, bien que j'en monte souvent de très-beaux, je ne les aime, ni comme étude, ni comme spéculation, parce que le beau cheval, que chacun estime de suite à sa valeur, se vend souvent plus cher brut qu'après son éducation. Mais les chevaux négligés dans leur construction, qui n'acquièrent de grâces qu'après *le dresser*, sont achetés en raison de leurs défauts naturels, et vendus en conséquence des belles qualités qu'on leur donne. Il y a de plus avec ces chevaux l'avantage de faire des études plus sérieuses qu'avec ceux appelés *chevaux à moyens*.

Je pose donc en principe qu'il n'y a pas de

bouche dure; que c'est en agissant sur l'ensemble du cheval qu'on le rend sensible à la main, et que le talent de l'écuyer est bien plus de corriger les conformations défectueuses que de profiter des dispositions favorables.

On trouvera peut-être singulier que j'oppose ainsi ma méthode et mes façons de faire à celles de tant d'écuyers; mais si j'ai obtenu des résultats certains, c'est par de longues veilles, par des travaux réfléchis: toutes les heures de ma journée, passées en observations dans mon manége, donnant leçon à soixante ou quatre-vingts élèves, montant huit ou dix chevaux par jour, sans aucun auxiliaire, feront comprendre aux lecteurs que, si j'ai fait faire quelques pas à l'art, j'ai fait ce qu'il fallait pour cela; d'ailleurs, si je n'avais rien à dire de nouveau, je ne prendrais pas la peine d'écrire.

BATTRE A LA MAIN, BÉGAYER, ENCENSER, sont des termes presque synonymes pour indiquer le mouvement de bas en haut que le cheval fait avec sa tête.

Ces secousses désagréables ne dénotent rien autre chose que l'ignorance du cavalier, et, quelle qu'en soit la source (mauvaise habitude, faiblesse ou moyen de défense), une main bien assurée, habile à proportionner les pressions du mors aux effets de force qui amènent ces déplacements, les fera cesser et disparaître en peu de jours. (*Voyez* ÉCUYER.)

BÉGAYER. (*Voyez ci-dessus* BATTRE A LA MAIN.)

BERCER (se), se dit d'un cheval qui se dandine aux allures du pas et du trot, comme un enfant qu'on endort.

Ce défaut indique ou la mollesse, ou la faiblesse du cheval; dans le premier cas, voici le correctif: il faut le placer bien droit d'épaules, de corps et de hanches, réveiller souvent son apathie par les jambes vigoureusement soutenues près des flancs, et même l'éperon, afin d'obtenir des effets d'ensemble, et lui donner ainsi l'énergie qui lui manque; dans le second cas, c'est du temps seul qu'il faut attendre le remède.

BOND (le), c'est le saut d'un cheval qui s'enlève subitement et retombe à la même place.

Si le cavalier saisit assez promptement l'instant où le cheval se dispose à bondir et le porte vigoureusement en avant, pour *disperser* ses forces, en faisant céder l'encolure de droite et de gauche, de façon à ce qu'il ne puisse rencontrer un point d'appui fixe sur le sol, le cavalier paralysera l'effet du bond, ou, du moins, en neutralisera une partie, et rendra le mouvement moins violent.

BOUCHE ÉGARÉE. Il n'y a pas plus de bouches égarées qu'il n'y a de bouches dures et de bouches loyales : tous ces mots sont vides de sens.

Pour vous en convaincre, essayez du travail en place ; tâchez de vaincre, par les moyens que j'indique, les résistances que présentent certains chevaux, et quand vous aurez réussi, vous en tirerez naturellement la conclusion que vous n'avez pu changer la conformation des barres ; que cependant vous avez obtenu de la légèreté, rien qu'en modifiant la position de la tête et par suite celle du corps ; qu'il faut donc bien que la bouche ne soit pour rien dans les résistances, et que la légèreté dépend de l'ensemble de la position : alors vous abandonnerez indubitablement les moyens de rigueur que vous aviez employés jusqu'ici, certainement sans résultats.

BOUTS EN DEDANS (les deux). On entend par les *deux bouts en dedans*, mettre en regard la tête et la croupe du cheval, en le faisant travailler sur les hanches, et marcher du côté où les flancs décrivent une ligne concave.

Il faut au cheval un grand degré de souplesse pour qu'il parvienne à prendre cette position courbe, et un grand accord au cavalier pour la lui donner ; car, tandis qu'une de ses jambes donne le pli à l'animal, l'autre doit pousser la masse, sans nuire à la position ; et certes, il n'est pas sans difficulté d'activer sans changer la courbe, ni de courber sans arrêter le mouvement.

Du reste, ce travail n'a rien de gracieux pour le spectateur; mais il est, pour le cheval, une excellente étude; il faut donc en user, mais modérément, et ne l'aborder qu'avec lenteur.

BRANLE DE GALOP, c'est le mouvement que fait le cheval pour prendre le galop; c'est aussi un terme synonyme de l'action qu'il conserve à cette allure; on dit : *un beau branle de galop*, pour désigner la cadence, la régularité et le brillant du galop d'un cheval. Du reste, c'est un mérite qu'il dépend souvent du cavalier de donner au cheval, en secourant et entretenant convenablement ses forces.

BRAVE. Un cheval brave est celui qui a du courage et de la vigueur, qui met à profit tout ce qu'on lui enseigne, et qui est toujours disposé à tout exécuter franchement.

BRIDER (se bien), se dit d'un cheval dont la tête est bien placée, c'est-à-dire bien perpendiculaire au sol.

De la bonne position de la tête dépend la bonne position des autres parties du corps, puisque la translation du poids devient facile et régulière. Tous les chevaux peuvent prendre cette attitude, quoi qu'on ait dit jusqu'à ce jour, et maladroit est l'écuyer qui ne sait pas vaincre les difficultés de certaines conformations.

BRIDON. On entend par *bridon* un petit mors brisé au milieu, et dépourvu de branches; les deux anneaux qui se trouvent en dehors des lèvres tiennent aux montants et servent à attacher les rênes.

Quelques personnes se servent encore de ce frein inutile pour monter les jeunes chevaux, sans se douter qu'il contribue pour beaucoup à leur faire prendre de mauvaises positions de tête. Mais ainsi le veut la force de l'habitude. Jusqu'à quand s'astreindra-t-on aussi servilement à des pratiques nuisibles? Pourquoi l'équitation ne pourrait-elle faire des progrès, à l'exemple des autres arts et sciences? Si, comme l'industrie, elle ne marche pas à pas de géant, que du moins elle ne reste pas stationnaire.

Je ne saurais trop engager le lecteur à se répéter, aussi souvent que je l'ai fait dans cet ouvrage, qu'avec un mors doux, accompagné de son filet, il n'est pas de cheval qu'on ne puisse dresser, quelles que soient, d'ailleurs, son ignorance, son insensibilité et sa résistance. (*Voyez* MORS et ses effets.)

BRILLANT. Un cheval *brillant* est celui qui

exécute ses airs de manège avec feu et vivacité, et dont les mouvements nobles et hardis éblouissent, pour ainsi dire, les spectateurs.

Il y a un *brillant* naturel, grâce auquel le cheval fait ressortir et pare l'écuyer. Il en est un factice, au contraire, pour lequel c'est l'écuyer qui donne du relief au cheval. Dans l'un et l'autre cas le cheval et l'écuyer se font mutuellement valoir; mais le vrai connaisseur préfère le *brillant* qui vient du cavalier.

BRINGUE (une), petit cheval désagréable à l'œil et incapable de service.

BROUILLER (se), c'est l'action d'un cheval trop ardent, qui confond ses mouvements; l'impéritie du cavalier entre toujours pour beaucoup dans la confusion des idées et du travail du cheval.

Du reste, le moyen de corriger ces sortes de chevaux est de leur demander peu à la fois, et de les habituer graduellement à vaincre les difficultés.

BUADE, mors à longues branches droites. Bien des écuyers attribuent aux différentes longueurs de branches des effets merveilleux qu'elles n'ont pas.

Si j'en crois mon expérience, il n'y a pas de chevaux qui nécessitent des branches ayant plus de seize centimètres de longueur, à partir de l'œil du mors jusqu'à l'extrémité des branches.

L'assiette et la main du cavalier, savamment placées et soutenues, remplacent, avec toutes sortes d'avantages, les diverses constructions de ces freins violents. Plus la force est grande, et plus elle donne au cheval de facilité pour emporter le cavalier ou pour amener un acculement qui fera naître des défenses plus dangereuses encore. Aux mains d'un écuyer maladroit, un mors dur est plus dangereux. Aux mains d'un écuyer habile, le mors doux suffit toujours pour dompter les chevaux, quels qu'ils soient.

C

CABRER (se), se dit d'un cheval qui, au lieu d'avancer, se lève sur ses pieds de derrière.

Posons en principe que toutes les défenses du cheval dénotent une mauvaise conformation ; elles sont toujours occasionnées par la faiblesse des reins, par des hanches courtes ou étroites ou des jarrets droits. Si, à ces défauts physiques, vient se joindre le manque d'action, le cheval se cabrera infailliblement. La difficulté qu'il éprouve à se porter en avant fixe les jambes de derrière au sol ; il n'a ni la force ni l'énergie nécessaires pour projeter sa masse en avant. Ce cheval, auquel il sera très-difficile de donner une belle éducation, n'est cependant pas sans ressources si l'on y met le temps et surtout si l'on suit exactement la gradation des principes que j'ai formulés.

CABRIOLE ou **CAPRIOLE** (la), se dit du mouvement que fait le cheval lorsqu'il est en l'air, également élevé du devant et du derrière, et qu'il détache la ruade.

La capriole n'est d'aucune utilité en équitation. On a l'habitude, dans beaucoup d'écoles, de s'en servir entre les piliers, pour consolider la tenue des élèves.

CADENCE (la) est la précision des mouvements d'un cheval lorsqu'il marche, trotte ou galope.

Le cheval est cadencé quand ses temps sont justes, assez égaux pour laisser distinguer aisément la motion de chaque jambe et quand celles-ci restent un moment comme suspendues en l'air.

Pour obtenir et conserver cette brillante régularité, il faut que le cavalier, à l'aide de l'assiette, sente bien le mouvement des jambes et la disposition du corps de son cheval; il faut, de plus, que ses jambes et sa main soient prêtes à rétablir cette harmonie, si quelque incertitude du cheval venait à la déranger.

CARACOLER, c'est travailler le cheval dans un manége, sans assujettissement de terrain. Il faut, pour faire caracoler un cheval avec précision et sans l'énerver, le tenir bien rassemblé et ne pas abuser de ses moyens en prolongeant trop ce genre d'exercice.

On ne tarderait pas à fatiguer et même ruiner un cheval en cherchant à le faire caracoler, si l'on n'avait égard aux positions qui amènent ce mouvement ; aussi ne faut-il arriver là que lentement et par degrés.

CARRIÈRE (la) est un carré long, bordé de tertres de gazon, dans lequel on exerce les chevaux. Il n'existe plus de ces sortes de manéges découverts que dans les haras et dans les écoles de cavalerie ; il serait cependant utile et agréable que toutes les écoles en possédassent pour la belle saison ; outre qu'ils sont plus vastes, le cheval en plein air conserve plus de vigueur, travaille avec plus de plaisir, et se porte beaucoup mieux.

CARROUSEL (le) est une image de combats représentée par un certain nombre de cavaliers divisés en plusieurs quadrilles.

Sans doute cet exercice est utile aux militaires, parce qu'ils apprennent à manier le sabre et à conduire leurs chevaux avec plus de dextérité ; mais il l'est peut-être plus encore pour les cavaliers civils, dont il faut stimuler l'ardeur.

Or, rien ne donne d'émulation comme les évolutions faites au son des instruments, et si l'on ajoute le jeu de bagues, qui prête de l'aisance et de la grâce, les manœuvres de cavalerie, les contredanses, etc., etc., on fait des études équestres un véritable divertissement. Aussi j'engage beaucoup les professeurs à adopter ces petites fêtes; elles inspirent un degré d'amour-propre utile aux progrès de l'art.

CASSE-COU. On appelle ainsi dans les manéges et chez les maquignons les gens employés à monter les chevaux vicieux et à débourrer les jeunes.

Si l'on entend par un casse-cou un homme doué de vigueur physique et morale, un homme intelligent et doux qui, sans être versé dans les secrets de l'équitation, en sache assez pour réprimer sans brutalité les caprices ou les fougues des jeunes chevaux, je suis dès lors tout disposé à l'admettre et à les lui faire monter, mais en ma présence, toutefois, car je tiens à ce que les premières leçons données au cheval le soient d'une manière assez intelligente pour qu'elles lui profitent par la suite. On conçoit qu'avec cette manière de procéder dans le choix de l'homme et avec les soins que je mettrais à donner une direction juste à ses mouvements instinctifs, je ne pourrais que bien m'en trouver. Mais où espérer le rencontrer? Voilà la difficulté ; aussi, suis-je peu partisan des hommes appelés casse-cou. Combien la plupart de ceux qui exercent cette profession ne sont-ils pas à craindre ! Brusques et emportés pour l'ordinaire, ils frappent sans ménagements l'animal ignorant ou faible qui, faute de comprendre, refuse de répondre à leurs stupides et machinales interpellations. Aussi que de tares et de défenses sont les suites de leurs mauvais traitements, et combien de bons chevaux ont été mis hors de service ! En faut-il davantage pour réveiller l'attention de quiconque les aime, et l'engager à être scrupuleux dans le choix du casse-cou auquel il fera monter ses chevaux? Oui, certes, il vaudrait mieux les laisser dans leur ignorance que de les instruire en prenant sur leurs qualités, ou bien que d'augmenter leurs défenses par des mauvais traitements continuels. Voilà, cependant, où peut conduire le peu de discernement que l'on apporte dans le choix des casse-cou. Je sais bien qu'ils sont indispensables chez les marchands de chevaux ; mais là ils sont peu à craindre, d'abord parce que les chevaux restent peu de temps chez le même propriétaire, ensuite parce qu'il n'entre pas dans son esprit de les faire dresser, mais seulement de les faire monter, pour qu'ils marchent droit devant eux. Le casse-cou peut donc être de quelque utilité, et c'est au marchand à choisir un homme qui ne paralyse pas les moyens du cheval. Je me résume, et dis que le casse-cou demande à être bien choisi pour être vraiment utile, et que dans le cas contraire, on doit s'attendre à des inconvénients de toutes sortes.

CAVEÇON, bande de fer, tournée en arc, ayant un anneau au milieu, montée de têtière et de sous-gorge.

On se figurait jadis dresser merveilleusement un cheval, développer ses épaules et abréger son instruction, en le faisant trotter à toute extension, à l'aide d'une longe attachée à l'anneau du caveçon.

M. de la Guérinière, par exemple, nous apprend à quel degré de faveur était encore de son temps le caveçon. A la page 68, édition in-folio, l'auteur nous indique les instruments avec lesquels il dresse les chevaux. Il rapporte la haute opinion de deux grands écuyers, MM. Delabroue et Newcastle, sur les ressources que le cavalier peut tirer d'un caveçon à deux longes attachées à la selle, et dont il saura se servir alternativement avec la bride. Il est possible qu'à cette époque, ces moyens, faute de mieux, fussent de quelque secours; les planches qui se trouvent dans l'in-folio de M. de la Guérinière, en montrant quelle était la dimension des branches du mors, fait concevoir qu'avec de tels leviers il fallait des moyens proportionnels pour en modérer l'action ; mais, certes, le caveçon ne remplaçait que bien imparfaitement notre filet.

Parmi les écuyers plus modernes, l'avantage est controversé; il règne, par exemple, du désaccord entre M. C..... et M. R......, qui est, je crois, son élève, sur l'usage de la plate-longe. Le premier explique les inconvénients qu'il y a à se servir d'un auxiliaire pour y exercer le cheval ; et le second prétend qu'il en faut indispensablement un. Je ne relate ce fait, au reste de peu d'importance et d'utilité, que pour montrer combien les sentiments sont divisés sur les choses les plus simples ; tel ouvrage défend ce qu'un autre prescrit. Les hommes et les chevaux sont-ils d'une nature différente? Non, mais c'est qu'on veut réduire en principe des choses tout à fait insignifiantes.

Du reste, il faut espérer que l'expérience fera abandonner peu à peu les vieilles pratiques ; le caveçon tombera en défaveur ; on comprendra que la position que les chevaux prennent pendant ce genre d'exercice n'est pas du tout celle qu'il faut leur donner pour les diriger, et que leur instruction s'en trouve naturellement retardée ; on découvrira de plus une foule d'inconvénients qui peuvent en résulter, par les efforts violents que font certains chevaux ; et on arrivera à conclure que le moyen n'est vraiment utile que pour assujettir un cheval trop fougueux et le rendre sage au montoir ; encore ne faut-il s'en servir qu'avec une grande modération.

CENTRE DE GRAVITÉ. Le centre de gravité est le point où viennent se réunir les forces du cheval et qui leur sert en même temps de foyer ; sa véritable place est au milieu du corps.

Cette disposition se rencontre rarement chez les chevaux avant leur éducation, les belles constructions ont seules cet avantage.

Il est facile de comprendre maintenant le point de départ des défenses : soit que le cheval rue, se cabre ou s'emporte, la mauvaise place occupée par le centre de gravité en est toujours la cause. Cette cause tient elle-même à une construction défectueuse qu'on ne peut changer, il est vrai, mais dont on peut toujours modifier les effets. Si le cheval rue, le centre de gravité est sur les épaules ; il est sur la croupe lorsque l'animal se cabre ; et trop en avant du milieu du corps, lorsqu'il s'emporte. L'unique préoccupation du cavalier doit donc être de conserver toujours au milieu du corps du cheval le centre de gravité, puisqu'il évitera par là les défenses, et qu'il ramènera les forces du cheval mal conformé à la véritable place qu'elles occupent dans les belles organisations. C'est ce qui me fait dire qu'un cheval bien construit ne peut se livrer à ces défenses, ni à des mouvements désordonnés, car il lui faudrait des efforts surnaturels pour détruire l'harmonie de ses ressorts et donner un aussi grand déplacement au centre de gravité. Ainsi, quand je parle de la nécessité de donner au cheval un nouvel équilibre pour prévenir ses défenses et remédier au disgracieux de ses formes, j'entends désigner la combinaison de forces dont je viens de m'occuper, ou pour mieux dire, la transposition du centre de gravité d'une place à une autre. Toute l'éducation du cheval est dans ce résultat.

CHAMBRIÈRE, c'est une bande de cuir, de deux mètres de long, attachée au bout d'une canne en jonc, longue d'environ un mètre trente cent.
Il n'y a pas vingt ans encore, c'eût été, pour un écuyer, un crime de *lèse-équitation* de paraître dans un manége sans avoir une chambrière à la main. Le professeur s'en servait pour corriger le cheval que le cavalier ne maîtrisait pas assez, et quelquefois même pour corriger l'élève.
On conçoit qu'il n'y avait rien dans ce procédé brutal qui pût accélérer les progrès de l'art. Maintenant beaucoup d'écuyers parlent, raisonnent, définissent chaque principe, et répondent aux questions par des dissertations instructives. Car aujourd'hui les professeurs sont devenus plus que des hommes de cheval, et savent aussi parler le langage des gens bien nés.

CHANGEMENT DE DIRECTION. L'action de changer de direction ou de tourner est synonyme. Comme nous parlons toujours d'une éducation à faire, nous dirons qu'on ne doit changer de direction qu'après avoir rendu le cheval léger en ligne droite; puisque la difficulté qu'il présenterait pour se porter à droite ou à gauche aurait pour point de départ la résistance première qu'il opposerait. La bride n'ayant pas d'abord d'effet déterminant réel dans l'un ou l'autre de ces deux sens, et que ce n'est que par l'éducation que le cheval y répond, il faut donc se servir de la rêne du filet du côté où l'on veut le diriger, et peu à peu continuer le mouvement avec la bride. A part cette petite définition, le moyen est le même que celui dont on se servait précédemment; il n'en est pas ainsi pour les jambes, leur effet est diamétralement opposé à celui qu'on leur attribuait dans l'ancienne équitation ; c'est encore une innovation si naturelle, que j'ai peine à concevoir qu'on n'ait pas appliqué ce moyen avant moi. C'est le seul rationnel, puisque dans la conversion à droite, par exemple, c'est la jambe droite de derrière qui servira de pivot et supportera tout le poids de la masse, pendant que la jambe gauche de derrière et les jambes de devant décriront un cercle plus ou moins étendu; c'est donc la jambe gauche du cavalier qui contiendra la croupe, pour que le poids de l'avant-main ait la facilité de se reporter sur le derrière, reflux de poids indispensable pour que les jambes de devant exécutent une rotation plus grande autour des jambes de derrière, puisqu'elles ont un plus grand cercle à parcourir.

CHANGEMENT DE MAIN. On appelle *changement de main* le passage du cheval par une ligne diagonale, prenant à la sortie du coin qui mène au grand côté du manége et finissant à l'autre extrémité, à pareille distance du coin opposé.

CHANGEMENT DE MAIN RENVERSÉ. Faire un changement de main renversé, c'est parcourir deux lignes diagonales parallèles, distantes de deux pieds environ, de telle façon que le cheval revienne au point de départ à la main opposée à celle où il se trouvait d'abord.

Cet air de manége ne présente de difficultés que pour le cavalier incertain dans ses mouvements; pour le véritable écuyer ce n'est qu'un jeu, comme la plupart des figures qui ne demandent qu'une action simple.

CHANGEMENT DE PIED (à chaque foulée ou au temps). Si les la Guérinière, Monfaucon, d'Absac, Coupet et autres anciens écuyers, théoriciens ou praticiens, avaient vu exécuter des changements de pied au temps, ils auraient crié au miracle; on en contestait la possibilité il y a quelques années. M. Seydler, écuyer prussien, entre autres, disait dans l'un de ses écrits contre ma méthode que les changements de pied à chaque foulée n'existaient que dans mon imagination, mais qu'ils étaient impraticables. Il a dû se convaincre depuis de la faiblesse de ses connaissances en équitation. Mademoiselle Pauline Cuzent, mon élève, a monté à Berlin plusieurs de mes chevaux dont le travail comportait un grand nombre de changements de pied au temps, et elle les exécutait avec beaucoup de précision.

Pour que les changements de pied au temps soient justes et précis, il faut que pendant ce travail le cheval reste droit, de telle sorte qu'on ne s'aperçoive pas, par son corps, du jeu alterné de ses jambes.

Les changements de pied au temps ne doivent se pratiquer qu'après avoir obtenu les changements de pied tous les deux temps, exécutés avec une régularité parfaite; on en fera d'abord un, puis deux, et ainsi de suite.

Quant aux moyens à employer, un folliculaire pourrait remplir inutilement plusieurs pages sans rien dire; mais moi, j'ai trop peu l'habitude d'écrire, pour vouloir expliquer ce qui est inexplicable; je dois m'en rapporter au sentiment et au tact du cavalier.

CHASSER SON CHEVAL EN AVANT, c'est doubler son action avec les jambes, pour lui donner un degré de vitesse plus considérable ou vaincre la résistance qu'il oppose. Il est nécessaire de renouveler souvent cette action, pour empêcher le cheval de revenir dans les jambes, fréquent principe de défense.

CHATIER. Le premier principe qui doit diriger le cavalier dans l'emploi des châtiments, c'est d'abord de n'en user qu'à propos, ensuite de n'en user qu'avec mesure, enfin de ne s'en servir qu'après avoir épuisé les moyens indicateurs.

Les chevaux qui ont le plus besoin de cette correction sont les apathiques, ceux chez qui les aides inférieures du cavalier ne suffisent pas pour activer l'arrière-main; ceux qui, avec des moyens d'aides gradués, refusent de se porter sur un objet quelconque; tous les chevaux enfin qui ne répondent pas franchement aux jambes.

Mais si ce moyen coercitif n'a pas pour auxiliaire une main bien entendue, on en manque entièrement l'effet; car le point principal est de profiter des mouvements du cheval pour dominer son avant-main, et se rendre, par suite, maître de toute la masse.

CHATOUILLER, c'est picoter avec l'éperon. Sans doute les attaques ne doivent pas, comme le prétendent quelques professeurs, être toujours vigoureuses; il faut proportionner l'emploi de ce moyen à l'irritabilité du cheval. Telle attaque faible agira plus vivement sur un cheval irascible, qu'une très-violente sur un cheval froid ou apathique; mais ce qu'il faut éviter, c'est que les éperons, sans but ni effet réel, se fassent sentir en même temps que les jambes. C'est cette incertitude qui, parfois, rend le cheval chatouilleux ou augmente chez lui ce défaut, s'il y est disposé naturellement.

CHATOUILLEUX A L'ÉPERON se dit d'un cheval qui, au lieu d'obéir à l'éperon, crie et rue à son approche, en donnant du flanc dessus.

Il y a des chevaux dont le système nerveux est tellement irritable, que le contact du doigt sur une partie quelconque du corps les fait crier comme un chien sur la patte duquel on aurait marché. Cette espèce de maladie nerveuse présente de grandes difficultés, que l'on surmontera cependant à l'aide de beaucoup de gradation dans le travail; mais si cela vient seulement de ce qu'ils ont été continuellement *picotés* par l'éperon d'un cavalier inhabile, on peut leur faire perdre cette mauvaise habitude en se servant longtemps des jambes et de la cravache, surtout en usant de cette dernière à propos, mais avec intelligence.

CHERCHER SA CINQUIÈME JAMBE se dit du cheval qui se porte sur la main et y prend un point d'appui. C'est en se servant énergiquement des jambes, et par suite des éperons, qu'on ramènera les jambes de derrière près du centre de gravité (rassembler), qu'on pourra reporter le poids du devant sur le derrière et rendre le cheval léger à la main.

CHEVAL. Le cheval est le quadrupède qui réunit le plus grand nombre de qualités physiques et morales; aucun autre ne peut lui être comparé pour la beauté et la régularité des formes; son intelligence et son utilité pour l'espèce humaine le rendent incomparable; il partage avec l'homme les dangers et la gloire de ses actions les plus belles; il favorise ses desseins et assure la réussite de ses entreprises. Faut-il défendre ses foyers, subvenir à la nourriture de quelques milliers d'individus, contribuer à faire prospérer toute espèce d'industrie, entretenir les goûts de mollesse et le luxe de l'orgueilleux citadin, c'est toujours au cheval qu'il faut recourir. Aussi ne suis-je pas surpris que les anciens, admirateurs du beau, en aient fait une divinité. Selon Hérodote, les Scythes les offraient en holocauste aux dieux. M. Bochard fait observer qu'on en consacrait au soleil chez les Rhodiens, les Spartiates, les Massagètes, les Éthiopiens, les

Arméniens, les Perses et autres nations; le cheval était le symbole adopté par les peuples de Carthage, de la Macédoine et de la Thessalie. En effet, quoi de plus beau, de plus noble que le cheval ardent, impétueux, pendant que son cavalier le dompte et le conduit? Que de mouvements irréguliers par suite de l'ardeur et de la force qu'il puise dans sa brillante constitution! Bientôt il devient plus obéissant à la main et à la jambe qui le déterminent à droite ou à gauche, le précipitent ou le retiennent; enfin il est dressé et n'exécute que ce qu'on lui demande. Son ardeur s'est soumise à l'obéissance, ses forces sont coordonnées, réglées même; l'éperon devient inutile, il ne lui faut presque plus de bride, car la bride l'avertit plutôt qu'elle ne le force, et, devenu paisible, il ne fait plus pour ainsi dire qu'écouter; son action est tellement unie à celle du cavalier auquel il est assujetti, qu'on peut dire qu'elles n'en font plus qu'une seule et même. Ai-je donc tort de répéter que, de tous les animaux, le cheval est le plus admirable? Beauté, courage, bonté, énergie, il réunit tout; aussi, je proclame sans intelligence et même étranger à tout bon sentiment celui qui ne porte pas d'amitié à ce noble animal et n'est pas pénétré d'admiration pour lui.

CHEVAL DANS LA MAIN. Le cheval dans la

main est celui dont l'encolure, la tête et le corps sont dans un tel état d'équilibre, que l'on ne sent nullement le poids que présente cette forte masse. Cette légèreté met le cheval en position d'obéir aux plus imperceptibles mouvements du cavalier ; aussi le premier soin de celui-ci doit-il être d'obtenir cette attitude, sans laquelle le cheval ne peut exécuter avec justesse et précision tout ce que comportent ses moyens.

(Pour arriver à ce résultat, *voyez* ÉDUCATION RAISONNÉE.)

CHEVAL ENTIER A UNE MAIN (le) est celui qui refuse de tourner d'un côté.

Le manque de souplesse est toujours la principale cause de cette résistance ; pour la vaincre, il suffit d'exercer les chevaux dans l'inaction, de faire plier l'encolure des deux côtés, de continuer les flexions en ligne droite à l'allure du pas, et de ne commencer à les tourner du côté difficile que lorsqu'ils sont devenus légers à la main.

Il en est de cette défense comme de presque toutes celles dont l'inexpérience du cavalier est le principe ; aussi le non-savoir fait attribuer à un vice d'organisation morale ou physique du cheval, les causes de son refus, quand elles ne tiennent qu'à son ignorance. Il a beau craindre le châtiment, ce qu'il fait pour le fuir l'éloigne toujours davantage du but qu'on a négligé de lui montrer; cependant c'était le premier soin à prendre.

Placez d'abord, déterminez ensuite, et vous éviterez les défenses.

CHEVAL PORTANT BAS. *Porter bas* se dit d'un cheval dont l'encolure et la tête s'affaissent. Des vices de conformation, tels qu'une encolure faible, une tête forte, des reins mous et de mauvais jarrets, sont souvent la cause de ce défaut; le manque d'action peut aussi y contribuer. Quand ce défaut est porté à l'excès, il faut renoncer à le corriger; mais c'est le cas le plus rare. Il y a peu de chevaux d'une nature assez imparfaite pour qu'une partie ne vienne pas au secours de l'autre. C'est alors que l'art doit montrer sa puissance, en établissant la répartition des forces avec assez d'équilibre, pour rendre propre au service un cheval qui, sans lui, fût resté désagréable et souvent dangereux.

Avec ces sortes de chevaux on doit recourir au travail dans *l'inaction* et graduer lentement les études préparatoires. L'art n'est point ingrat pour quiconque en conçoit la marche et en suit les règles avec discernement.

CHEVAL PORTANT AU VENT, c'est celui qui porte la tête dans une position plus ou moins horizontale. Cela tient à la longueur et à la faiblesse des reins, aux hanches courtes, étroites, aux jarrets droits ou acculés ; ce sont ces vices de construction qui donnent une tension excessive aux muscles supérieurs et latéraux de l'encolure.

Quoi qu'on ait dit sur l'impossibilité de corriger ce défaut, l'expérience m'a prouvé que c'était encore un préjugé sur lequel il fallait revenir.

Je renvoie le lecteur à l'article : *Tous les chevaux peuvent se ramener*. Les moyens de changer en moins de dix minutes cette mauvaise position y sont décrits. (*Voyez* RAMENER.)

CHEVALER, c'est lorsque le cheval croise les jambes de devant et de derrière l'une sur l'autre. (*Voyez* FUIR LES HANCHES.)

CHEVALINE. Vieil adjectif féminin dont on se servait jadis pour indiquer que ce dont il était question avait rapport au cheval. Ainsi on disait : *une bête chevaline*. Ce mot est heureusement remis en usage par toutes les personnes qui s'occupent de chevaux ; et il en devait être ainsi, puisque aucun autre ne peut le remplacer. Il sert à éviter les redites qui sont si fréquentes et rendent fastidieuse la lecture des ouvrages qui se rapportent à une spécialité.

CHEVAUCHER, vieux mot qui exprime l'action d'aller à cheval, et que les auteurs modernes ont mis à la mode; il signifie encore porter les étriers plus ou moins longs. On entend aussi par *chevaucher* l'action du cheval faible et incertain dans ses allures, qui se taille les boulets en marchant.

Les mauvaises positions du cheval rendent souvent ses allures irrégulières, et le font ainsi s'entre-tailler; pour remédier à cet inconvénient, il faut exercer le cheval qui chevauche aux allures lentes, et s'attacher à le mettre en équilibre.

S'il y a un vice réel de construction, il n'y a pas de remède.

CHOPER (*broncher* vaut mieux), se dit d'un cheval qui cède d'une jambe de l'avant-main, soit qu'il faiblisse de cette partie, soit qu'il rencontre une aspérité.

Quand bien même cette faute viendrait de faiblesse, le cheval tombera rarement, s'il est monté par un cavalier habile, qui sache coordonner les forces entre elles, de manière à ce qu'elles se prêtent mutuellement secours.

COL ou **ENCOLURE**. L'encolure est la partie la plus essentielle à exercer; son liant aide à l'assouplissement des autres parties du corps.

Quand il y a faiblesse de l'arrière-main, c'est encore de ce levier que le cheval se sert pour braver les efforts de la main; c'est donc par l'encolure qu'il faut commencer l'instruction du cheval, en la faisant céder en tous sens, jusqu'à ce qu'elle réponde aux moindres pressions du mors. Grâce à ce travail préparatoire, on pourra tirer parti de tous les chevaux quels qu'ils soient.

CONDUIRE SON CHEVAL ÉTROIT OU LARGE, c'est-à-dire lui faire parcourir dans le manége un cercle plus ou moins grand.

Quand un cheval sait prendre avec précision la position pour faire un *doublé* (traverser le manége dans sa largeur ou sa longueur), il lui est aisé de parcourir toutes les lignes. Il ne reste plus au cavalier qu'à savoir conserver l'accord de ses aides et l'équilibre du cheval.

CONFIRMER UN CHEVAL, c'est l'amener au *nec plus ultra* du dressage.

Pour qu'un cheval atteigne ce degré de perfection, il faut que sa position soit gracieuse, son équilibre exactement observé, quelque attitude qu'on lui fasse prendre, et ses mouvements toujours si bien réglés, que l'ordre n'en puisse être troublé par la moindre opposition de sa part. Il est inutile de dire quel tact il faut à l'écuyer pour amener ses chevaux à ce point de perfection.

On en voit dans quelques manéges qui laissent,

il est vrai, peu de choses à désirer pour être *confirmés;* mais ce qui désenchante, c'est d'apprendre que, depuis deux ou trois ans, on leur prodigue des soins assidus. Cela me rappelle ce que disait M. Coupet (écuyer de Versailles), chaque fois qu'il montait son cheval *l'Aimable,* âgé alors de dix-huit ans; bien qu'il le montât depuis treize ou quatorze ans, il se plaignait encore souvent de sa désobéissance, et ajoutait : *Il faut de la patience, c'est un enfant !*

Je n'entends point ici attaquer la mémoire de ce digne écuyer; mais je crois qu'avec des moyens raisonnés et définis, on peut arriver aussi sûrement et beaucoup plus vite à ce but.

CONTRACTION. On appelle contractions ou résistances, les difficultés que l'on éprouve à faire prendre au cheval telle ou telle position : elles ont leur siége dans les reins, la croupe et les hanches (en un mot l'arrière-main), dans l'encolure et la mâchoire.

Pas de faux mouvements, pas de résistance qui ne soient précédés de la contraction de l'encolure, et comme la mâchoire est intimement liée à l'encolure, la roideur de l'une se communique instantanément à l'autre. Ces deux points sont l'arc-boutant sur lequel s'appuie le cheval pour annuler tous les efforts du cavalier. On conçoit facilement l'obstacle immense qu'ils doivent présenter aux impulsions de ce dernier, puisque l'encolure et la tête étant les deux leviers principaux par lesquels on détermine et dirige l'animal, il est impossible de rien obtenir de lui tant qu'on ne sera pas entièrement maître de ces premiers et indispensables moyens d'action.

Les contractions opposées de l'avant et de l'arrière-main sont mutuellement les unes par les autres causes et effets, c'est-à-dire que la roideur de l'encolure amène celle des hanches et réciproquement. On peut donc les combattre l'une par l'autre; et dès qu'on aura réussi à les annuler, dès qu'on aura rétabli l'équilibre et l'harmonie qu'elles empêchaient entre l'avant-main et l'arrière-main, l'éducation du cheval sera à moitié faite.

CONTREDANSE. L'équitation, poussée jusqu'à un certain point, permet de faire exécuter au cheval tous les mouvements imaginables, de former des quadrilles, et de retracer réellement les figures de la contredanse; grâce à cet exercice, qui est tout à la fois une étude utile et un plaisir charmant, nos amazones peuvent répéter le matin dans le manége ce qu'elles dansent le soir dans les salons; dans l'un, non moins que dans l'autre, elles pourront acquérir de l'aisance et de l'agilité, et déployer la grâce et le tact qu'elles apportent à tout ce qu'elles font; rien n'empêchera dorénavant nos jeunes dandys de parler équitation aux dames. Nos écuyères sauront aussi bien qu'eux en raisonner, et, après quelques contredanses équestres, tirer parti d'un cheval avec toute sorte d'adresse et d'élégance.

Dans mon manége, pour faire exécuter ces figures aux dames, je me contente de leur faire prendre un petit éperon : cet éperon et la cravache employée à propos suffisent pour déterminer le cheval à exécuter les mouvements les plus précis; grâce à ces deux aides bien simples, elles peuvent mettre en pratique, sans de sérieuses difficultés, une grande partie des airs de manége qu'on avait crus jusqu'ici réservés en propre aux écuyers les plus habiles.

Dès que les élèves se servent avec ensemble de leurs aides, on peut remplacer la haute école par des contredanses, qui les contraignent à plus d'assiduité, par la crainte de laisser les quadrilles incomplets; au bout d'un certain temps, ils ont tout le savoir désirable pour prendre leur part à de brillantes fêtes d'apparat, qui répandent et fortifient le goût de l'équitation.

Je n'entrerai pas dans de plus grands détails sur cet article, et je me contenterai de donner le nom des figures et l'ordre dans lequel on les exécute.

D'abord la Promenade autour du manége, deux à deux, jusqu'à vos places.

Le **Pantalon**, qui comprend la chaîne anglaise, la chaîne des dames, la demi-queue du chat (ces trois figures se font d'une piste, au pas, au trot ou au galop, selon la force des élèves), balancez, et tour de mains (de deux pistes).

L'Été. En avant deux (d'une piste), chassez, déchassez, traversez, chassez, déchassez, à vos places, balancez, tour de mains (tout de deux pistes).

L'Anglaise. En avant quatre (de deux pistes), changez de dame (d'une piste), en avant quatre (de deux pistes), même répétition pour reprendre vos places; rond, moulinet, tiroir double sur les côtés (les ronds se pratiquent en plaçant les chevaux à la croupe l'un de l'autre; pour les moulinets, les quatre têtes des chevaux sont en regard et forment la croix; les ronds et les moulinets se font un tour à droite et un à gauche).

Le **Carré de Mahoni double.** (Ceux qui chassent en dehors vont de deux pistes, et ceux qui vont en avant, d'une piste).

Le **Moulinet à huit au milieu du manége.** (A droite et à gauche, reculer en coupant le manége par huitième.)

La grande **Chaîne au galop.**

L'Anglaise à colonnes, pour figure finale. (Descendre l'anglaise par deux au galop, et remonter de deux pistes au pas.)

CONTRE-CHANGEMENT DE MAIN (le) est une véritable équerre, à l'angle de laquelle le cheval change de côté.

Qu'on se suppose à main droite, à deux pas du coin d'un des grands côtés : on part de deux pistes comme pour le changement de main ; mais, au milieu de la ligne, on reporte le cheval à l'autre main, pour reprendre le mur, à peu près à deux pas de l'angle opposé du même côté.

On ne doit pratiquer les contre-changements de main que quand le cheval ne marque plus d'hésitation ; autrement on lui donnerait une incertitude qui lui ferait souvent prévenir le cavalier ; une fois, au contraire, qu'il répond bien franchement aux jambes, cet air de manége ne peut qu'ajouter encore à la finesse de son tact.

CONTRE-TEMPS est le passage subit et inattendu de l'action à l'inaction ; c'est un défaut des chevaux ombrageux ; avec eux il faut que le cavalier soit sur ses gardes, qu'il ait un ferme soutien de reins et de jambes, pour que ces brusques mouvements ne déplacent pas son assiette, et qu'il soit en mesure avec ses aides inférieures de rendre moins violents et de corriger même les déplacements rétrogrades.

Des attaques raisonnées seront aussi d'un utile secours si elles sont appliquées à propos.

On appelle aussi contre-temps les mouvements

brusques que fait le cheval au galop, lorsqu'il change plusieurs fois de pied, coup sur coup, sans la volonté de son cavalier.

COUCHER (se), se dit du cheval qui force ses inclinaisons dans les changements de direction, ou toute autre ligne circulaire, malgré son cavalier. Ce défaut dénote un cheval non assoupli et mal habitué aux impressions du mors et des jambes. Le travail en place et celui au pas sur des lignes droites peuvent seuls y remédier; ce serait en vain qu'on exigerait que le cheval trottât et galopât régulièrement avec cette tendance à forcer les moyens d'aides du cavalier. Il faudrait combattre longtemps avant d'obtenir une amélioration sensible; toutes les lignes qu'il parcourrait seraient outre-passées par lui, et la lutte que ces mauvaises positions provoqueraient sur des lignes courbes nécessiterait des effets de force qui seraient toujours au désavantage du cheval et du cavalier; au désavantage du cheval, parce que ses mouvements, lorsqu'il se défend, nuisent toujours à son organisation; à celui du cavalier, parce que l'animal acquerrait moralement la certitude qu'il peut disposer d'une force supérieure, et malheur à celui qui laisse cette conviction pénétrer dans l'esprit de sa monture!

COUP DE HACHE, c'est un creux à la jonction du cou et du garrot. On prétend que cette conformation empêche le cheval de se ramener.

L'expérience m'a démontré le contraire, et je recherche avidement les constructions les plus bizarres de l'encolure; aucune n'a justifié les exceptions que la paresse ou l'impéritie des écuyers accepte avec tant de confiance.

COUPER (se), c'est lorsque le cheval en marchant se blesse les boulets avec les côtés de ses fers.

Trois causes contribuent à donner ce défaut. La première est la faiblesse des jeunes chevaux exercés sans ménagement; la seconde tient à la mauvaise conformation des hanches, des jarrets et souvent des pieds; dans ce cas, la ferrure dite à la turque peut y apporter quelque remède, mais ceci est étranger à l'équitation; la troisième naît de la mauvaise position qu'on laisse prendre aux chevaux en les menant à des allures forcées, tel que le trot poussé à l'excès. Quelques cavaliers prétendent avoir de beaux trotteurs parce qu'ils vont très-vite à cette allure, sans s'occuper s'ils vont bien. Toute allure obtenue au détriment de l'équilibre du cheval n'est ni bonne ni belle; elle est pernicieuse, car souvent elle estropie les chevaux, et leur met les boulets en sang.

On conçoit que des mouvements moins accélérés donneraient plus d'ensemble et de force au cheval ; force que perdent les jambes de derrière quand, après s'être éloignées du centre de gravité, il leur faut faire un très-grand effort pour s'en rapprocher.

COURBETTE (la) est un saut dans lequel le cheval, après s'être enlevé des deux jambes de devant, chasse la masse avec les jambes de derrière, de manière à gagner du terrain à chaque bond ; les jambes de devant doivent quitter et reprendre le sol ensemble ; la hauteur de leur enlevé est à peu près la moitié de celle du cheval qui se cabre tout droit.

Pour se livrer à ces mouvements, il faut que l'éducation du cheval ne laisse plus rien à désirer et que son arrière-main soit bien constituée, c'est-à-dire des hanches longues, des jarrets bien soudés; autrefois, grâce à la bonne conformation des chevaux, on obtenait ces mouvements sans trop faire péricliter leur organisme. Cela dénote-t-il une détérioration dans l'espèce? Voilà ce qu'on n'oserait décider ; en tous cas, la possibilité en étant établie, la prudence ferait toujours une loi de les pratiquer avec ménagement.

COURSE, c'est faire courir des chevaux de toute leur vitesse pour atteindre un but proposé.

Je pense qu'on s'abuse sur l'utilité de cette

manière d'éprouver la vigueur des chevaux. Jusqu'ici on n'a vu dans les courses publiques qu'un spectacle, au lieu de chercher à en tirer un avantage réel.

Quel service enfin attendre de ces coureurs, pour l'ordinaire efflanqués, qui n'ont d'autre qualité que celle de parcourir une lieue en quatre ou six minutes? A quoi sont-ils bons, si ce n'est à satisfaire la curiosité publique?

Il y aurait avantage, ce me semble, à remplacer ces coureurs incapables d'aucun bon service par des chevaux de selle ou de voiture légers et bien proportionnés dans leurs formes; les uns attelés à un char, et les autres montés développeraient toute l'extension dont ils sont susceptibles à l'allure du trot.

On n'admettrait pour le galop que ceux à qui leur construction permettrait, quelques jours après la course, de rendre encore un bon service de ville ; certes cette faculté compenserait largement les quelques minutes de plus qu'ils mettraient à parcourir la distance donnée.

Grâce à cette amélioration, les éleveurs de nos diverses contrées trouveraient un double intérêt à soigner le perfectionnement des races.

Je livre cette pensée, pour être approfondie et développée, aux hommes capables, que l'influence de leur position peut mettre à même de triompher des obstacles. Mon seul but est de les convaincre que ce nouveau système serait un progrès, un moyen sûr de régénérer nos diverses races abâtardies.

Mais, en attendant que l'autorité s'occupe de cette mesure, pourquoi n'établirait-on pas, dans les principales villes de province, des courses à peu près à l'imitation de celles de la capitale, mais avec les améliorations que je propose?

Voici comment je conçois qu'on pourrait les établir :

Il serait facile de trouver, dans nos départements, trois cents amateurs de chevaux qui formeraient une souscription d'un franc par mois (douze francs par an), pour subvenir aux dépenses. Ce serait, non-seulement pour eux un plaisir vif et brillant, mais encore pour le pays un avantage dont ils retireraient de la gloire.

Car ces courses organisées et publiées à l'avance ne manqueraient pas d'attirer un grand nombre d'étrangers.

Trois cents souscripteurs, à douze francs par an, donneraient trois mille six cents francs. Voici pour leur emploi un essai de règlement que je propose :

Article 1er. Nul ne pourra être souscripteur s'il n'est domicilié dans le département.

Art. 2. Nul ne pourra courir ou faire courir ses chevaux s'il n'est souscripteur.

Art. 3. Pour subvenir au petit nombre de chevaux d'origine française qui, d'abord, se trouveraient dans les départements avec les dispositions requises pour faire de belles courses, les chevaux des pays étrangers y seraient admis. Cependant, si le cheval qui remporte le prix est étranger, il gagnera trois cents francs de moins que les prix marqués.

Art. 4. Les courses seront divisées en trois reprises :

La première sera fournie par les trotteurs ; le premier arrivé gagnera le prix.

La seconde se fera au galop raccourci. Le prix sera décerné au dernier arrivé. Cette course sera toute au bénéfice de l'art ; car, dans ce cas, les moyens du cheval ne sont rien sans le savoir du cavalier.

La troisième et dernière sera réservée aux coureurs à toute vitesse.

Art. 5. Les prix seraient : Pour la première, la course des trotteurs, de onze cents francs pour un cheval français, et de huit cents pour un étranger ;

Pour la seconde, de six cents francs, quel que soit le pays du cheval ;

Pour la troisième, de quinze cents francs pour un cheval français, et de douze cents pour un étranger.

Dans le cas où les prix et les frais n'enlèveraient pas la totalité de la souscription, le surplus pourrait être distribué aux pauvres de la ville où les courses auraient lieu.

Art. 6. Les souscripteurs nommeraient une commission de huit personnes pour juger, dans une course préparatoire, de ceux qui seraient dignes du grand concours; ils nommeraient aussi les juges qui décerneraient les prix, et résoudraient toutes les questions accessoires.

Certes, l'organisation de ces courses n'offrirait aucune difficulté sérieuse.

Il est temps que la province jouisse de ces fêtes lucratives dont jusqu'ici la capitale a gardé le monopole. Je ne doute pas que les citoyens n'y apportent leur concours, et les autorités leur appui [1].

COURSES DE BAGUE. Il est sans doute inutile de dire ce qu'on entend par ces mots : le jeu de bague est trop connu pour avoir besoin d'explications; malheureusement l'usage n'en est pas aussi répandu qu'il devrait l'être, et les élèves y perdent un puissant stimulant et un utile délassement. Je crois donc à propos de donner ici quelques conseils sur cet exercice.

[1] Depuis la première publication de ce Dictionnaire (1833) des courses qui ont quelque analogie avec le programme contenu dans cet article ont été instituées dans plusieurs de nos départements; je m'estimerais très-heureux si mes observations avaient contribué à leur institution.

Pour bien prendre une bague avec la lance de quatre pieds de long, tenue par la poignée, il faut : 1° garder une position de corps invariable; 2° de la main gauche contenir et diriger toujours le cheval; 3° commencer à élever la main droite à la hauteur de la bague, cinq ou six pas avant d'y arriver, et ajuster en faisant le moins de mouvements possible. On voit déjà l'avantage qu'on peut tirer de ce divertissement pour donner de l'aisance et de la facilité. Mais, pour que les élèves puissent s'y livrer, il faut qu'ils aient déjà de l'assiette, et que le mouvement du galop ne les fasse pas chanceler; voilà pour les élèves. Maintenant voici pour les professeurs les règles de ce jeu qui pourront leur être utiles :

RÈGLES DU JEU DE BAGUES.

La partie de bague se joue à cinq, et se compose de quatre courses.

La première est fournie par les cinq joueurs, et se termine lorsque l'un d'eux a enlevé trois bagues avec sa lance; alors ce joueur se retire, et les quatre autres commencent la seconde course, qui est également terminée lorsque l'un de ces joueurs a obtenu le même avantage que le premier; ainsi de suite, jusqu'à ce que le nombre des joueurs soit réduit à deux. Ces deux derniers fournissent la quatrième course, et celui qui ne parvient point à enlever les trois bagues perd la partie, et paye les chevaux à raison de 25 centimes par cheval.

Il est très-essentiel pour les joueurs de bien observer leur distance; car si l'un d'eux, l'ayant bien conservée, arrive au but et n'y trouve pas de bague, il peut réclamer, et son tour lui sera rendu; mais si, au contraire, il se trouve trop près de celui qui le précède, il perd ses avantages; ainsi, lorsque la course est fournie par cinq joueurs, la ligne circulaire (ou carré long) doit être divisée par cinquièmes; par quarts, lorsqu'elle est fournie par quatre, et ainsi de suite.

COUSU, terme de manége pour signifier un homme qui est solide à cheval.

Il y a deux sortes de solidité bien distinctes : celle du casse-cou, et celle du véritable écuyer. La première n'a lieu qu'au détriment du jeu des parties mobiles, et si elles servent à le rendre solide, elles l'empêcheront toujours de tirer parti de son cheval, même en supposant qu'il connaisse le mécanisme de l'équitation. Car ce n'est pas assez de soutenir les brusques mouvements du cheval, il faut les arrêter, et même les prévenir, et c'est ce qu'on ne peut faire si l'on emploie les aides comme moyen de solidité.

L'autre solidité, celle du véritable écuyer, consiste, au contraire, à suivre les mouvements de son cheval, sans confondre la force qui maintient avec celle qui dirige ; à demeurer assez maître de ses mouvements, pour que l'action des aides serve toujours à exprimer sa volonté, et ne soit pas un effort qui ait pour but de le maintenir en selle.

CRAVACHE; elle remplace la gaule dont on se servait anciennement.

Son utilité n'est qu'accidentelle. Le cas où il est le plus urgent de s'en servir, c'est quand le cheval reste sur l'éperon ou n'y répond qu'en ruant à la botte ; alors son application vigoureuse peut être d'un grand secours. Mais, tant que les jambes et les éperons seront bien sentis, ils doivent avoir la préférence, puisqu'ils ont l'avantage d'agir sur toute la masse, et que la cravache n'a souvent qu'un effet local. Elle convient aux dames pour mettre leurs chevaux au galop, leur faire fuir les hanches, et, en général, remplacer la jambe qui se trouve sur la fourche de la selle.

(Pour plus amples explications, *voyez* l'article TRAVAIL PRÉPARATOIRE.)

CROUPADE (la) est un saut dans lequel le cheval retrousse les jambes de derrière sous le ventre, en ployant autant les genoux que les jarrets, comme il le fait à la ballottade.

La différence qui distingue ces deux genres de

sauts est plutôt l'effet des dispositions naturelles du cheval que celui de l'art.

Au reste, on n'exige plus ces violents mouvements que des chevaux qu'on met dans les piliers.

Il est bien possible que ce genre d'exercice puisse être de quelque utilité pour les élèves; mais certainement son abus serait loin d'être avantageux, il les rendrait raides et maladroits. J'ai vu bien des cavaliers, fermes dans les piliers, et qui, sur un cheval en liberté, étaient loin de conserver le même sang-froid et la même solidité. C'est au professeur observateur à juger de l'effet de ses moyens sur les élèves, et à apprécier la mesure qu'il doit apporter dans chacun de leurs exercices.

CROUPE AU MUR. Il importe de bien observer la différence qui existe entre ce travail et celui de l'épaule en dedans. Quoique les moyens d'exécution soient à peu près les mêmes, il faut cependant observer que, dans celui-ci, les hanches doivent marcher sur la même ligne que les épaules; or, c'est ce qu'on n'obtiendra que mollement si la jambe déterminante n'a pour auxiliaire l'autre jambe; celle-ci, surtout pour le passage des coins, est d'un secours indispensable. (*Voyez* ÉPAULE EN DEDANS.)

CROUPIONNER se dit du cheval chez lequel une trop grande irritabilité nerveuse provoque des ruades au contact des jambes et même de la selle. Ici, comme toujours, afin de donner aux mouvements leur régularité, il faut suivre bien exactement mes principes, pour amener ces sortes de chevaux au meilleur état d'équilibre possible; on pourra alors arrêter ces brusques translations de poids, sans lesquelles le cheval ne pourrait élever sa croupe.

CRU (monter à), monter à poil, c'est monter un cheval sans selle ni couverture.

Quelques instructeurs de cavalerie s'imaginent donner plus de solidité à leurs soldats en les faisant ainsi monter à cru; ils sont dans l'erreur : les conformations bizarres de certains chevaux, qui ont l'échine saillante ou qui sont bas du devant, rendent la position du cavalier difficile et défectueuse. A défaut de selle, il vaut mieux encore prendre une couverture pliée en quatre, qui force l'élève à ne pas employer les jambes pour rester uni au cheval.

D

DÉBOURRER UN CHEVAL, c'est commencer à rendre ses mouvements souples et liants.

Beaucoup d'auteurs voient, dans le trot, le

meilleur moyen de débourrer un cheval; le travail en place et l'allure du pas amèneront constamment une réussite plus prompte.

En effet, ce n'est pas d'abord une action rapide qu'il faut exiger du cheval; ce sont des positions conformes et propres aux différentes allures; et quand, par des flexions en place, on a préparé son encolure à prendre ces positions, il est facile de donner un jeu régulier et soutenu aux articulations.

Mais si je trouve mauvaise la manière dont on débourre les chevaux, je trouve bien plus pernicieuse encore l'habitude d'en abandonner le soin à des casse-cou qui n'entendent rien à l'équitation, et qui permettent au cheval des emplois de force aussi nuisibles à son éducation morale qu'à son organisation physique.

DÉCOUSU, se dit d'un cheval dont les allures sont irrégulières. Deux causes produisent ce résultat : une construction vicieuse ou l'usure, souvent hâtée par de mauvaises positions que l'art n'a pas réformées. Dans le premier cas, l'assouplissement et une application judicieuse de mes principes, ramèneront l'équilibre et par conséquent l'harmonie; dans le second cas, ces moyens n'auront qu'un résultat proportionné à la vitalité de l'animal.

DÉFENDRE (se), se dit d'un cheval qui résiste à ce qu'on veut qu'il fasse, soit en sautant, soit en reculant.

Il est rare que les défenses viennent d'une autre cause que de la faiblesse du cheval ou de l'ignorance du cavalier. Pour les éviter, le premier principe est de ne rien exiger au-dessus des forces du cheval, de ne jamais lui rien demander de compliqué, et de lui indiquer avec lenteur et progression ce qu'il doit faire ; sans ces précautions, en admettant même qu'il ne se défendît pas, vous ruineriez promptement son *excitabilité*.

Quand on voit des chevaux bien conformés, mais mal placés, résister aux efforts du cavalier, on s'en prend à leur mauvais caractère de ce qui n'est qu'un manque d'équilibre. J'ai cent fois acquis la preuve que des chevaux réputés méchants étaient on ne peut plus pacifiques. A qui donc imputer la faute de leur prétendu entêtement ? Au cavalier, toujours au cavalier. Que celui-ci se persuade bien que c'est d'abord de l'équilibre du cheval qu'il faut s'occuper avant d'en exiger un mouvement, et qu'il faut toujours lui donner la position sans laquelle il ne saurait se rendre compte de ce qu'il doit faire.

Le cavalier peut être bien convaincu qu'aussitôt cette position donnée, il ne rencontrera plus d'obstacle ; l'intelligence du cheval le mettra promptement à même de saisir et d'exécuter tout ce qui ne sera pas contre nature.

DÉFENDRE. Les chevaux ne peuvent se défendre sans un temps d'arrêt préalable.

Ce principe, justifié par la pratique et la théorie, est de la plus grande importance pour le cavalier. On conçoit qu'ici, par ce mot, j'entends désigner une personne douée d'un certain aplomb et assez instruite en équitation pour distinguer promptement les mouvements justes ou faux du cheval qu'elle veut diriger. Sans ce tact, cette sorte de *toucher équestre*, il n'y a pas d'habileté, point de sûreté possibles pour le cavalier, puisque, ne pouvant sentir les déplacements du cheval, il ne saurait les prévenir; mais s'il possède ce sentiment, et s'il ne laisse échapper aucune des contractions de l'animal, il peut, avec de l'adresse, non-seulement suivre, mais encore empêcher la plupart des défenses.

En effet, quand le cheval est bien placé, soit au pas, soit au trot, soit au galop, il règne dans tous les mouvements de ses articulations une action égale qui meut le centre de gravité d'une manière régulière. Tant que cette égalité se conserve, le cavalier est lui-même en bonne position. Le premier talent de l'écuyer, c'est de maintenir cet équilibre, et d'arrêter tout mouvement par lequel le cheval tenterait de disposer de ses forces.

Le PAS, le TROT, le GALOP, consistent nécessairement en un certain nombre de mouvements opérés avec une action donnée ; il est facile à l'écuyer d'en apprécier le jeu, et par conséquent de sentir le surcroît d'effort qui dérangerait la régularité des allures. Ainsi, pour se cabrer, ruer, faire des écarts à droite et à gauche, mouvements dans lesquels l'avant-main ou l'arrière-main gagnent indistinctement l'une sur l'autre, il faut nécessairement que le cheval commence par prendre les *positions mères* de ces mouvements rebelles. Si l'écuyer les saisit et les détruit, la défense est impossible. C'est un mal qu'il faut couper dans sa racine pour éviter d'avoir à le combattre.

Citons des exemples : Le cheval tend-il à se cabrer ? l'avant-main ne peut s'enlever sans avoir fait refluer son poids sur les jambes de derrière qui prennent aussitôt un point d'appui sur le sol, pour alléger d'autant les jambes de devant. L'animal ne peut donc surcharger celles de derrière que par un mouvement rétrograde sur lui-même. Si le cavalier s'en aperçoit à temps, par l'approche et le soutien ferme des jambes, il porte en avant les forces et le poids qui tendaient à immobiliser l'arrière-main, et retire à la défense le point d'appui sans lequel elle échoue.

Le principe est le même pour prévenir les

ruades et les écarts, mais avec des moyens d'exécution différents, c'est-à-dire que le secret est toujours d'empêcher, autant que possible, le cheval de s'emparer du point d'appui sur lequel il veut baser sa défense. Ainsi, pour la ruade, c'est l'avant-main qui se surcharge, la tête et l'encolure se baissent vers le sol; il faut donc sentir aussitôt ce déplacement pour obliger les forces et le poids à refluer vers l'arrière-main, en élevant et soutenant vivement les poignets pour redresser l'encolure.

Dans les écarts, le temps d'arrêt offre quelque chose d'analogue; mais il faut distinguer si le cheval se dérobe d'abord du devant ou du derrière; si c'est la partie antérieure qui opère le premier déplacement, l'appui se prend sur les jambes de derrière avec une inclinaison plus considérable du côté où l'écart doit avoir lieu; le cavalier, qui saisit ce changement de position, renouvelle l'action de la partie qui faiblit, et, profitant de cet élan, redresse l'encolure et rend aux extrémités l'équilibre de forces et de poids.

Est-ce au contraire par un mouvement de croupe que le cheval se dérobe à l'action des aides en se portant à droite? son poids reflue sur les jambes de devant, et l'inclinaison se fait à droite; l'écart va suivre aussitôt le déplacement de ce côté, si le cavalier, par un surcroît d'action, déterminé par les jambes, ne s'empresse de dégager le poids de cette partie antérieure, et ne ramène au plus vite l'animal dans sa position première. Si la pression de la jambe droite ne fait point rentrer assez promptement la croupe, en agissant sur les épaules et en les reportant de ce côté, on la forcera bientôt à revenir dans sa direction première ; c'en est assez pour équilibrer de nouveau toutes les forces entre elles.

Je n'entrerai point dans plus de détails ; ceci suffit pour établir que toujours une défense, quelle qu'elle soit, est précédée d'un temps d'arrêt que le cavalier doit saisir pour en déjouer le résultat.

Mais on ne saurait trop le répéter : pour prévenir les luttes qui sont souvent au désavantage du cavalier, le moyen est de suivre exactement la série des principes que j'ai indiqués. L'écuyer captive promptement l'attention de son cheval ; c'est alors qu'il lui fait perdre promptement ses mauvaises positions.

DÉLIBÉRER UN CHEVAL, c'est le déterminer aux allures qu'il a de la peine à prendre. Si le corps du cheval repose bien également sur ses quatre colonnes, il n'éprouvera évidemment pas de difficulté à prendre plutôt une allure qu'une autre.

Le pas est le résultat immédiat d'un peu d'action ; le trot lui succède avec un surcroît de force ; le galop s'obtient avec un rassembler plus complet et un degré d'action plus considérable.

La bonne position et le juste degré d'action sont donc les mobiles également indispensables et efficaces pour toutes les allures du cheval. Le talent du cavalier est de bien déterminer l'une et l'autre ; sans cela il s'expose à n'être écuyer que par hasard, et à se tromper beaucoup plus souvent qu'il ne rencontrera juste.

DEMANDER, c'est parler à l'intelligence du cheval.

Comme le cheval doit obéir et exécuter immédiatement quand on lui commande, il ne faut lui *demander* que les choses qu'il peut comprendre, afin de ne jamais le mettre en droit de se révolter contre d'absurdes exigences.

DÉSARÇONNER, se dit de l'action par laquelle le cheval met le cavalier hors de selle, par des sauts ou des mouvements violents.

Certes, celui qui prétend n'être jamais tombé n'a pas monté de chevaux difficiles ; mais ce ne serait pas être écuyer que de se laisser désarçonner par des ruades, des écarts ou autres sauts qui sont des plus faciles à suivre, à moins qu'on ne soit pris à l'improviste.

Avec une bonne flexion de reins, et une forte pression des genoux, il est peu de défenses qu'on ne puisse supporter. Mais la pratique seule peut amener à bien saisir ces à-propos, et les livres ne peuvent rien apprendre à cet égard.

DESCENTE DE MAIN (la) a pour but de confirmer le cheval dans toute sa légèreté, c'est-à-dire de lui faire conserver son équilibre sans le secours des rênes. La souplesse donnée à toutes les parties du cheval, les justes oppositions de main et de jambes, l'amèneront à se maintenir dans la meilleure position possible. Pour connaître au juste si l'on obtient ce résultat, il faut avoir recours à de fréquentes descentes de main. Voici comment elles se pratiquent : après avoir glissé la main droite jusqu'au bouton et s'être assuré de l'égalité des rênes, on les lâchera de la main gauche, et la droite se baissera lentement jusque sur le pommeau de la selle.

La répétition fréquente de ces descentes de main, à la suite d'un ramener complet, donnera au cheval un tact plus exquis et au cavalier une grande délicatesse de sentiment. Elles doivent se pratiquer d'abord au pas, puis au trot, puis au galop.

DÉSESPÉRADE, vieux mot qui se dit d'un cheval qui va en *désespéré*.

Pour corriger ces défauts, évitons bien d'employer les moyens que mettaient en usage MM. de la Broue et Pluvinel. (*Voyez* DRESSER.)

DÉSUNI. Le cheval est désuni du devant lorsqu'en galopant à main droite, c'est la jambe gauche antérieure qui commence le galop, et il l'est du derrière quand la jambe postérieure droite reste plus en arrière que la gauche. Dans le premier cas, les jambes de derrière ont un jeu régulier ; dans le second, ce sont celles de devant. (*Voyez* GALOP, pour les moyens à employer.)

DÉTACHER LA RUADE, c'est ruer vigoureusement.

Le moyen de corriger le cheval de ce défaut est d'éviter que les jambes de devant se fixent sur le sol ; car il faut, pour que le derrière s'enlève, que le poids qui lui est assigné, pour le jeu régulier des quatre jambes, soit reporté sur la partie antérieure.

Le cheval a deux manières de placer son encolure pour donner aux jambes de devant ce point d'appui : l'une a lieu par son affaissement, et l'autre par sa contraction. Dans le premier cas, il faut scier vigoureusement du bridon, jusqu'à ce qu'on ait élevé cette partie ; dans le second, se servir du mors de la bride avec une force continue, jusqu'à ce que l'encolure ait cédé.

On conçoit combien il serait difficile de combattre ce dernier effet de force, si d'avance le cheval n'était pas habitué à répondre à la plus petite sujétion de ce frein; c'est donc du travail préparatoire dans l'inaction à pied, à cheval et au pas, que dépend la réussite.

DÉTERMINER UN CHEVAL, c'est le porter en avant, quand il résiste ou se retient.

Il faut se rendre bien raison de ce qui fait naître le refus du cheval, avant d'employer le châtiment.

Il y a, presque toujours, une cause physique dans ces sortes de résistances, et le cheval ne combine et ne dirige ses forces contre le cavalier, que pour se débarrasser d'un joug auquel il serait douloureusement et maladroitement assujetti.

DÉTRAQUER. Un cheval est détraqué lorsque le cavalier, par maladresse, a corrompu ou falsifié ses allures.

Celui qui détériore ainsi les mouvements du cheval n'est pas capable d'y remédier à l'aide des principes tracés seulement sur le papier; il doit se mettre dans les mains d'un bon écuyer pour apprendre à se bien placer à cheval, et ensuite il s'occupera de la bonne position de l'animal; s'il n'acquiert pas le tact nécessaire pour corriger les mauvaises allures, il en saura du moins assez pour conserver celles qui sont correctes, et c'est déjà quelque chose.

DÉVIDER. On dit qu'un cheval dévide, lorsqu'en marchant de deux pistes, les épaules vont trop vite et que la croupe ne suit pas.

Comme ceci tient à l'ensemble des mouvements du cavalier, ce n'est que par des explications verbales et faites sur-le-champ même, qu'on peut rectifier ce manque d'harmonie; il en est ainsi de tout ce qui tient au mécanisme de l'équitation.

DOMPTER UN CHEVAL, c'est vaincre ou subjuguer ses penchants.

C'est rarement par la force qu'on parvient à dompter un cheval; le châtiment est quelquefois utile, mais en temps opportun seulement.

Si, par des moyens judicieusement appliqués, on arrive à maîtriser ses forces, on en modère plus facilement la fougue; car le cheval n'est violent qu'autant qu'il sent la force dont il peut disposer, et c'est souvent une manière de lui faire connaître sa supériorité, que de lutter avec lui.

Les assouplissements, le travail en place et les allures lentes, valent mieux que tous les actes de rigueur pour calmer son action et diminuer les mouvements impétueux qui en résultent.

DONNER LA MAIN ou ABANDONNER LA MAIN, signifient lâcher la bride au cheval.

Quand on veut diminuer les effets du mors, il faut bien éviter d'abandonner la main, ou de la porter trop en avant. Le mors n'a plus d'action aussitôt qu'il est éloigné seulement d'une ligne des barres; cette minime distance suffit donc pour récompenser ou faciliter un mouvement en avant. En outre, cette manière délicate de diminuer les impressions du mors, permet de saisir les à-propos pour corriger un déplacement de tête, de maintenir le cheval longtemps dans la même position, et de rendre invisibles les transmissions de forces du cavalier.

On conçoit bien qu'en disant de ne rendre qu'une ligne, j'entends par là diminuer imperceptiblement la tension des rênes.

DOS DE CARPE. (*Voy.* DOUBLER LES REINS.)

DOUBLER, terme de manége, c'est traverser le manége dans sa largeur, par une ligne droite, sans changer de main.

On s'en sert ordinairement pour apprendre au cavalier à tourner son cheval.

Le *doubler* n'est pas une chose difficile pour le cavalier; cependant il exige une certaine attention, pour éviter les oscillations de l'assiette, oscillations qui suivraient nécessairement tout mouvement de corps qui précéderait ceux du cheval. Pour obvier à cet inconvénient, il faut, préalablement aux changements de direction, diminuer, au moyen d'un plus fort soutien des reins, la mobilité du corps donnée par l'élan du cheval, et avancer imperceptiblement l'épaule de dehors.

Grâce à ces attitudes, tout à fait en rapport avec la position du cheval, l'équilibre n'est pas dérangé, et les fesses deviennent le pivot sous lequel le cheval tourne aisément, puisque jamais ses mouvements ne sont combattus par des impulsions contradictoires.

Plusieurs auteurs, qui ont parlé du *doubler* dans leurs ouvrages, tout en indiquant convenablement les moyens à prendre pour l'exécuter, ont cependant assez mal décrit ceux à employer pour vaincre les résistances du cheval qui refuserait de tourner. L'un d'eux, entre autres, un des plus modernes, s'explique de la manière suivante : « Si, en employant les moyens d'aides » ordinaires, le cheval refusait d'obéir, il faudrait » alors se servir de la jambe de dehors pour le » détacher du mur. » Il ajoute que, « pour le » cheval qui tient au mur, on peut se servir de » la jambe gauche pour l'en détacher. »

Il me semble que le défaut de ce passage est de ne pas définir quel effet produit la jambe gauche, de ne pas dire si elle doit toujours être mise en usage avec tous les chevaux qui refusent de se porter à droite. Il fallait, ce me semble, indiquer quelles peuvent être les causes de ce refus, et pourquoi le cheval n'obéit pas aux moyens ordinaires. Or, selon moi, deux causes seulement peuvent empêcher le cheval de répondre à l'effet de nos mouvements : la première est le manque de souplesse de l'encolure et des reins ; la raideur de ces parties lui ôte la faculté de prendre une inclinaison proportionnée à la courbe qu'il parcourt. La seconde est la mauvaise répartition de l'action, le manque d'ensemble dans l'emploi des forces. En effet, si la force qui fait fléchir l'encolure et les reins à droite, prend sur celle qui doit entretenir le mouvement, le changement de direction est difficile, ou même impossible.

Il en est de même si l'action est trop considérable ; elle dérange la position.

En principe, les moyens à employer pour arrêter les résistances du cheval sont toujours en raison des diverses positions qu'il prend. Avant de chercher à tourner un cheval, il faut s'occuper de lui faire acquérir une légèreté parfaite, et alors toutes les résistances disparaîtront.

DOUBLER LES REINS, c'est lorsque le cheval voûte le dos ; cette position rend le ramener impossible. Or, toute attitude qui amène un pareil résultat est mauvaise et met le cavalier en danger.

Il faut chercher avant tout à porter le cheval en avant par des pressions de jambes énergiques, et même par les éperons, afin d'éviter l'acculement, cause principale de cette prédisposition à la défense.

DRESSER. On entend par *cheval dressé* celui dont l'éducation est complète.

Le *dresser* des chevaux a de tout temps été une source féconde d'erreurs.

Les uns, peu soucieux des avantages du *dresser* accompli, ne suivent aucune règle pour juger de l'instruction du cheval, et regardent comme achevés des chevaux qui savent à peine prendre les allures naturelles.

Pour donner un point de repère, une pierre de touche aux amateurs, il est bon de leur dire que le cheval dressé est celui qui prend immédiatement toutes sortes d'allures et de directions avec une prestesse telle, qu'il faut connaître l'influence du cavalier sur un cheval bien équilibré, pour savoir d'où lui viennent ses impulsions. Même sous un cavalier inexpérimenté, si le cheval n'a pas cette grande régularité, du moins supportera-t-il avec soumission l'incertitude de ses mouvements.

Mais, si l'on s'est souvent abusé sur le degré d'instruction nécessaire aux chevaux, on s'est trompé bien plus souvent encore sur les moyens propres à les instruire. Soit que la force de l'habitude ait empêché les écuyers de réfléchir sur les pratiques qu'ils employaient, soit que la plupart des hommes qui se sont occupés d'équitation n'aient pas su mettre dans leurs études cet esprit philosophique qui a fait progresser les arts et les sciences, il est certain que le *dresser* des chevaux est demeuré soumis à vingt méthodes défectueuses.

A cet égard, ce serait chose curieuse que d'**examiner** la plupart des traités qui ont donné des principes d'éducation, et de voir combien longtemps on s'est éloigné des idées les plus naturelles.

Sans remonter plus loin, se figurerait-on que des hommes de réputation, tels que MM. de la Broue et de Pluvinel, aient recommandé, comme des moyens assurés, de faire creuser des fossés profonds de deux pieds dans les manéges, pour faire exécuter des voltes avec précision, et se servir d'une montagne pour apprendre à un cheval à reculer; de le piquer avec une molette au bout d'une longue perche, pour lui apprendre à sauter; « de corriger et menacer à voix furieuse » (ce sont leurs expressions) ceux qui de leur » naturel étaient *fingards;* de prendre patience » deux ou trois leçons pour un cheval que l'on » désire *affiner, lequel serait ennuyé, rebuté de* » *l'école, débauché et hors de justesse pour voir s'il*

» *voudrait se soumettre avant d'être rudement battu ;*
» de jeter son manteau sur les yeux à un cheval
» qui forcerait la main et courrait à la *désespé-*
» *rade ;* de lui donner parfois des *escavessades* et
» des *esbrillades ;* de lui attacher les génitoires
» avec un cordon ; de le pousser avec les deux
» éperons contre un mur, contre une porte,
» contre une corde tendue dans une allée d'arbres
» à la hauteur du poitrail, ou pousser le cheval à
» la têtière duquel on aurait attaché deux cordes,
» une de chaque côté, dont les extrémités seraient
» attachées à deux arbres, etc. ? »

Encore ces moyens si violents ne sont-ils rien auprès de ceux dont usaient leurs prédécesseurs. Ces moyens consistaient, par exemple, pour un cheval qui portait à la *désespérade*, à le frapper à grands coups de nerfs sur la tête pour l'étourdir, à lui mettre les deux molettes dans les flancs, jusqu'à ce que l'animal, hors d'haleine, tombât de fatigue et d'épuisement ; à le pousser dans un précipice pour lui apprendre à s'arrêter, par l'effroi du danger ; et mille autres pratiques plus absurdes les unes que les autres.

M. de la Guérinière, dont l'ouvrage est loin de remplir les conditions nécessaires pour un bon traité d'équitation, a du moins eu ce mérite, que ses principes sont plus dans la nature. Sans doute il n'a pas fait faire de grands progrès à l'art, mais, au moins, il ne l'a retardé par aucune de ces erreurs comme on en trouve encore dans nos livres modernes, erreurs qui font schisme, et arrêtent la marche de l'équitation.

Ainsi, j'ouvre un traité moderne, et je suis frappé du peu d'ordre et de suite que l'auteur emploie pour dresser un cheval; je vois qu'il se sert d'une longe, puis d'une plate-longe, toujours tenues par un second cavalier; je ne sais pendant combien de temps il en use; mais, d'après la marche qu'il adopte, je doute que le cheval soit dressé avant huit mois ou un an. Comment irait-il plus vite, puisqu'il s'attache à demander beaucoup au cheval, sans s'occuper en rien de lui donner la souplesse sans laquelle il ne peut parler à son intelligence? Son cheval est au galop, et fuit les hanches avant que son instructeur se soit assuré s'il est léger à la main; le voilà parvenu aux grandes difficultés, et toutes ont été surmontées avec le seul secours du gros bridon. A la vérité, l'auteur recommande fréquemment de rassembler le cheval, rassembler qu'il ne comprend pas; mais comment veut-il qu'on y réussisse, puisque le frein qu'il prescrit pendant les deux tiers de l'instruction, tend à éloigner le nez du cheval, et à augmenter la contraction de son encolure, à moins que sa position naturelle ne soit des plus parfaites?

Dans un article du même ouvrage, intitulé : *Sur l'utilité de conserver ou de faire prendre au cheval des allures naturelles, et de corriger ceux qui en ont de défectueuses*, on lit :

« Si le cavalier s'aperçoit que le cheval ait pro-
» pension à prendre des allures défectueuses, ou
» qu'il en ait déjà contracté l'habitude étant
» poulain, il faut, pour l'en corriger, lorsqu'on le
» dresse, le faire trotter très-allongé, marquer
» les temps de trot avec le tact de l'assiette ; puis
» il faut ne tendre les rênes que très-moelleuse-
» ment, mener le cheval dans un terrain raboteux
» ou très-mouvant, les rênes presque flottantes,
» en ayant soin d'être en mesure de soutenir le
» cheval, s'il venait à broncher, ou à ne pas se
» laisser prendre les jambes dessous lui, s'il
» venait à tomber. Je recommande d'allonger les
» allures et de mener le cheval dans un chemin
» raboteux et mouvant, afin qu'il soit forcé, pour
» ne pas tomber, de rétablir son équilibre en
» prenant ses allures naturelles ; étant presque
» abandonné à lui-même, la nature lui indique
» et le force de songer à sa sûreté. »

Il me semble que s'en référer à de pareils moyens pour le *dresser* des chevaux, c'est méconnaître entièrement les ressources de l'équitation. Évidemment ce qui donne des allures défectueuses, irrégulières, c'est le mauvais emploi de force dont le cheval fait usage (quand il n'est pas taré), et la disposition du sol où on l'exerce ne peut rien faire à cela. En supposant même qu'un terrain mou et raboteux change les mauvaises allures du cheval, ce que je ne crois nullement, l'*attitude* qu'il y aura prise lui restera-t-elle toujours ? Et dans le cas où elle lui resterait, sera-ce bien celle avec laquelle le cavalier pourra lui faire apprécier ses moyens de direction ?

D'ailleurs, cette attitude venue sans le secours du cavalier pourra bien s'en aller, en dépit de ses efforts ; et voilà l'écuyer dans la nécessité de ne jamais user de ce cheval ainsi dressé que dans des terrains mous et raboteux.

Malheureusement ces erreurs tiennent à ce qu'on ne s'est pas encore pénétré de cette vérité, qu'il n'y a pas d'allures défectueuses avec de bonnes positions. Le cheval né trotteur, qui prendrait l'amble ou toute autre allure vicieuse, n'y parviendra qu'en raison du mauvais emploi de ses forces. Ce n'est pas avec les rênes flottantes et le tact de l'assiette qu'on parviendra à les rectifier, car le tact de l'assiette n'est même pas apprécié par le cheval dans l'état d'équilibre le plus parfait.

De cette première erreur en découlent mille autres. Il n'y a plus de règles fixes pour l'instruction du cheval ; on agit sur lui en aveugle, et les résultats qu'on obtient sont aussi incertains que les méthodes.

Nous avons blâmé tout à l'heure les barbares moyens d'éducation qu'employaient nos ancêtres ; nous avons ri de leur ignorance, sans songer que nos livres modernes n'offrent, pour la plupart, rien de plus rationnel.

Dans un traité fort récent, intitulé : *Promenades à cheval*, je vois, par exemple, entre autres choses : « Il y a peu de chevaux qu'un bon cava-
» valier ne parvienne à réduire ; les caresses, le
» sucre, le temps et la constance, produiront gé-
» néralement des effets bien préférables à ceux
» déterminés par les saccades, la cravache et les
» coups d'éperon. »

L'auteur n'a oublié que l'aide de Dieu. Mais les caresses, le sucre, la constance et même le temps ne serviront pas plus que les rigueurs à dresser les chevaux, si le cavalier ne sait pas faire comprendre au cheval d'abord qu'il doit lui être assujetti, et ensuite ce qu'il lui demande. Car dans quel moment doit-on le caresser? pourquoi du sucre, et comment lui en faire manger étant à cheval? quelle idée le cheval en concevra-t-il? L'auteur oublie évidemment que c'est sur l'intelligence du cheval qu'il faut agir, et que ce n'est que par les positions convenables aux mouvements que l'on y parviendra.

Du reste, l'auteur passe promptement d'une extrême douceur à l'excès opposé, car il ajoute en note que « les hommes qui, par métier, domp-
» tent les chevaux, considèrent la privation du
» sommeil comme un moyen efficace. »

Quelle erreur! quelle folie!

Quand donc les écuyers se persuaderont-ils bien qu'il n'y a rien à tirer de ce charlatanisme; que l'art de dresser les chevaux consiste dans le soin soutenu de récompenser à propos et immédiatement chaque acte d'obéissance qui ramène le cheval à une bonne position, et de punir chaque déplacement comme une désobéissance; mais qu'il n'est pas dans la privation du sommeil, cruauté qui ne saurait faire comprendre au cheval qu'elle lui est infligée pour une faute passée ou future? Laissez dormir ces pauvres bêtes tranquillement, et tâchez de sortir l'équitation de ce sommeil léthargique où l'ont laissée jusqu'à présent l'irréflexion et la routine. Méfiez-vous des gens à secret et des moyens hors nature. Servez-vous de vos poignets et de vos jambes avec discernement; ayez pour but unique l'*équilibre* du cheval; faites en sorte qu'il ne puisse jamais sortir de cette belle position qui est la base et le complément de son éducation, et trois mois ne se seront point écoulés sans que l'animal le plus ignorant travaille avec une précision remarquable. (*Voyez* ÉDUCATION RAISONNÉE.)

DRESSER (se). Le cheval qui se dresse est celui qui se lève tout droit sur ses pieds de derrière. (*Voyez* CABRER.)

DUR A CUIRE, expression triviale qui se dit du cheval peu impressionnable au fouet ou à l'éperon.

L'écuyer doit bien se garder de considérer comme sans ressources ces sortes de chevaux froids; une demi-éducation bien entendue reportera le centre de gravité plus en avant et rendra le mouvement d'arrière en avant plus prompt et plus facile.

E

ÉBRANLER SON CHEVAL AU GALOP, c'est lui donner la force et la position avec lesquelles il passe du pas à cette allure; quand c'est de l'inaction et sans transition qu'on l'ébranle au galop, cela s'appelle partir de pied ferme.

Mais, pour ce dernier cas, il faut être bien sûr de son cheval, afin de ne pas donner lieu à des sauts de défense. (*Voyez* GALOP.)

ÉCART, saut de côté, plus ou moins violent, par lequel le cheval s'éloigne d'un objet qui lui fait peur.

Le cavalier doit être sur ses gardes avec les chevaux qui font des écarts, afin de ne pas être surpris désagréablement; car il a besoin de son assiette pour soutenir énergiquement l'animal des mains et des jambes, et le porter immédiatement sur ce qui frappe désagréablement sa vue.

Du reste, il ne faut se servir du châtiment qu'après avoir employé les moyens de douceur. Mais si le cheval s'obstine à ne pas vouloir s'approcher de l'objet qui l'effraye, il faut que le châtiment soit d'autant plus fort que l'effroi causé aura été plus considérable.

Hippocrate dit qu'il faut, par une douleur plus vive, détourner l'attention du malade de celle qu'il éprouvait précédemment et que l'on veut guérir. C'est ici le cas d'appliquer ce sage précepte. L'objet effrayant est la douleur dont l'attention du cheval doit être détournée.

Tant que l'animal paraîtra inquiet et disposé à fuir, on devra le maintenir, et lui faire braver l'objet de sa frayeur et de son aversion. Au reste, il ne faut pas abuser de la punition, mais se hâter, au contraire, de revenir à des moyens doux, aussitôt que la soumission a fait place à la peur.

Ces sortes de chevaux demandent à être montés pour eux-mêmes, c'est-à-dire sans but fixe dans les promenades qu'on leur fait faire. (*Voyez* DÉFENDRE.)

ÉCHAPPER. Laisser échapper son cheval de la main, c'est tout lui rendre, afin qu'il prenne un galop accéléré.

Je n'ai jamais été partisan de laisser ainsi le cheval livré à lui-même, d'abord parce qu'on perd les moyens de le diriger et de le secourir, en modérant ses forces; ensuite parce qu'on se met à la merci de ses caprices ou de sa faiblesse.

Il est vrai que certains chevaux seraient plus adroits, avec la liberté de leurs mouvements, que sous le joug de moyens contre nature; mais alors le cavalier, qui se met ainsi à la discrétion de son cheval, fait un éclatant aveu de son ignorance, et doit en supporter toutes les conséquences.

ÉCOUTER SON CHEVAL, c'est être attentif à ne point le déranger quand il se manie bien.

C'est une attention qu'on doit avoir avec tous les chevaux et dans toutes les occasions. L'écuyer même le plus habile n'a pas trop de l'intelligence qu'il possède, pour s'emparer de celle de son cheval et lui transmettre sa volonté; aussi, en général, le cheval dressé a d'autant plus de tact, de finesse et de régularité dans les mouvements, que son écuyer a les facultés intellectuelles plus développées et plus saines.

ÉCOUTEUX, c'est un cheval qui hésite, qui ne sait pas aborder franchement l'allure qu'on lui demande, et saute au lieu d'avancer.

De la mauvaise disposition des forces naît souvent entre elles une lutte qui paralyse toute espèce de mouvement, et rend le cheval *écouteux;* mais ce n'est pas là de la mauvaise volonté, et ce défaut disparaît sous une main habile. Car, n'en doutons pas, la plupart du temps, le cheval *moral* n'est pas le principe des résistances du cheval *matériel,* et si ce dernier l'emporte sur le cavalier, c'est que celui-ci n'a pas assez de volonté et de jugement pour discerner la justesse de force à lui opposer.

ÉCUYER. On appelle *écuyer* l'homme qui sait dresser un cheval, le conduire avec précision, et rendre compte des moyens qui lui ont procuré ces résultats.

La France a possédé et possède encore des écuyers dont le savoir ne peut être contesté, puisque, de tout temps, il y a eu et il y a encore des chevaux dont le travail ne laisse rien à désirer ; or, l'éducation du cheval est la pierre de touche de l'écuyer ; cependant je crois que l'art de l'équitation est loin d'avoir fait chez nous tout le progrès dont il est susceptible.

Jusqu'ici, par exemple, on n'a presque dressé que des chevaux dont la nature avait fait à moitié l'éducation. C'est fort bien sans doute. Mais, sans porter atteinte à la réputation d'écuyers justement estimés, je voudrais que leur savoir s'exerçât aussi sur des chevaux défectueux ; là, du moins, le talent aurait une lice plus large et plus difficile, un but plus méritoire.

J'ai vu, dans les gravures anciennes, les chevaux montés par les rois et les princes; j'ai examiné ceux des manéges royaux, et j'avoue que j'ai peine à me rendre raison du long espace de temps que l'on met à dresser de tels chevaux, quand il serait si facile à un écuyer instruit d'en tirer tout de suite un très-grand parti.

Ces chevaux sont tous de premier choix, sans vices de position, presque sans défauts. Quels obstacles offrent-ils donc à vaincre? Leur heureuse conformation leur donne ce parfait équilibre dont l'absence, chez d'autres, fait toute la difficulté de l'éducation; il ne reste qu'à parfaire leur souplesse pour faciliter les changements de position, et voilà le *dresser* terminé.

La preuve de cette assertion, c'est que ces chevaux sont tout aussi gracieux avant qu'après leur éducation.

Je le répète donc, pour tirer avantage de leurs connaissances, il aurait fallu que ces écuyers en eussent fait l'essai sur des chevaux d'une constitution vicieuse, afin de réparer par l'art ce que la nature avait négligé. C'est alors qu'ils auraient fait connaître les ressources que l'on peut tirer de l'équitation, en donnant à un cheval d'une nature inférieure la grâce d'un cheval de choix, et en le faisant travailler avec la même précision.

Il faut au cheval une position première avec laquelle il prend facilement toutes les autres ; cette position est celle où les forces, ayant une harmonie parfaite entre elles, le maintiennent dans un juste équilibre. A l'obtenir consistent toutes les difficultés de l'équitation, et plus le cheval est mal conformé, plus les obstacles sont grands. C'est alors qu'il faut du tact et de la promptitude dans les mouvements, pour combattre les forces résultant de cette mauvaise constitution, et faire sentir instantanément celles qui doivent indiquer la position à prendre et à conserver.

Les chevaux placés naturellement répondront d'abord aux premiers mouvements des mains et des jambes du cavalier, et lui obéiront. Ceux qui le sont mal n'y répondront pas sans un travail préalable, parce qu'il y a chez eux une force d'opposition à combattre, et une autre force à communiquer pour les mettre en équilibre.

Tous les chevaux, sauf les chevaux tarés, peuvent, d'après ma méthode, être dressés en moins de trois mois. Ceux qui, avec une bonne constitution, seront favorisés d'un peu d'action primitive, exécuteront les grandes difficultés de l'art dans le même laps de temps, car il n'en coûte pas plus au cheval qui a des moyens de travailler sur les hanches au galop, qu'à celui qui n'en a point d'exécuter au pas les mêmes airs de manége. Le piaffer est aussi facile pour l'un que le pas d'école pour l'autre ; mais, en définitive, l'un et l'autre arrivent presque au même but avec le temps. Évitons donc à l'avenir de mettre à la réforme les chevaux qui présentent des défectuosités de conformation, et non-seulement nous y trouverons d'utiles études, mais encore nous rendrons à l'équitation des chevaux qui, sans cela, eussent été regardés comme impropres à tout beau service.

Quelques-uns de mes confrères ont l'habitude de faire débourrer leurs chevaux par des casse-cou, c'est un tort. C'en est un autre chez la plupart des écuyers, de s'imaginer qu'après avoir acquis la pratique de l'équitation, ils ont atteint le terme de leurs études; grande erreur! Ils possèdent à peu près l'art de l'équitation, ils n'en conçoivent pas la science. Qu'en résulte-t-il? Faute de réflexions théoriques, ils ne peuvent définir le plus simple mouvement, rendre compte du moyen le plus usuel. Croirait-on que je n'ai pas rencontré un écuyer qui pût expliquer le moyen à l'aide duquel on corrige les mouvements de tête d'un cheval, ce qu'on appelle battre à la main? Quand on les interroge à ce sujet, voici à peu près ce qu'ils répondent (j'entends les plus capables) : « Il faut soutenir la main pour que le cheval, ressentant une douleur à chaque mouvement qu'il fait, finisse par tenir sa tête en repos. » C'est donc la main qui doit agir d'abord? fort bien. Mais pourquoi la main doit-elle précéder les jambes? Pas de réponse. Et si on leur dit qu'avec certains chevaux ce sont les jambes qui doivent agir d'abord, la plupart sont déroutés, faute de comprendre que la cause qui produit ce déplacement n'est pas la même chez tous les chevaux. Rien n'est cependant plus facile à démontrer.

J'ai dit plusieurs fois dans cet ouvrage que l'allure du pas était préférable à toutes les autres pour corriger le cheval de ses mouvements instinctifs. Je suppose donc qu'il fasse usage de la quantité de forces nécessaires au maintien de cette allure; il faut être bien attentif à *l'écouter* pour tenir toujours prêtes les forces à lui opposer, et n'agir que sur le point de départ du mouvement fautif; mais il faut prendre garde de se tromper sur le fait de ce point de départ. Ainsi, pour battre à la main, une fois en action, le cheval n'agit pas seulement de l'encolure, mais encore il faut qu'il use de l'ensemble de ses forces.

Si le déplacement est le résultat d'une augmentation de forces, la main doit précéder les jambes; si, au contraire, ce mouvement le fait revenir sur lui-même, c'est aux jambes qu'il faut d'abord avoir recours, puisque la main ne lui dirait rien autre chose, sinon qu'il doit se ralentir.

L'inconvénient opposé aurait lieu si, dans le premier cas, les jambes venaient à doubler l'action déjà trop considérable ; car, non-seulement on ne corrigerait pas le mouvement de la tête, mais on faciliterait encore le changement d'allure, ce qu'il est bien essentiel d'éviter, puisqu'alors on laisserait au cheval la possibilité de se livrer à une désobéissance qui pourrait devenir funeste.

Pense-t-on que la connaissance de ces moyens, sans lesquels on ne peut dresser parfaitement un cheval, s'acquière sans beaucoup de pratique et de discernement? Non, cela est impossible. On verra à l'article *Homme de cheval* quelle distinction j'établis entre l'écuyer et celui-ci. L'un n'est que le bon cavalier; l'autre est le professeur capable de former de vrais hommes de cheval. Mais pour atteindre ce but, ce ne sera pas assez pour l'écuyer de connaître à fond l'équitation : il lui faudra de plus étudier ses élèves, et créer pour chacun une manière spéciale d'enseigner. Si, grâce à ce soin, il parvient à n'en décourager aucun, à faire de leurs qualités et même de leurs défauts des moyens de progrès, il aura mérité le titre d'écuyer.

Ce n'est pas, selon moi, un des moindres talents à exiger des personnes auxquelles on confie la direction des manéges, que cette habitude d'observation morale, sans laquelle on rebute beaucoup d'élèves, et ce serait un grand tort que d'accorder ces places à des hommes qui n'auraient pas l'ensemble des connaissances que je viens de détailler.

ÉDUCATION RAISONNÉE DU CHEVAL.

L'éducation du cheval se compose nécessairement de différentes parties, et j'aurais pu renvoyer à leurs lettres respectives ; mais il m'a semblé que les diviser dans ce Dictionnaire eût été en perdre l'effet : leur liaison seule peut faire comprendre la série de moyens et de principes qui complètent l'ensemble de cette éducation.

L'éducation a pour but d'amener le cheval, par une suite d'exercices, à répondre à l'impulsion de nos forces et à se soumettre à notre volonté.

Les moyens que l'éducation emploie sont l'action et la position.

L'action est l'effet de la force qui met le cheval en mouvement.

La position est une disposition des propres forces du cheval, telle qu'aucune de ces forces ne puisse échapper à l'exigence des nôtres.

Que la force soit bien celle qui donne la position, et elle s'obtiendra aussitôt ; que la position soit en raison de l'allure, ou du changement de direction qu'on veut faire exécuter à l'animal, et il ne pourra s'y refuser.

Cette vérité, dont on a méconnu les conséquences, peut seule nous mettre à même de parler promptement à l'intelligence du cheval. Je dis parler à son intelligence, parce qu'en effet nos mouvements sont des phrases qui lui indiquent ce que nous exigeons de lui, et le résultat en est plus ou moins prompt, en raison de leur clarté.

Mais, pour que le dialogue soit serré et que l'homme ne cède aucun avantage au cheval, il faut que celui-ci soit dans une position telle, qu'il ne puisse faire aucun mouvement sans la participation de son guide; or, pour arriver à ce but, le principe de toute éducation doit être la position.

Les chevaux, en général, ne sont maladroits et disposés à se défendre que parce qu'ils ne sont pas suffisamment bien placés. Il faut donc, avant de rien exiger d'eux, employer tous les moyens pour obvier à ce défaut essentiel. Ces moyens consistent d'abord à combattre, par des forces opposées, les parties qui offrent de la résistance; ensuite à assouplir l'encolure, ce qui conduira infailliblement à cette position indispensable sans laquelle il n'est pas de travail régulier.

Supposons le cheval à dresser, et, pour éviter des détails qui, d'ailleurs, sont répandus dans beaucoup d'ouvrages sur l'équitation, supposons qu'il ait été sellé, et qu'enfin il supporte déjà l'homme; comment résistera-t-il à l'action de nos forces? Par l'encolure et la mâchoire, cela est incontestable. Nous agirons donc sur ces parties, puisque leur contraction instinctive rendrait la soumission du cheval difficile, et lui donnerait l'envie de se défendre. Pour la lui ôter, commençons donc son éducation par l'assouplissement de l'encolure, et bientôt nous nous rendrons successivement maîtres des autres parties du corps.

Je dois prévenir ici d'avance que je me sers d'un mors extrêmement doux avec tous les chevaux, et que j'en fais usage même avec ceux que je monte pour la première fois. Je regarde le gros bridon comme nuisible aux progrès de l'éducation, en admettant même le cas où les chevaux auraient une grande susceptibilité.

Le mors est accompagné d'un filet qui remplacera le bridon; sa propriété spéciale est d'agir sur l'encolure, pour l'élever et la faire fléchir à droite ou à gauche. Le gros bridon produit bien le même effet; mais, n'étant point accompagné du mors, il reste dépourvu de levier, et ne peut arrêter l'éloignement du nez qu'entraîne son action.

A raison de la force très-grande que déploient les jeunes chevaux, et de l'incertitude de leurs mouvements, il faut leur opposer une juste résistance, et c'est à l'aide du filet que l'on peut agir directement en tous sens, puisqu'il est de deux pièces.

C'est donc avec le mors et le filet, que nous commencerons à travailler, dans l'inaction, à pied d'abord l'encolure et la mâchoire du cheval, et à lui apprendre à répondre aux mouvements qui baissent et élèvent sa tête, la portent à droite ou à gauche. A l'aide du mors et du filet convenablement employés, on obtiendra les effets de ramener et les flexions à droite et à gauche.

J'ai dit que ces essais préparatoires devaient se faire en place ; en voici la raison :

Quand le cheval est brut encore, soit par ignorance, soit par maladresse, les forces qu'il emploie pour se mettre en action, faisant opposition avec celles qu'on lui communique et qui doivent d'abord agir localement, rendent incertain l'effet de celles-ci ; tandis que, dans l'inaction, n'étant sollicité que par une seule force à la fois, il y cède aisément, et comprend aussitôt ce qu'on lui demande.

A la suite de ce premier travail, qui doit se continuer jusqu'à ce que l'encolure du cheval soit parfaitement assouplie, on le mettra en action pour lui faire prendre l'allure du pas ; c'est un premier progrès sur lequel il faut s'arrêter tant qu'il offre de la résistance. (*Voyez* FLEXIONS.)

Le pas doit suivre immédiatement l'inaction, parce qu'à cette allure il a encore trois points d'appui, et son action étant moins considérable que pour le trot ou le galop, il est plus facile de le régler et de le régulariser, ce qui le conduira à prendre beaucoup plus vite la position à laquelle on veut le soumettre.

J'engage les personnes qui s'occupent de l'équitation à prendre en considération les moyens de succès que je viens d'indiquer; je les ai étudiés, et j'en ai reconnu l'efficacité. Si je les recommande, c'est que les immenses avantages que j'en ai retirés m'ont prouvé qu'ils étaient un véritable progrès pour l'art.

Les volontés du cheval ne seront soumises à celles du cavalier que quand l'assouplissement l'aura conduit à prendre une bonne position ; alors le développement de l'intelligence du cheval deviendra facile, et quelques répétitions d'un même travail les lui feront comprendre et exécuter sans peine.

Mais pour arriver à ce résultat on doit d'abord chercher les moyens de s'emparer entièrement de ses forces, de façon que notre volonté devienne la sienne; il faut ensuite mettre assez de progression dans ce que nous lui demandons pour que son intelligence nous suive, et comprenne qu'il n'y a dans nos actes ni méchanceté ni maladresse.

Sous ce rapport, le talent de l'écuyer consiste à trouver les moyens d'agir si directement, si localement sur son cheval, que celui-ci ne puisse pas se refuser aux mouvements qu'on lui demande.

Or, cette habileté de l'écuyer ne peut lui venir qu'à la suite d'une étude indispensable, celle des moyens par lesquels le cheval opère tel ou tel mouvement, ou par lesquels il résiste.

Une fois cette connaissance acquise, en disposant tous les muscles de son cheval d'une façon telle qu'il n'ait plus besoin que d'action pour exécuter, en lui donnant en un mot la position nécessaire, on sera sûrement obéi.

Pourquoi le cheval refuse-t-il de tourner à droite ou à gauche, de galoper, ou de fuir les hanches? c'est qu'on exige de lui des mouvements qu'avec sa position première, il ne peut pas physiquement et matériellement exécuter. Aussi, doit-on bien se garder de rien demander avant d'être certain qu'il y soit parfaitement disposé.

Comment se soumettra-t-il à cet assujettissement, si nous ne l'avons habitué d'abord à mettre en jeu chacune des parties qui doivent *entamer* une ligne quelconque; c'est-à-dire par une position en rapport avec le mouvement, surcharger celle qui doit rester sur le sol, alléger celle qui doit le quitter?

J'ai déjà signalé l'erreur dans laquelle sont tombés ceux qui regardent le trot comme l'allure la plus favorable à un prompt développement; j'ajouterai que je ne suis pas plus partisan de la plate-longe pour assouplir les jeunes chevaux; comme le cheval ne se meut régulièrement qu'à la suite d'une bonne position, celle qu'il prend par ce genre d'exercice, où il est libre de disposer de ses forces, ne peut pas être la position que vous lui donnerez quand vous le monterez. Si le cheval a quelques parties défectueuses, il néglige de les utiliser, et s'habitue à de fausses attitudes ; si, au contraire, toutes les parties sont bien constituées, la plate-longe est inutile, et ne fait que prolonger le temps de l'éducation.

Le seul cas où l'usage en soit admissible, est celui où nos mouvements ne peuvent calmer, chez le jeune cheval, une gaieté excessive, capable de dégénérer en défense. Alors, en le laissant trotter dix minutes en cercle, on calme sa fougue, et il devient plus attentif aux observations.

Je ne m'occuperai ici spécialement ni du trot ni du galop ; le premier aura toute l'extension ou la cadence relative aux moyens du cheval, quand on aura suivi la route progressive que j'ai indiquée. Pour le second, j'ai fait un article à part.

Mais ce qui est une partie essentielle de l'éducation, c'est la rectification des mauvaises positions, au moyen desquelles les chevaux résistent.

Voici d'abord la position normale : La tête doit être presque perpendiculaire au sol. Pour qu'un cheval reste ainsi placé, il faut, ou qu'il ait une belle conformation, ou qu'il soit savamment monté. Malheureusement les chevaux bien conformés sont rares chez nous, et les cavaliers, assez instruits pour suppléer par l'art aux imperfections de la nature, le sont peut-être encore davantage.

Cependant la bonne position de la tête et de l'encolure est de première nécessité pour celle des autres parties du corps.

En effet, si l'encolure est basse ou tendue, il n'y a plus d'action possible du cavalier sur le cheval, parce que toute celle qu'il exerce n'est ressentie que par l'encolure seule, et n'agit que faiblement sur le reste du corps.

La main ne parvient à diriger le cheval que parce que l'impulsion qu'elle donne à la tête réagit sur le reste de l'animal, et détermine son mouvement; mais, si cette partie, par une contraction quelconque, absorbe tout l'effort du cavalier, il est clair que toute direction devient impossible.

Si le cheval met plus de force dans l'un des deux côtés de l'encolure, celle-ci ne sera plus droite, et l'inégalité des forces fera perdre aux rênes et au mors de la bride leur effet déterminant.

Rendons cette théorie plus intelligible par une application matérielle. Supposons que l'encolure du cheval soit comme le fléau d'une balance entraîné de chaque côté par dix kilos de force. Dans cet état d'équilibre, le moindre mouvement décidera cette partie à droite ou à gauche; mais si l'un des deux côtés s'est emparé d'une portion du poids destiné à l'autre, il est clair que ce côté va former un levier puissant de toute la différence qu'il absorbe à son profit. Or, le mors étant d'un seul morceau, et se faisant toujours sentir également, n'aura plus qu'une action très-faible sur le côté qui, par l'effet de la flexion, forme arc-boutant, et se trouve ainsi presque indépendant de l'effet des rênes; alors le cheval pourra s'emporter ou se livrer à tout autre mouvement désordonné. En admettant la flexion à gauche, est-ce un déplacement de gauche à droite qu'on lui demande? Jamais l'animal n'y comprendra rien, puisque la rêne de la bride n'agissant que par une pression, tant que l'encolure aura cette forme concave, son effet sera nul.

Est-ce à gauche qu'on veut le déterminer, en le supposant déjà incliné de ce côté? On aura pour premier inconvénient d'être toujours prévenu par lui; et, pour deuxième difficulté, de ne pouvoir corriger l'excès de ce mouvement sans de grands efforts pour le ramener droit devant lui.

Si l'encolure est inclinée à droite, les résultats seront les mêmes, mais en sens inverse.

Il est rare de rencontrer des chevaux qui soient également maniables des deux côtés; mais on remédiera promptement à cet inconvénient, si l'on y apporte quelques soins dès les premières fois que l'on s'occupe de l'instruction du cheval; il suffira de renouveler, dans l'inaction et au pas, les pressions du filet du côté où l'encolure présente plus de résistance, pour l'assouplir également et l'habituer à céder immédiatement; mais on néglige ce travail important. Le cavalier doit s'attacher à bien placer la main gauche, c'est-à-dire l'arrondir légèrement de façon à ramener la rêne droite à l'égalité de la gauche, qui, par la position même de la main, se trouverait plus courte de vingt-cinq millimètres, l'encolure prendrait nécessairement un pli qui demanderait un certain temps pour être détruit.

La tête suit toujours les mauvaises attitudes de l'encolure, ce qui fait naître des positions souvent dangereuses et toujours disgracieuses; j'en signalerai deux qui rendent les effets du mors impuissants pour ralentir, arrêter ou enlever, et qui ôtent aux rênes le pouvoir déterminant à droite ou à gauche : l'une est quand le cheval éloigne son nez (ou porte au vent), l'autre quand il s'encapuchonne. Le cheval prend la première position en contractant les muscles supérieurs de son encolure, et comme c'est par la flexion de ces muscles qu'on fait refluer la force et le poids de la partie antérieure sur l'arrière-main, cette translation devient impossible; aussi ces chevaux sont-ils fort désagréables à conduire, la grande quantité de force dont cette position leur permet de disposer se trouvant toujours en opposition avec les moyens de résistance du cavalier. Ce défaut ne tardera pas à en amener encore un autre : il rendra le cheval ombrageux ; car son rayon visuel, parcourant un trop grand espace, lui fait apercevoir des objets qu'il ne peut ni distinguer ni apprécier ; aussi cherche-t-il tout d'abord à les fuir, et il le peut d'autant plus aisément que son cavalier a perdu les moyens de le maîtriser.

Quand la tête, au contraire, outre-passe la ligne perpendiculaire vers le poitrail, le cheval s'encapuchonne ; dès lors l'équilibre est détruit. Le cheval est porté sur ses épaules, son menton touche au gosier, et alors le mors perd sa puissance.

Je le répète, c'est à corriger ces vices de position que l'écuyer doit mettre tous ses soins, et les assouplissements partiels, la légèreté parfaite l'y conduiront promptement ; les difficultés seront vaincues dès que le cheval sera disposé de manière à céder aux mouvements les plus imperceptibles, aux forces les plus minimes ; et c'est ce que l'équilibre amènera infailliblement.

Combien ne voyons-nous pas d'écuyers subir tous les caprices de leurs chevaux, faute de ce travail préalable ! Combien assurent que leurs chevaux sont des mieux dressés, et cependant avouent qu'ils sont fantasques, et que leurs dispositions varient au jour le jour! Si, au lieu de s'en fier aux bons moments de son cheval, on s'occupait de le bien placer, il est indubitable que les positions de la veille, qui ont donné de bons résultats, les amèneraient encore le lendemain ; mais on néglige ce point principal, et de là l'incertitude. Comment, en effet, le cheval se portera-t-il sur une ligne droite, s'il n'est pas droit lui-même? comment se maintiendra-t-il sur une ligne courbe, s'il n'est pas incliné comme elle? comment la partie antérieure s'enlèvera-t-elle, si elle n'est pas plus allégée que la partie postérieure?

Je n'en finirais pas si je voulais énumérer les difficultés sans nombre que présente le cheval auquel on n'a donné d'abord ni équilibre ni aplomb. Aussi n'est-il pas étonnant que le peu d'érudition du cavalier le mette souvent dans l'impossibilité de bien diriger son cheval, et qu'il reste, enfin, soumis à ses fantaisies et à ses boutades.

Résumons cet article. Que le cheval soit jeune ou vieux, qu'il ait été monté par un cavalier ne connaissant pas mes principes, il faudra commencer son éducation de la même manière, c'est-à-dire par le travail de la cravache d'abord, les flexions à pied ensuite, puis continuer ce travail à pied jusqu'à ce qu'il ne laisse rien à désirer ; c'est-à-dire que, répondant à l'action de nos mouvements, il exécute facilement toutes les flexions de l'encolure et de la mâchoire; alors seulement on l'enfourchera pour obtenir en place la même mobilité d'encolure et de mâchoire. Ces flexions, qui au début présentent quelques difficultés, deviennent faciles quand le travail à pied a été bien complet. Lorsque les flexions latérales d'encolure et la mise en main avec mobilité de mâchoire seront complètes, on commencera les flexions de croupe, pour arriver aux pirouettes renversées, puis on passera aux pirouettes ordinaires; on se contentera dans le principe d'un pas ou deux qui seront suivis d'un effet d'ensemble pour arrêter le cheval; on ne recommencera qu'après avoir obtenu une immobilité complète. C'est alors qu'on mettra le cheval au pas, tout en faisant des flexions d'encolure à droite et à gauche, le cheval restant droit de corps; on exécutera également des effets de mise en main avec mobilité de mâchoire, sans laquelle la légèreté serait imparfaite; on n'obtiendra un ramener exact que par des effets d'ensemble qui ne seront justes que lorsque le cheval n'offrira plus de résistance et conservera la même allure; c'est ce qu'on appelle position et mouvement. Les changements de direction seront faciles lorsque le cheval répondra aux effets d'ensemble. On voit combien ces moyens sont différents de ceux qui se pratiquaient autrefois; par leur application, on prolongeait volontairement l'éducation du cheval; ils blessaient autant le physique que le moral, car le mouvement que l'on exigeait de lui était d'autant plus pénible qu'il n'avait pas été disposé à l'avance, par conséquent son intelligence ne pouvait être imprégnée d'une chose à laquelle il n'avait pas été amené. Le même travail s'exécutera au petit trot, flexions d'encolure à droite et à gauche, effets d'ensemble multipliés pour amener la légèreté. La légèreté, toujours la légèreté, c'est la pierre de touche, la pierre philosophale, c'est toute l'équitation; en un mot, c'est l'équilibre; c'est une poutre que des ouvriers sont arrivés à placer de manière à ce que, se soutenant d'elle-même, un enfant puisse la changer de position.

Les effets d'ensemble que l'on a obtenus au moyen des jambes fortement soutenues, ont dû amener le cheval à supporter le toucher de l'éperon; si la main peut intercepter ce surcroît de forces au profit de l'équilibre, le résultat sera immense. Il faut bien éviter une trop grande précipitation dans ces délicats touchers de l'éperon; on ne devra s'en servir qu'après avoir amené le cheval à supporter la plus grande pression des jambes sans forcer la main. On essayera ensuite quelques pas de côté sur les hanches, on en augmentera le nombre progressivement. Les pirouettes renversées et ordinaires ont déjà rendu le cheval impressionnable à l'effet des jambes pour l'obliger à se porter de l'une sur l'autre, comme ils ont servi pour les changements de direction. Arrivé à ce point, on commencera les premiers temps de reculer, un pas d'abord, suivi d'un effet d'ensemble, puis deux pas, et ainsi de suite. On fera d'abord précéder les jambes, comme dans tous les mouvements, y compris les temps d'arrêt. Le reculer sera régulier si le cheval reste léger pendant ce mouvement rétrograde. Une fois arrivé à ce point de l'éducation, on commencera quelques effets de rassembler, en mobilisant le cheval sans trop avancer; les jambes de derrière se rapprochant aisément du centre, il sera facile de disposer le cheval pour ce mouvement. Quant à l'allure du galop, les grandes difficultés consistant dans les départs et dans les temps d'arrêt, on les renouvellera fréquemment, et pour y parvenir sans fatiguer le cheval, on ne lui en fera faire que dix ou douze pas chaque fois. Quand il s'enlèvera et se maintiendra facilement au galop à une main, on lui fera faire le même travail à l'autre main. Les départs sur les deux pieds devenus également faciles, on obtiendra le galop sur le pied droit et sur le pied gauche à la même main, toujours avec des temps d'arrêt.

C'est à l'aide de cette gradation qu'on arrivera à changer de pied du tact au tact, sans efforts de la part du cavalier ni du cheval. Le piaffer, enfin, sera le complément de l'éducation. Le cheval répondant facilement aux effets d'ensemble, à la gradation des attaques qui sert à le renfermer et l'oblige à rester entre la main et les jambes, le rassembler, le piaffer, n'offriront plus de difficultés. Les allures, le trot surtout, acquerront plus de vitesse et de célérité lorsque le cheval sera équilibré de cette manière; elles auront plus de régularité, ce qui sera suffisamment indiqué par une continuelle légèreté. Il existe une vingtaine d'autres difficultés de mouvements plus ou moins compliqués, qu'on peut obtenir ensuite. Je renverrai le lecteur aux articles qui y ont rapport. Avec du tact et de la persévérance, un cavalier peut exécuter tous les mouvements dont j'ai donné la nomenclature dans le cours de cet ouvrage, si toutefois son organisation a quelque chose d'équestre.

A voir les résultats de cette façon de dresser les chevaux, on croirait que pour y atteindre il faut une patience exemplaire; c'est une erreur : chaque minute amène une amélioration, chaque effort un progrès; le cheval bien ménagé obéit comme s'il savait déjà, et le cavalier trouve trop de plaisir dans le succès de son travail pour se rappeler qu'il lui faut de la patience.

EFFETS D'ENSEMBLE. Les effets d'ensemble

s'entendent de la force continue et justement opposée entre la main et les jambes. Ils doivent avoir pour but de ramener dans la position d'équilibre toutes les parties du cheval qui s'en écartent, afin de l'empêcher de se porter en avant, sans qu'il recule, et *vice versâ;* enfin, ils serviront à arrêter le mouvement de droite à gauche ou de gauche à droite. C'est encore par ce moyen que l'on arrivera à répartir également le poids de la masse sur les quatre jambes, et que l'on produira l'immobilité momentanée. L'effet d'ensemble doit précéder et suivre chaque exercice, dans la limite graduée qui lui est assignée. Il est essentiel, lorsqu'on emploie les aides pendant ce travail, de faire précéder toujours l'action des jambes, pour empêcher le cheval de s'acculer, car il trouverait alors, dans ce mouvement, des points d'appui propres à augmenter ses résistances. Ainsi toute mobilité des extrémités, provenant du cheval, dans quelque mouvement que ce soit, devra être arrêtée par un effet d'ensemble; chaque fois enfin que les forces se disperseront, le cavalier trouvera un correctif puissant et infaillible dans l'emploi des effets d'ensemble.

Ce n'est pas par des holà! ou toute autre interjection, que l'on immobilisera le cheval irritable qui est toujours en action malgré le cavalier. Si le cheval a été exercé aux effets d'ensemble, il s'arrêtera immédiatement. Peut-il en être autrement? puisque les forces de l'avant et de l'arrière-main sont dans une juste opposition, le centre de gravité se trouve naturellement fixé au milieu du corps du cheval, la mise en pratique des effets d'ensemble est aussi un sûr moyen de donner promptement un accord parfait aux aides du cavalier.

ÉGARER LA BOUCHE D'UN CHEVAL. Des écuyers croient encore que les faux mouvements du cavalier ne produisent un mauvais effet que sur les barres, tandis que celles-ci sont les dernières à en souffrir.

C'est en agissant à faux sur l'encolure et le reste du corps qu'un cavalier ignorant fait prendre à son cheval de mauvaises positions, qui détruisent promptement la souplesse de toutes les parties du corps, et l'empêchent de comprendre les effets du mors et d'y répondre.

ÉLARGIR SON CHEVAL, c'est, au manége, lui faire serrer le mur, ou lui faire embrasser un plus grand espace de terrain.

Il n'est pas plus difficile d'*élargir* que de *rétrécir* un cheval; toutes les directions sont aisées quand une fois on l'a bien assoupli, et les chevaux n'ont de mauvaises habitudes ou n'éprouvent de difficultés que faute d'une bonne éducation première.

On dit à l'élève qui laisse rentrer son cheval dans le manége : *Élargissez votre cheval.*

EMBOUCHER UN CHEVAL (bien), c'est choisir un mors dont l'ouverture soit en rapport avec la largeur de sa bouche, et le bien ajuster sur les barres.

Les canons du mors doivent être à 27 millimètres des crochets d'un cheval, et pour les juments qui n'ont pas de crochets, ils doivent être distants de 30 millimètres des coins. (*Voyez* MORS.)

EMBRASSER SON CHEVAL, c'est l'envelopper avec les cuisses et les jambes par autant de points de contact que possible.

La belle position, la solidité, la force et la finesse à communiquer au cheval, rendent indispensable cette manière de se lier avec l'animal, et de faire, pour ainsi dire, corps avec lui.

EMPORTER (s'), se dit du cheval qui, s'étant rendu maître de son cavalier, l'emporte selon son caprice et malgré les efforts de celui-ci.

Des forces mal coordonnées, une mauvaise position de tête et d'encolure, qui en sont la conséquence, produisent ce défaut ; jamais on ne verra un cheval s'emporter quand il sera léger à la main ; c'est en baissant l'encolure, *en s'encapu-*

chonnant, en éloignant son nez, ou en portant sa tête plus d'un côté que d'un autre, qu'il paralyse les effets du mors. Un travail préparatoire obviera à cet inconvénient.

Si, par des causes étrangères, on ne pouvait graduer l'éducation du cheval, et qu'il s'emportât, il faudrait examiner quelle est sa position, afin de combattre par des forces contraires celles qu'il emploierait pour nous braver.

ENCAPUCHONNER (s'), c'est quand la tête du cheval outre-passe la ligne perpendiculaire et s'approche trop du poitrail. Cette position lui permet de prendre avec le menton un point d'appui sur le gosier, ce qui paralyse les effets du mors, puisque la tête, devenue immobile, ne peut communiquer aucune action au reste du corps.

L'action de scier du bridon est un des moyens qui servent à modifier cette position défectueuse.

ENFONCER LES ÉPERONS DANS LE VENTRE DU CHEVAL, c'est les lui faire sentir avec violence. (*Voyez* ATTAQUER.)

ENSEMBLE. On dit qu'un cheval a de l'ensemble quand il a de justes proportions, et lorsque la position de son corps et de ses extrémités le rend capable d'arriver à une belle exécution dans le travail.

On dit aussi du cavalier qu'il a de l'ensemble quand il sait coordonner le jeu de ses poignets et de ses jambes. *Conduire un cheval avec ensemble* a la même signification.

ENTABLER (s'). Un cheval s'entable lorsqu'en marchant de deux pistes, sa croupe précède ses épaules. Il faut éviter ce mouvement défectueux, car non-seulement il n'est pas possible de donner de direction certaine au cheval qui s'entable, mais il court risque de s'estropier, et comme il est gêné dans sa marche, il est porté à se défendre.

Le cavalier qui n'est pas prévenu par son assiette de ces sortes d'irrégularités, ne doit pas s'exposer à travailler seul un cheval : il lui faut la présence d'un écuyer pour l'avertir des mauvaises positions que prend sa monture, jusqu'à ce qu'il parvienne à s'en rendre raison lui-même. Comme il lui est impossible d'inculquer un sentiment qu'il ne possède pas, son premier soin doit être de l'acquérir.

ENTAMER LE CHEMIN A MAIN DROITE, c'est quand le cheval partant au galop, ses pieds droits, antérieur et postérieur, arrivent sur le sol avant les gauches. S'il est à l'autre main, ce sera la partie gauche du cheval qui entamera le chemin. (*Voyez* GALOP, pour les moyens à employer.)

ENTIER. Cheval entier à une main. (*Voyez* CHEVAL.)

ENTRER DANS LES COINS, c'est pénétrer autant que possible dans les angles du manége; il faut au cheval beaucoup de souplesse pour qu'il puisse se contourner ainsi, et que les jambes de derrière suivent exactement la même ligne que celles de devant.

Du reste, le cavalier qui saura bien équilibrer son cheval, arrivera facilement à le faire entrer dans les coins, car il aura dès lors vaincu une bien plus grande difficulté.

ENTRETENIR, c'est renouveler l'action du cheval, pour lui conserver une égale vitesse dans les allures.

Soit qu'il faille se servir du mors pour le calmer, ou des jambes pour l'activer, les aides agissantes doivent toujours être modérées par les aides opposées, afin que l'impulsion qu'elles donnent ne change pas l'action nécessaire à l'allure et à une bonne position.

Ainsi les changements de direction ne sont qu'imparfaitement exécutés quand le cheval ne conserve pas exactement en tournant la même vitesse qu'il avait en ligne droite.

ÉPAULE EN DEDANS (l') s'exécute lorsqu'on amène les épaules du cheval dans le manége, en conservant toujours les jambes de derrière sur la piste.

Si l'on est à main droite, le cheval marchera à gauche, et conservera sa position oblique pour que les jambes de derrière cheminent un peu plus que d'une piste et pas précisément de deux. A l'approche des angles, on diminuera lentement la marche des épaules, pour augmenter celle des hanches, afin de conserver au cheval le même degré de vitesse, et le retrouver dans la même position après avoir passé les coins.

Tous les écuyers regardent cet air de manége comme l'un des plus aisés, surtout pour les jeunes chevaux ; je ne partage pas leur opinion : bien que les deux lignes que parcourent les jambes postérieures et antérieures ne soient pas parallèles, le cheval n'en aura pas moins une grande propension à résister, parce que, n'étant plus droit, il aura plus de facilités d'échapper au ramener, sans lequel la direction précise est imposible.

Je ne suis pas non plus de l'avis des écuyers qui regardent l'épaule en dedans comme l'air de manége par lequel il faille commencer les chevaux au travail de deux pistes.

Je lis dans un ouvrage en vogue, *sur l'Épaule en dedans :*

« S'il arrive qu'un cheval se retienne, ou se
» défende par malice, ne voulant point se rendre
» à la sujétion de cette leçon, il faudra la quitter

» pour quelque temps, et revenir au principe du
» trot étendu. »

Je ne conçois pas qu'on passe ainsi sans intermédiaire du trot à l'épaule en dedans, et de l'épaule en dedans à cette allure. Quant à moi, je le répète, je ne conseillerais pas de commencer le travail sur les hanches par l'épaule en dedans : le cheval n'ayant rien qui l'arrête et limite son travail, il ne l'exécute qu'avec peine et incertitude ; il y a plus : le point d'appui que ses jambes postérieures rencontrent au mur lui donne le moyen de résister, et souvent il s'en empare. L'expérience m'a démontré que les lignes diagonales des changements de main faisaient comprendre plus vite nos intentions au cheval. Voici comment je procède : Je fais marcher le cheval d'une piste sur une ligne, jusqu'à ce qu'il soit à trois ou quatre pas du mur opposé ; puis je lui fais parcourir ce court espace de deux pistes. Je l'arrête, le caresse ; ensuite, je recommence en diminuant graduellement le terrain sur lequel il marche d'une piste ; si l'on suit bien cette gradation, le cheval se soumettra à ce nouveau travail sans difficulté aucune.

ÉPERON. Les éperonniers ont fabriqué plusieurs sortes d'éperons. Le nombre en eût été plus restreint si l'on eût moins sacrifié à la mode ; mais une foule de personnes qui ne montent pas à cheval, ont trouvé gracieux d'avoir à leurs bottes de longues branches droites ou courbes, armées d'une infinité de petites pointes; on peut se contenter de rire d'une habitude qui, en définitive, ne fait de mal à personne. J'en dirai autant de ceux qui s'en servent, à la vérité, pour monter dans les promenades, mais qui, grâce à la position de leurs jambes, les rendent tout à fait inoffensifs pour le cheval.

Le collet des éperons d'un homme de cheval doit avoir de vingt-sept à quarante millimètres de long. Les molettes doivent être rondes, garnies de pointes très-peu saillantes, leur action bien entendue produira tout l'effet qu'on doit en attendre sur les chevaux froids, comme sur les chevaux d'une nature irritable. (*Voyez* ATTAQUES.)

ÉQUITATION (l') est l'art de bien monter à cheval.

Traiter un pareil article comme il mériterait de l'être, ce serait faire un livre tout entier. Je me contenterai de citer les passages suivants sur l'origine de l'équitation et ses avantages hygiéniques, passages extraits de l'ouvrage intitulé : *Gymnastique médicale*, par M. Charles Londe, D. M., dont je m'honore d'être l'ami.

Cet ouvrage, *ex professo*, renferme les notions les plus exactes sur la matière, et jouit d'une estime justement acquise.

DE L'ÉQUITATION.

« Si, moins amateurs du vrai que du merveilleux, nous remontions, avec les mythologues, à l'origine de l'équitation, nous pourrions, après Virgile et ce grand poëte grec qui lui servit de modèle, rendre grâce à Neptune de nous avoir donné le cheval, et appris l'art d'en faire usage :

> . . . . . Tuque, o cui prima frementem
> Fudit equum magno tellus percussa tridente.
> (Virg., *Georg.*, lib. IV, 12 et 13.)

» Mais si, prenant pour guides des historiens d'une véracité moins équivoque, nous venons à consulter Pline, nous conclurons, avec Mercuriali, que Bellérophon, fils de Glaucus, est, dans la Grèce, le premier qui trouva le secret de dompter un cheval et de s'en servir : *Equitationis primum inventorem Bellerophontem exstitisse auctor est Plinius.* (Merc. *De arte gymnast.* lib. iii.)

» Bien certainement, avant Bellérophon, on avait déjà dressé des chevaux en Égypte, puisque l'Écriture nous apprend que le roi Pharaon, qui fut englouti dans la mer Rouge, avait sous ses ordres une cavalerie fort nombreuse. Dans d'autres pays, au contraire, on n'a connu les chevaux que fort tard, et l'Amérique, avant la découverte de Christophe Colomb, n'avait encore aucune idée de ce quadrupède précieux, aujourd'hui si nécessaire à ses habitants. Les Thessaliens, peuple voisin de la Grèce, profitèrent bientôt de la découverte de Bellérophon, et devinrent de si bons cavaliers, qu'on les surnomma *centaures*. Enfin, du temps d'Hippocrate, presque tous les Scythes faisaient un grand usage du cheval, ce qui, sans doute, fournit au père de la médecine l'occasion de reconnaître plusieurs effets de l'équitation. Cet exercice, après le siècle d'Hippocrate, continua à se répandre de tous côtés, fit partie des jeux, et fixa, sous le point de vue prophylactique et thérapeutique, l'attention d'une infinité de médecins, parmi lesquels nous retrouvons encore Antyllus, Aëtius, Avicenna, Suétonius, et enfin Sydenham qui s'est montré panégyriste si enthousiaste de l'équitation, qu'après en avoir vanté l'usage jusque dans les dernières périodes de la désorganisation pulmonaire, il n'a pas craint d'avancer encore que, si quelqu'un possédait un remède aussi efficace que l'est cet exercice, lorsqu'on le répète souvent, et qu'il voulût en faire un secret, il pourrait aisément amasser de grandes richesses, etc. *Sane diu multumque mecum reputavi, quod si cui innotesceret medicamentum, quod et celare vellet, æque efficax in prodagra ut in chronicis plerisque, ac est equitatio constans et assidua, opes ille exinde amplissimas facile accumulare posset.* (SYDENHAM. *Tract. de podag.*, p. 594.)

» Des exercices que nous avons décrits, l'équitation est un de ceux qui fut un peu négligé dans les gymnases, peut-être à cause des grandes dépenses qu'il occasionne, peut-être aussi parce que cette espèce d'exercice ne remplissait pas entièrement l'objet des anciens, qui n'avaient pas seulement pour but d'acquérir une santé stable et vigoureuse, mais qui voulaient, en outre, donner à leur corps toute la force qu'il était susceptible d'acquérir, et d'où résultait cette constitution prodigieuse qu'on nommait athlétique, ou une agilité dont on pourrait à peine se faire une idée de nos jours. Quoi qu'il en soit cependant, il existait chez les Grecs trois espèces de courses de chevaux. Ces courses différaient des nôtres, 1° parce qu'on les faisait toutes sans étriers, cette partie du harnais étant encore inconnue à cette époque ; 2° parce qu'on devait, comme dans l'exercice des chars, doubler la borne avant de paraître devant les juges. Ces courses différaient ensuite entre elles, en ce que, dans la première, on courait avec des chevaux de selle ; dans la seconde, *avec des poulains montés comme des chevaux de selle*; et dans la troisième, avec deux juments, dont l'une était montée, et l'autre menée en laisse. A la fin de cette dernière course, le cavalier se jetait à terre en prenant les juments par la bride, et achevait ainsi de fournir sa carrière. Les courses de chevaux sont peut-être, de tous les exercices que nous avons conservés des anciens, le seul qui, de nos jours, se fasse publiquement, et soit présidé par des magistrats; encore faut-il avouer que ces courses modernes paraissent particulièrement instituées pour conserver en France des races de coursiers légers, et que les prix qui se distribuent annuellement, au Champ de Mars, sont plutôt une récompense des soins qu'a pris le propriétaire de faire de bons élèves, qu'une palme décernée à l'adresse des écuyers. Venons maintenant à notre objet principal.

» L'équitation communique aux organes la force dont ils ont besoin pour s'acquitter convenablement des fonctions qui leur sont confiées, régularise, si je puis m'exprimer ainsi, tous les actes de la vie, sans les accélérer beaucoup : *Equitatio pulsum parum auget*, a dit Haller dans ses *Éléments de Physiologie*. L'équitation exerce la plus grande influence sur la nutrition et l'assimilation, et c'est en assurant une ample et juste répartition des principes nourriciers (que les exercices actifs ont l'inconvénient de trop dissiper), et en développant ces constitutions pléthoriques et replètes, signes certains d'une santé robuste et d'organes bien nourris, qu'elle parvient à réprimer, je dirai presque à étouffer, cette prédominance de la sensibilité, qui cause des désordres si grands et si faussement attribués à la faiblesse des nerfs.

» Le mouvement général qu'imprime l'exercice modéré du cheval est un des moyens les plus propres à fortifier la presque universalité des organes du corps humain, et c'est cette propriété, tonique par excellence, qui le rend si avantageux aux personnes faibles, aux convalescents, surtout à ceux chez qui de longues maladies auraient occasionné une diminution générale des forces; ce sont surtout les gens de lettres qui doivent pratiquer cet exercice : ils y trouveront un moyen propre à opposer aux dangers de leur genre de vie; car la position qu'exige l'équitation et les mouvements qu'elle détermine étant très-favorables à la libre expansion des poumons, détruisent avec efficacité l'effet nuisible de la position nécessitée par les travaux de cabinet. Cet exercice est d'ailleurs un des plus propres à reposer le cerveau, puisque, sans fatiguer les membres, sans consumer d'influx nerveux, il apporte dans les mouvements vitaux qui se dirigent vers l'encéphale, une diversion salutaire, mais trop peu considérable pour empêcher cet organe de reprendre bientôt avec la même énergie son action accoutumée. »

ESBRILLADE, secousse que les écuyers du temps de Louis XIII donnaient avec une seule rêne à un cheval désobéissant, pour l'obliger à tourner.

Ce mauvais procédé ne se pratique plus par les gens qui raisonnent leur art. On a reconnu que ces espèces de saccades ne peuvent rien apprendre au cheval, et que c'est par une série de pressions progressives basées sur ses résistances qu'on lui indique, en le plaçant, ce qu'il doit faire.

ESCAPADE, action subite d'un cheval qui se livre à un instant de fougue.

Un cheval vif, qui ne travaille pas assez, est sujet à ces sortes de gaietés, qu'il est, au reste, facile de réprimer, s'il sait répondre aux effets du mors et des jambes.

Il est essentiel, pour la santé et la subordination du cheval, de le promener chaque jour, ou au moins tous les deux jours. Le cheval trouve à ces promenades un exercice salutaire, et le cavalier un moyen d'étude qu'il doit saisir avec empressement.

ESCAVESSADE, mot inusité, qui signifie donner au cheval des secousses violentes avec le cavesson ou les rênes de la bride. (*Voyez* DRESSER.)

ESTRAPADE, saut de mouton très-vif que fait le cheval. Les jeunes chevaux y sont les plus sujets. L'estrapade est une défense peu dangereuse; cependant, il n'en est pas qu'un bon cavalier doive négliger; d'abord parce qu'il peut être surpris désagréablement, ensuite parce qu'il ne fait pas preuve de science en se contentant seulement de suivre le cheval.

ESTRAPASSER, c'est faire travailler le cheval au delà de ses forces, et lui demander des choses qu'il ne peut exécuter. C'est un défaut ordinaire aux gens qui mettent plus d'ambition que de raison dans leurs exercices. Ils contractent le cheval, pour obtenir de lui, par la violence, ce que le temps et le savoir seuls peuvent amener ; qu'en résulte-t-il? Ils exténuent ces pauvres animaux, dont, avec un peu plus d'expérience, ils auraient tiré de bons services sans fatiguer leur organisation.

A ce défaut il n'est qu'un remède : apprendre.

ÉTRIERS. Les étriers servent à reposer les jambes, et non à donner un point d'appui pour soutenir le corps.

Les personnes qui basent leur solidité sur la bonté des étrivières sont toujours incertaines et dangereusement placées.

Mais le cavalier solide par principes ne laissera que cinquante-cinq millimètres de longueur de moins aux étriers qu'aux jambes, l'extension de ces dernières lui servant à mieux embrasser son cheval.

Les réactions du cheval seront moins sensibles

quand, par un juste emploi de force, on aura plus de poids sur la selle. Alors les fesses y seront plus adhérentes, les genoux se porteront moins en avant, et leur immobilité empêchera le pied de quitter l'étrier, qui ne doit être chaussé que jusqu'à la naissance des doigts. Le talon sera un peu plus bas, ce qui s'obtiendra aisément si la jambe tombe sans force.

La plupart des élèves se figurent que les étriers attirent les jambes en avant; c'est une erreur: les jambes descendent comme les étriers, perpendiculairement; mais ce qui les porte en avant, c'est la forte tension que l'on donne aux muscles pour peser sur l'étrier.

F

FAÇONNER UN CHEVAL, c'est le rendre régulier et gracieux dans ses exercices.

FAIRE LA RÉVÉRENCE, se dit d'un cheval qui fait un faux pas.

Quand un cheval est sujet à ces génuflexions, c'est au cavalier à le placer et à le soutenir dans la main et les jambes, pour que les flux et reflux de poids soient faciles et réguliers.

FAIT (le cheval) est celui dont l'éducation est terminée.

Les chevaux faits conviennent plus particulièrement aux dames; il faut que ceux qui leur sont destinés soient familiarisés avec tous les objets qu'ils peuvent rencontrer. Il est surtout nécessaire qu'ils soient d'une bonne construction, c'est-à-dire qu'ils aient d'excellents reins, des hanches larges et longues, de bons jarrets; si leur éducation est faite avec suite et gradation, il sera facile en peu de temps de les confier à une dame.

FALCADE (la) était un résumé, en quelques petits sauts ou courbettes, des exercices d'un cheval; c'en était comme la cadence parfaite. Alors que l'équitation était cultivée avec zèle et ardeur, le travail des chevaux avait une sorte de méthode rigoureuse, une suite, comme un discours oratoire; un pas rassemblé servait d'*exorde*; puis on entrait en matière par un trot cadencé, c'était la *narration*; quelques temps de galop faisaient les *preuves* du cheval; ensuite des airs bas et relevés présentaient la *confirmation*; le tout se terminait par une falcade, *péroraison* digne de ces brillants exercices.

FANTAISIE. Le cheval qui a des fantaisies est celui qui, de temps à autre, veut sauter, tourner ou reculer, contre la volonté du cavalier.

Pour que le cheval arrive à ce point de mépriser les aides et le châtiment de celui qui le monte, il faut qu'il ait été bien mal mené ou conduit par des cavaliers poltrons et pusillanimes.

Avec du soin, on peut rendre ces chevaux-là soumis ; seulement il faudra un temps plus long pour les ramener dans un juste équilibre, moyen d'une efficacité certaine contre les fantaisies du cheval.

FANTASQUE. (*Voyez* FANTAISIE.)

FAROUCHE. Un cheval est farouche quand il craint la présence de l'homme ; les poulains qu'on abandonne dans les herbages sans les approcher, ou qu'on n'approche qu'avec brutalité, deviennent farouches.

J'ajouterai, à propos de cette observation, que la majeure partie des défauts d'un cheval sont une preuve même de sa mémoire et de son intelligence dont on s'inquiète généralement trop peu ; on oublie que l'acte de la veille produit son résultat le lendemain ; qu'il faut ménager, pour le jeune cheval, les circonstances d'éducation, comme pour un enfant, et de même qu'on ne doit entourer celui-ci que de gens capables de lui donner de bonnes habitudes, de même aussi, il est à souhaiter que les éleveurs aient des hommes d'un naturel doux et patient pour approcher les poulains, et leur inspirer la confiance que les mauvais traitements leur ôtent.

FAUX, c'est quand le cheval galope à main droite dans un manége, et que ses jambes gauches arrivent sur le sol en avant des droites, et *vice versâ* pour l'autre main.

Il n'y a pas de galop faux en ligne droite ; mais, dans un manége, l'équilibre exige que les jambes les plus rapprochées du centre arrivent en avant des autres ; quand il en est autrement, le cheval perd son aplomb et court risque de tomber. (*Voyez* GALOP.)

Il est bon, pour changer le travail du cheval et éviter la routine, de le faire galoper sur l'un et sur l'autre pied à la même main ; cela devra se pratiquer surtout pour le cheval que l'on voudra amener à changer de pied du tact au tact. C'est par la multiplicité des changements de pied avec temps d'arrêt qu'on arrivera, sans efforts, à obtenir les changements de pied du tact au tact.

FERME. On appelle *travailler ferme à ferme*, manier le cheval sans bouger de place, comme au piaffer.

Partir au galop de pied ferme, c'est, de l'état de repos, enlever le cheval au galop. Les jarrets ont besoin d'un effort considérable pour donner cet élan spontané; aussi le cavalier doit-il s'assurer de la bonté de leur construction, avant de les comprimer aussi fortement, et n'essayer ce travail qu'après avoir obtenu sans peine le passage du pas au galop.

FERMER, c'est terminer entièrement une figure. Cela se dit surtout du travail de deux pistes. Si la croupe n'arrive pas en même temps que les épaules sur la piste, le cheval a mal *fermé* son air de manége.

Tous les chevaux, mais surtout ceux abandonnés aux élèves, gagnent volontiers à la main, à la fin d'une figure de deux pistes. La propension qu'ils ont à revenir aux allures naturelles, exige de l'accord pour les empêcher de les reprendre avant d'avoir atteint le point voulu ; aussi, dans ce genre de travail, les derniers pas sont souvent les plus difficiles, et c'est à les bien exécuter que l'élève doit s'exercer.

FIER, se dit d'un cheval ardent et gracieux dans sa démarche. Les chevaux fiers sont agréables à monter et faciles à dresser; malheureusement pour l'espèce et pour beaucoup de négligents écuyers, ils sont rares.

Cette cause devrait bien engager ces derniers à redoubler d'efforts et d'études, afin qu'au moins l'art pût établir une compensation.

FILET (le) est, comme le bridon, une sorte de mors brisé et dépourvu de branches. Il est ordinairement de deux pièces, quelquefois de trois; mais la troisième est sans utilité spéciale.

Je n'entends point parler ici du bridon dont on se sert pour débourrer les chevaux tout à fait ignorants, et que je regarde comme complétement inutile. Je ne traiterai, dans ce chapitre, que du filet qui doit accompagner le mors dans la bouche du cheval.

A voir le silence des auteurs, dont aucun ne s'est occupé particulièrement du filet, on devinerait difficilement le parti qu'on en peut tirer; il présente cependant des avantages sans nombre.

En effet, malgré toute la puissance que l'on prête au mors pour imprimer au cheval une direction de droite à gauche ou de gauche à droite, il est aisé de prouver qu'il n'a pas de sensation locale; car les chevaux embouchés pour la première fois ne comprennent rien aux pressions des rênes, et au lieu de se porter à droite, à la suite du contact de la rêne gauche, ils tournent à gauche ou restent en place, ce qui prouve évidemment qu'ils ne ressentent pas l'effet direct qui les invite à se porter de ce côté.

Je me suis assuré de ce fait sur un cheval dressé, en attachant les rênes de la bride aux deux côtés de la muserolle; par une simple pression de la rêne droite, par exemple, sur l'encolure, j'ai déterminé le cheval à gauche, et *vice versâ*.

Si le cheval ignorant ne répond pas au contact du mors, et qu'une fois dressé il obéisse à la simple pression des rênes, on doit en conclure que le mors n'a pas d'effet déterminant pour porter à droite et à gauche, mais que cet effet est tout dans le savoir du cheval.

Durant l'éducation, c'est donc au filet qu'il faut recourir, puisque, par sa construction brisée et son action locale, il apprendra au cheval à répondre à des pressions qu'on pourra exercer d'un côté sans que l'autre soit averti, pressions qui disposeront sa tête et son encolure du côté déterminant.

Du reste, ce n'est pas seulement pour disposer la tête et l'encolure qu'il faut user de ces pressions préparatoires : le filet doit encore précéder les rênes de la bride dans tous les changements de direction, pendant les commencements du *dresser*, c'est-à-dire jusqu'à ce que le cheval réponde, sans la moindre opposition, à l'action de ces dernières. Avec cette précaution, on évite les résistances et on amène insensiblement le cheval à se soumettre au contact des rênes. Un autre effet non moins avantageux du filet est de fixer la tête dans sa juste position ; sans le filet la tendance du cheval à fuir l'action du mors, en prenant diverses poses d'encolure, le soustrairait sans cesse au pouvoir du cavalier.

Mais, grâce aux effets bien déterminés du filet, on peut aussitôt obvier au mauvais emploi de forces du cheval, ou à l'effet qu'amène le trop prompt usage de la bride, et en outre éviter les défenses, et terminer plus vite l'éducation. Je recommande particulièrement un filet muni de deux montants auxquels viennent se fixer ceux du bridon; par sa construction il ne peut entrer dans la bouche du cheval, dans l'emploi latéral que l'on en fait.

FIN. Un cheval est fin quand il a la tête sèche, la taille dégagée et les jambes en rapport avec le corps. On appelle encore fin celui qui répond vivement aux aides du cavalier.

Tout cheval dont la position sera bien en équilibre, aura cette dernière qualité. C'est donc à lui donner cet aplomb que le cavalier doit principalement s'attacher.

FINGART, vieux mot qui signifie un cheval ramingue. (*Voyez* RAMINGUE.)

FINIR UN CHEVAL, c'est terminer son éducation. (*Voyez* DRESSER.)

FLEXIONS. Les flexions ont pour but d'assouplir toutes les parties du cheval et de le rendre, par des translations de poids faciles à opérer, entièrement à la disposition du cavalier.

Elles se divisent en flexions à pied et en flexions à cheval.

Les premières se subdivisent elles-mêmes en :

1° Flexions de l'encolure et de la mâchoire, au moyen des rênes de la bride.

2° Affaissement de l'encolure.

3° Flexions directes de la tête et de l'encolure.

4° Flexions latérales de l'encolure avec les rênes du bridon.

Les flexions à cheval sont au nombre de trois :

1° Flexions latérales de l'encolure.

2° Flexions directes de la tête et de l'encolure ou ramener.

3° Flexions et mobilisation de l'arrière-main.

N° 1. Pour exécuter la flexion de l'encolure à droite, le cavalier étant à pied saisira la rêne droite de la bride avec la main droite, à seize centimètres de la branche du mors, et la rêne gauche avec la main gauche, à dix centimètres seulement de la branche gauche. Il approchera ensuite la main droite de son corps, en éloignant la gauche, de manière à contourner le mors dans la bouche du cheval. La flexion à gauche s'exécutera par les mêmes principes et par les moyens inverses.

N° 2. Pour l'affaissement de l'encolure par la flexion de la mâchoire, le cavalier se placera comme pour les flexions latérales, il croisera les rênes du bridon sous la ganache, en tenant la rêne gauche avec la main droite et la rêne droite avec la main gauche, toutes les deux à environ seize centimètres du mors; il étreindra la mâchoire inférieure entre les rênes ainsi croisées, avec une force dont la puissance s'accroîtra en raison de la résistance que présentera le cheval; mais cette force devra cesser entièrement aussitôt que le cheval abaissera son encolure en ouvrant la bouche.

N° 3. Les flexions directes de la tête et de l'encolure s'obtiendront en prenant, je suppose, la rêne gauche de la bride avec la main droite, à seize centimètres de la bouche du cheval; on la tirera directement vers l'épaule gauche, en donnant en même temps avec la main gauche une tension à la rêne gauche du bridon en avant, de manière à ce que les poignets du cavalier tenant les deux rênes soient en regard sur la même ligne. Cette flexion se pratiquera aux deux mains.

N° 4. Pour les flexions latérales de l'encolure, le cavalier, toujours placé près de l'épaule du cheval, saisira la rêne droite du bridon, qu'il tendra en l'appuyant sur l'encolure, pour établir un point intermédiaire entre l'impulsion qui viendra de lui et la résistance que présentera le cheval; il soutiendra la rêne gauche avec la main gauche, à trente-trois centimètres du mors. Dès que le cheval cherchera à éviter la tension constante de la rêne droite, en inclinant la tête à droite, le cavalier laissera glisser la rêne gauche, afin de ne présenter aucune opposition à la flexion de l'encolure. Cette rêne gauche devra se soutenir par une succession de petites tensions spontanées, chaque fois que le cheval cherchera à se soustraire par la croupe, à l'assujettissement de la rêne droite.

Lorsque l'encolure et la mâchoire auront complétement cédé à droite, le cavalier donnera une égale tension aux deux rênes, pour placer la tête perpendiculairement.

La flexion de l'encolure à gauche s'exécutera d'après les mêmes principes, mais par les moyens inverses. Le cavalier pourra renouveler avec les rênes de la bride, ce qu'il aura fait d'abord avec celles du bridon, dont l'effet est moins puissant et plus direct.

Les flexions à cheval se pratiquent dans l'ordre suivant:

N° 1. Pour exécuter la flexion à droite, le cavalier prendra une rêne de bridon dans chaque main, la gauche sentant à peine l'appui du mors; la droite, au contraire, donnant une impression modérée d'abord, mais qui augmentera en proportion de la résistance du cheval, et de manière à la donner toujours, jusqu'à ce qu'il incline la tête du côté où se fait sentir la pression; dès que la tête du cheval aura été ramenée à droite, la rêne gauche formera opposition, pour empêcher le nez de dépasser la perpendiculaire. Le mouvement régulièrement accompli, on fera reprendre au cheval sa position naturelle par une légère tension de la rêne gauche.

La flexion à gauche s'exécutera de même, le cavalier employant alternativement les rênes de bridon et celles de la bride.

N° 2. Pour obtenir les flexions directes de la tête et de l'encolure ou ramener, le cavalier se servira d'abord des rênes du bridon, qu'il réunira dans la main gauche en les tenant comme celles de la bride. Il appuiera la main droite de champ sur les rênes en avant de la main gauche, afin de donner à la première une plus grande puissance ; après quoi il fera sentir progressivement l'appui du mors de bridon. Dès que le cheval cédera, il suffira de soulever la main droite pour diminuer la tension des rênes et récompenser l'animal. La main ne devant jamais présenter qu'une force proportionnée à la résistance seule de l'encolure, on n'aura qu'à tenir les jambes légèrement près pour fixer l'arrière-main. Lorsque le cheval obéira à l'action du bridon, il cédera bien plus promptement à celle de la bride, dont l'effet est plus puissant ; elle devra par conséquent être employée avec plus de ménagement. Le cheval aura complétement cédé à l'action de la main, lorsque sa tête se trouvera ramenée dans une position tout à fait perpendiculaire à la terre; la contraction cessera dès lors, ce que l'animal constatera comme toujours en mâchant son mors. Le cavalier aura soin de compléter exactement la flexion sans se laisser tromper par les feintes du cheval, feintes qui consistent dans un quart ou un tiers de cession suivis de bégayement.

Cette flexion est la plus importante de toutes, les autres servant principalement à la préparer; il faut que les jambes du cavalier soutiennent l'arrière-main du cheval pour obtenir le ramener, de façon à ce qu'il ne puisse éviter l'effet de la main par un mouvement rétrograde du corps.

N° 3. Pour les flexions et mobilisations de l'arrière-main, le cavalier tiendra les rênes de la bride dans la main gauche, et celles du bridon croisées l'une sur l'autre dans la main droite, les ongles en dessous; il ramènera d'abord la tête du cheval dans sa position perpendiculaire par un léger appui du mors; après cela, s'il veut exécuter le mouvement à droite, il portera la jambe gauche en arrière des sangles et la fixera près des flancs du cheval jusqu'à ce que la croupe cède à cette pression. Le cavalier fera sentir en même temps la rêne de bridon du même côté que la jambe, en proportionnant son effet à la résistance qui lui sera opposée. De ces deux forces imprimées ainsi par la rêne gauche et la jambe du même côté, la première est destinée à déplacer la croupe, et la seconde à combattre les résistances. On se contentera dans le principe de faire exécuter à la croupe un ou deux pas de côté seulement. Lorsque la croupe aura acquis plus de facilité de mobilisation, on pourra continuer le mouvement de manière à compléter à droite et à gauche des pirouettes renversées. Aussitôt que les hanches céderont à la pression de la jambe, le cavalier, pour arriver à l'équilibre parfait du cheval, fera sentir immédiatement la rêne opposée à cette jambe; son effet, léger d'abord, augmentera progressivement, jusqu'à ce que la tête soit inclinée du côté vers lequel marche la croupe, et comme pour la voir venir.

La jambe du cavalier, opposée à celle qui détermine la rotation de la croupe, ne doit pas demeurer éloignée durant le mouvement, mais rester près du cheval et le contenir en place, en donnant d'arrière en avant une impulsion que l'autre jambe communique de droite à gauche ou de gauche à droite.

FOND. Un cheval qui a du fond est celui qui supporte un long exercice sans se fatiguer.

Heureux sont les amateurs qui ont en partage des chevaux nés avec ces bonnes dispositions! Mais un travail gradué sur les moyens du cheval, peut fortifier l'animal que la nature a moins bien traité, et le rendre aussi capable de résister à de longues courses.

FORCER LA MAIN, c'est la même chose que s'emporter. (*Voyez* EMPORTER.)

FORCES (faire les). Un cheval qui ouvre beaucoup la bouche, au lieu de se ramener quand on lui tire la bride, fait des forces.

Cette expression veut dire qu'il imite par ce mouvement la figure d'une espèce de tenailles de fer que l'on nomme *forces*.

Les cavaliers qui cherchent d'abord à ramener leurs chevaux quand ils sont en action, rencontrent parfois cette résistance; la contraction de la mâchoire, jointe à celle de l'encolure, présente une telle opposition, que beaucoup d'écuyers ont été obligés d'y renoncer.

Le travail dans l'inaction et en place, en ne s'occupant que des assouplissements et de la mise en main, est l'unique moyen de combattre ces résistances. Je puis répondre qu'en moins de quatre leçons, d'une demi-heure chacune, le cheval aura acquis une très-grande légèreté.

FORCES DU CHEVAL (les) se divisent en forces *instinctives* et en forces *transmises*. Elles sont instinctives lorsque le cheval en règle lui-même l'emploi ; elles sont transmises lorsqu'elles émanent du cavalier. Dans le premier cas, l'homme dominé par son cheval devient le jouet de ses caprices; dans le second, au contraire, il en fait un instrument docile, soumis à toutes les impulsions de sa volonté.

L'éducation du cheval consiste dans la domination complète de ses forces; on ne peut en disposer qu'en annulant toutes les résistances.

Le cheval, dès qu'il est monté, ne doit plus agir que par des forces transmises.

FORGER. Ce mot veut dire que le cheval, en marchant ou trottant, s'attrape les fers des pieds de devant avec ceux de derrière.

De mauvaises constructions, telles que des reins faibles, des épaules courtes, une encolure massive et affaissée, rendent infaillible la rencontre des fers. Les chevaux mal montés, auxquels on laisse prendre des positions qui nuisent au jeu régulier des quatre jambes, forgent aussi, bien que leur conformation ne les y contraigne pas.

En disposant le cheval de façon à ce que le mouvement de ses jambes ne détruise pas son équilibre, on le corrige de ce défaut; mais, pour y parvenir, il faut l'exercer avec beaucoup d'attention, et ne lui faire d'abord prendre que des allures lentes, pour que ses forces demeurent bien réparties, et que chaque jambe, se mouvant avec l'énergie convenable, n'aille pas frapper le pied postérieur contre celui antérieur.

FOUGUEUX, cheval colère et fantasque. Les mauvais traitements sont, pour l'ordinaire, le principe de ses emportements désordonnés.

La douceur, la patience, peu d'exigence et beaucoup de progression dans les exercices, sont de grands moyens de corriger ce défaut.

Avec des leçons courtes et fréquentes, on habituera le cheval à la société de l'homme et à la soumission, sans lui donner une impatience qui le rend fougueux et le fait parfois se défendre.

A cet égard, et comme moyen très-efficace pour détruire cette défense, je recommande par-dessus tout le travail en place.

FOULE, c'est lorsque plusieurs cavaliers manient à la fois leurs chevaux dans un manége, et leur font exécuter chacun un travail différent.

Il serait beau de faire revivre cette belle manière de faire de la science; il est vraiment gracieux de voir une douzaine de cavaliers exécuter différents airs de manége : les uns décriraient des figures de deux pistes, pendant que les autres seraient au passage, au piaffer et au galop sur de petits cercles, en changeant souvent de main. Cette manière de travailler son cheval séparément fait apprécier le mérite de chaque cavalier, et lui donne, ainsi qu'au cheval, l'habitude d'agir indépendamment de ses voisins.

FOURCHE (la troisième), appliquée aux selles de femmes est encore de mon invention ; elle donne à l'amazone une solidité à l'épreuve de tout mouvement brusque ou violent. Elle remplace les genoux du cavalier et donne à la femme une sûreté morale qu'elle n'aurait jamais pu avoir sans le secours de cette troisième fourche qui est aujourd'hui sanctionnée unanimement.

FOURNIR SA CARRIÈRE, se dit d'un cheval qui va d'une égale vitesse jusqu'au bout d'un terrain limité.

C'est au cavalier à ménager les forces du cheval, à entretenir et à renouveler son action, de façon qu'elle ne s'altère pas et que sa vitesse reste la même.

FREIN. (*Voyez* MORS.)

FREIN (mâcher son). Le cheval mâche son frein quand, par un mouvement de mâchoires, il l'agite de temps en temps.

Les chevaux bien placés, soit naturellement, soit par l'art, détachent facilement la mâchoire ; le cheval qui mâchera naturellement son frein sera toujours léger à la main et constamment bien intentionné ; jamais un cheval ne se défendra ayant la mâchoire ouverte.

Cependant, il ne suffira pas que le cheval *mâche son frein*, il faudra qu'il *lâche son frein*, c'est-à-dire qu'il écarte (à volonté) autant que possible la mâchoire inférieure.

FUIR DES HANCHES, FUIR LES TALONS, PAS DE CÔTÉ, MARCHER DE DEUX PISTES, ont la même signification.

Peu de personnes conçoivent les difficultés que présente ce travail ; elles l'estiment d'autant moins qu'elles ne connaissent ni les services ni les résultats qu'on en peut obtenir. Comme on se figure que ce n'est qu'une parade de manége, chacun l'essaye à sa manière, sans chercher à l'utiliser, soit pour l'éducation du cheval, soit pour l'agrément du cavalier ; c'est cependant là le but qu'il faudrait se proposer.

Tout cheval marche, trotte et galope naturellement : l'art perfectionne les allures et leur donne le liant et la légèreté qu'elles sont susceptibles d'acquérir.

Le travail de deux pistes, étant moins dans la nature, présente, par cela seul, des difficultés beaucoup plus grandes ; il serait même impossible de l'obtenir régulièrement sans le secours de l'éducation première, qui tend à placer le cheval et à le mettre dans le cas de supporter des commencements de rassembler.

Mais aussi, quand on l'exécute, il a pour résultat, non-seulement de plier le cheval dans tous les sens, mais encore de faire ressortir ses formes, et de lui donner cette légèreté, cette finesse de tact, qui le font répondre aux imperceptibles mouvements du cavalier.

Je pourrais, à la rigueur, me dispenser de rendre raison de ce qu'on appelle *airs de manége*, si les auteurs qui ont écrit à ce sujet avaient fait connaître autre chose que la nomenclature des figures; mais, comme ils n'ont indiqué ni comment le cheval doit être placé, ni comment il faut s'y prendre pour que l'exécution en soit précise, je m'efforcerai de réparer leur oubli : je dirai donc que l'écuyer qui fera exécuter avec précision des lignes droites de deux pistes, obtiendra, sans de grands efforts, des lignes courbes ou toutes autres, si toutefois il a exercé préalablement son cheval aux pirouettes ordinaires et renversées.

Aussitôt que par la souplesse de l'encolure et des reins, la légèreté sera acquise et que le cheval prendra facilement toute espèce de changement de direction, on pourra commencer le travail sur les hanches.

C'est à l'extrémité des changements de main qu'il faut faire exécuter au cheval les premiers pas de deux pistes, qui ne seront augmentés que bien progressivement. Le cheval étant arrivé au point de répondre immédiatement et sans aucune résistance au mouvement des aides du cavalier, rien ne s'opposera à ce qu'il parcoure toute la distance de la diagonale.

Le cheval doit travailler avec la même régularité aux deux mains; l'écuyer sentira le côté qui résiste davantage, et il saura promptement vaincre cette résistance en l'exerçant plus fréquemment.

On conçoit que si le cheval se porte d'une jambe sur l'autre, avec une vitesse égale à l'impression du contact qu'il reçoit, il pourra exécuter tous les airs de manége.

Pour que les pas de côté soient réguliers, il faut : 1° que le cheval soit toujours dans la main; 2° que sa tête, son encolure, ses épaules et sa croupe soient sur une même ligne; 3° que le passage des jambes se fasse de telle sorte, que celles qui marchent les dernières passent par-dessus celles qui entament le mouvement, c'est-à-dire que la jambe de devant, du côté où on détermine, quitte le sol la première et soit suivie par la jambe opposée de derrière; il faut aussi que la tête soit légèrement portée du côté où l'on fait marcher le cheval, afin qu'il puisse voir le terrain sur lequel il chemine.

Cette dernière position, qui le rend plus gracieux, servira avantageusement au cavalier pour modérer la marche des épaules de l'animal, ou leur donner plus d'activité. C'est aussi avec cette attitude qu'il pourra suppléer à la force insuffisante des jambes.

Pour que le cheval conserve le juste équilibre qu'exige cet exercice, le cavalier doit se servir de ses deux jambes pour entretenir continuellement l'harmonie et la régularité d'action dans l'avant et l'arrière-main ; si c'est la jambe gauche qui pousse la masse à droite, c'est la jambe droite qui enlève cette même masse, elle aide à la déterminer, elle modère l'action de la jambe gauche, maintient le cheval dans la main, l'empêche de reculer et le porte en avant, diminue ou augmente le passage d'une jambe sur l'autre, et lui conserve toujours cette belle position qui donne à ses mouvements une cadence gracieuse et régulière.

G

GALOP (le) est une répétition de sauts, dans lesquels la partie antérieure du cheval se lève la première et à une plus grande hauteur que la partie postérieure.

Pour mettre quelque ordre dans cet article, d'une certaine étendue, je commencerai par indiquer la manière de placer le cheval pour qu'il se mette au galop ; ensuite, j'examinerai les moyens expliqués dans différents traités ; et, enfin, je ferai connaître ceux que l'expérience m'a fait juger être les meilleurs.

Le premier soin à prendre pour donner au cheval la position qui le conduit à se mettre au galop, c'est de le rassembler ; pour cet effet, toutes ses parties doivent être tellement liantes, que cette position, base fondamentale de toute allure élevée, s'obtienne sans que sa volonté puisse jamais s'y opposer. Pour enlever la partie antérieure, il faut préalablement l'alléger, et on n'y parviendra qu'en faisant agir la main et les jambes avec assez d'ensemble pour que le cheval comprenne distinctement cette intention. En effet, si la main et les jambes exercent sur le cheval une juste opposition qui force ses jambes de derrière à se rapprocher du centre, il sera facile de faire refluer le poids du devant sur le derrière, en ayant soin que ce changement de position ne prenne pas sur l'action, qui dans ce moment doit au contraire être augmentée, le cheval alors s'enlèvera de lui-même ; telle est la première impulsion du galop.

Je m'étendrai peu sur le degré de force que le cavalier doit employer pour se faire comprendre de son cheval ; je le suppose assez sûr de son assiette et de ses parties mobiles pour être maître d'opérer, dans les moments opportuns, la transmission de contact la plus convenable. On doit supposer du savoir à quiconque veut en transmettre.

Les ouvrages qui ont traité jusqu'ici de l'allure du galop ont, à mon avis, laissé bien des doutes sur les points les plus essentiels. Mon premier soin sera donc de montrer les erreurs pratiques auxquelles pourraient conduire ces fausses théories.

Les auteurs qui ont écrit sur l'équitation sont loin d'être d'accord sur les moyens à employer pour *faire partir* le cheval au galop sur tel ou tel pied.

Je m'occuperai d'examiner leurs méthodes pour *ébranler* le cheval au galop.

Sur ce point seul, que de contradictions dont la plupart ne viennent que de la faute où tombent les auteurs de vouloir faire des règles exclusives, de moyens propres seulement à certaines positions !

Pour être plus facilement compris, je ne parlerai que des moyens qui forcent le cheval à s'enlever au galop sur le pied droit; il est clair que, pour le pied gauche, il suffira de prendre les moyens inverses.

Les uns se servent de la jambe gauche et de la main portée de ce côté.

D'autres mettent en usage les deux jambes, et toujours la main portée à gauche. Il en est encore qui attendent, disent-ils, le posé de la jambe gauche de derrière pour la fixer sur le sol, et *faire partir* le cheval sur le pied droit.

Avant d'examiner ces divers principes, répétons qu'il en est un fondamental, qui consiste à maintenir le cheval dans une légèreté parfaite, pour le disposer à prendre la position nécessaire à l'allure du galop : c'est la condition *sine qua non*. Cette position obtenue, si l'on fait usage de la jambe gauche, qui agira du même côté que la main, quel sera l'effet? Évidemment de porter la croupe à droite, ce qui surchargera indistinctement une des deux jambes de derrière, et le cheval partira désuni.

Je veux bien que le hasard fasse plusieurs fois rencontrer juste ; mais on aura toujours pour inconvénient de mettre le cheval de travers, et de prendre sur la force qui doit le porter en avant. Ce n'est pas tout : n'étant plus droit, par rapport à la ligne qu'il a à parcourir, il faudra de nouvelles forces et de nouveaux mouvements pour l'y maintenir, et le talent de l'écuyer consiste à en réduire l'emploi autant que faire se peut.

Il n'est qu'un cas où la première méthode qui nous occupe puisse être d'un secours véritable pour obtenir le galop sur la jambe droite, et ce cas, le voici : si, faute d'exercice préalable, l'encolure reste inclinée, et les reins arrondis à droite, nécessairement le cheval répondra mal au moyen qu'il faudrait employer s'il était bien placé; alors, un soutien ferme de la jambe gauche du cavalier, et la main portée de ce même côté, détruiront cette résistance, et le cheval prendra le galop sur le pied droit.

On voit donc que ce moyen, utile lorsqu'il s'agit de neutraliser la force qui arrête la position nécessaire au mouvement, devient nuisible, au contraire, quand le cheval est bien placé préalablement; puisqu'alors les forces, luttant également, nécessitent des forces parfaitement en harmonie avec les siennes, et l'on ne pourrait arriver à ce résultat, si la main et la jambe agissaient du même côté.

Si, parmi les écuyers partisans de ce système, quelques-uns soutiennent avoir toujours obtenu des résultats favorables avec ces procédés, je réponds que le talent d'un homme de cheval est d'obtenir promptement, et qu'il y a retard dans l'exécution toutes les fois que l'on complique inutilement les emplois de force.

Viennent ensuite ceux qui se servent de la main à gauche et des deux jambes également rapprochées pour *faire prendre* le galop sur le pied droit: je préfère la pratique de ces derniers sur un cheval qui ne présente aucune résistance, parce qu'ils le déplacent moins; une fois la partie gauche surchargée, l'action donnée également fera précéder la partie la plus allégée. Mais le cheval qui n'a pas acquis la souplesse à l'aide de laquelle il peut changer la position de ses jambes de devant, sans que l'arrière-main se dérobe à cette translation de poids, cherchera souvent à fuir cet effet d'assujettissement, et il y parviendra, si les deux jambes sont également soutenues. En effet, la force de l'une combattant celle de l'autre, le résultat sera d'activer également le cheval, mais non de faire opposition à la main; dans ce cas, l'effet local de celle-ci serait manqué; car rien n'empêchera le cheval d'échapper de la croupe, si le cavalier ne s'empresse de faire sentir plus vivement la jambe droite. Dès lors, que devient la méthode des deux jambes également soutenues, et pourquoi des principes exclusifs?

Combattons maintenant l'opinion de ceux qui prétendent sentir le mouvement des extrémités postérieures à l'allure du pas, et qui savent, disent-ils, en profiter pour *faire partir* le cheval sur le pied droit ou sur le pied gauche, à leur volonté. Ce charlatanisme peut être mis en parallèle avec la botte secrète de quelques maîtres d'armes.

Les difficultés de l'équitation sont déjà en assez grand nombre, même avec la connaissance exacte des moyens les plus naturels, sans qu'on les augmente encore par des données impraticables, qui déroutent entièrement l'élève, et lui font prendre en dégoût l'exercice auquel il se livre.

Dans tous les cas, en supposant même un cavalier assez impressionnable pour sentir l'instant du posé de la jambe gauche de derrière, peut-on croire qu'il sera assez prompt dans ses mouvements pour fixer tout le poids de la masse sur cette partie, et enlever le cheval au galop sur le pied droit? Tandis que l'animal conserve son action pour se continuer à l'allure du pas, pense-t-on qu'il soit possible de donner la position exigée, pour passer à celle du galop dans un aussi court espace de temps? Si cet intervalle imperceptible n'est pas saisi assez rapidement pour produire son miraculeux effet, le cheval partira faux ou désuni, puisque la jambe droite reprendra aussitôt son appui et le poids qui lui est assigné, afin d'entretenir la mobilité des autres jambes. Laissons de côté ces jongleries; c'est au cavalier lui-même à provoquer ce point d'appui, par l'inclinaison lente et progressive qu'il donnera à cette masse avant de l'ébranler; cette translation de poids fixera la partie qui sert de base, et, une fois déterminée, elle laissera facilement aux autres jambes la légèreté et l'activité nécessaires. C'est le corps qui fixe et arrête les jambes, et non les jambes qui donnent l'immobilité au corps; il faut donc commencer par disposer ce dernier, pour que les extrémités ne puissent plus se mouvoir à notre insu. Ceci revient à dire qu'il n'y a pas de mouvements de jambes sans un mouvement préalable du corps, et qu'en conséquence, il ne faut pas attendre le cheval, mais bien le prévenir.

Abordons maintenant le système des meilleurs auteurs, qui ont dit : « Pour mettre votre cheval » au galop sur le pied droit, rassemblez-le, por- » tez la main à gauche, et faites plus sentir la » jambe droite. »

Oui, voilà effectivement la meilleure méthode pour disposer son cheval à prendre le galop sur le pied droit; cependant encore est-il qu'elle contient deux graves erreurs.

D'abord, elle est trop exclusive; il est des cas où le moyen qu'elle indique serait insuffisant et manquerait le résultat.

Quand le rassembler, que moi j'appellerai ramener, n'est pas complet, par exemple, et que le cheval emploie des forces contradictoires, évidemment il en faut d'opposées pour les combattre; c'est donc à l'écuyer à juger promptement et à propos des changements et modifications que les circonstances exigent.

Le principe qui devra dominer cette méthode sera donc, je le répète encore, la nécessité d'un ramener parfait et d'un rassembler en rapport avec la position que doit prendre le cheval, et le premier tort des auteurs est de n'avoir pas assez parlé de cette nécessité.

Ensuite, un autre défaut non moins grave de

cette méthode, ainsi exprimée, est de tromper l'élève par la valeur même de ses termes.

En effet, on lui dit : « Faites telle chose, et vous enlèverez le cheval au galop sur tel pied. »

C'est une erreur, il faut dire : « Faites telle chose, et vous disposerez le cheval pour qu'il s'enlève sur tel pied. »

Ceci n'est pas un jeu de mots; je vais le prouver.

Pour que le cheval parte sur le pied droit, comme pour tout autre mouvement, il lui faut deux choses :

La position et l'action.

Supposons que l'élève, se fiant à votre façon de poser le principe, regarde les moyens que vous lui indiquez comme ceux qui doivent nécessairement et immédiatement produire le résultat.

Si le cheval se refuse à l'exécution, soit par mauvaise disposition, manque ou excès d'action de sa part, soit faute d'ensemble dans les aides du cavalier, que va-t-il arriver?

L'élève, convaincu que le moyen indiqué est d'un effet infaillible, se figurera seulement qu'il ne l'a pas rendu assez sensible; il forcera chacun de ses mouvements, dérangera de plus en plus la position du cheval, et, loin d'atteindre le but, il s'en écartera tout à fait.

Si, au contraire, vous faites bien concevoir à

l'élève que le soutien de la main et de la jambe droite ne sont que des moyens préparatoires, destinés à placer son cheval, sans s'effrayer d'un instant de résistance, il comprendra qu'il faut ou augmenter ou diminuer l'action, et attendre l'effet de son impulsion, ou enfin corriger l'effet trop considérable d'une de ses aides, pour que la position et l'action du cheval, se trouvant dans les rapports voulus, le résultat suive nécessairement.

De là deux avantages :

1° On force l'élève à convenir que tout le tort vient de lui ; et dès lors, au lieu de s'en prendre avec colère au cheval qui résiste, il ménage et coordonne ses mouvements pour se faire mieux comprendre.

2° Reconnaissant qu'il ne fait que disposer le cheval, il exécute avec plus de calme, et laisse volontiers à son intelligence le temps de saisir les effets de force, tandis qu'en cherchant à l'enlever, on surprend cette intelligence et on embrouille ses idées.

En résumé, il faut bien se pénétrer que c'est le cavalier qui donne la position, et le cheval qui prend l'allure. (Il faut en dire autant des changements de direction.)

On conçoit que, par suite de ce raisonnement très-simple, le cavalier doit toujours s'imputer la faute d'une mauvaise exécution. Si le cheval n'obéit pas, c'est qu'il n'est pas placé convenablement, ou qu'il manque de la force impulsive qui doit le porter en avant; il est donc évident que le cheval n'exécute correctement que quand le cavalier lui a transmis une force et une répartition de poids convenables.

L'équilibre qui doit toujours servir de base au cheval exige qu'il galope sur le pied situé en dedans du manége, ou, autrement dit, sur la jambe droite quand il est à main droite, ou sur la jambe gauche quand il est à main gauche. Si l'ordre du jeu des extrémités était renversé, il y aurait irrégularité et danger, surtout dans les changements de direction; car si, malheureusement, le cheval se trouvait comprimé du côté déterminant, il en résulterait que les jambes (antérieure et postérieure) du même côté outre-passeraient le centre de gravité, et amèneraient la chute de l'animal. Si cet inconvénient, qui présente des dangers, est moins fréquent qu'il ne pourrait l'être, c'est que le cheval mal tenu cherche naturellement à reprendre l'équilibre que son maladroit cavalier a détruit, et qu'il l'obtient en donnant plus d'extension au cercle sur lequel il marche, ce qui amène le posé de l'autre jambe antérieure sur le sol. On conçoit bien que ces mouvements faux en principe ne sont blâmables que sous le cavalier qui ne sent pas son cheval, autrement ce sont des difficultés très-acceptables exécutées par un écuyer qui sait si bien disposer les forces de son cheval qu'il peut, sur un mouvement faux, conserver un équilibre parfaitement juste.

Passons maintenant aux galops irréguliers; il en est de plusieurs espèces que nous allons définir; après quoi, nous donnerons les moyens de les rectifier.

Il n'y a qu'un galop faux; il y a deux galops désunis : désuni du devant, désuni du derrière.

Si le cheval, étant à main droite, se trouve galoper sur le pied gauche, le galop est faux.

Comme il ne peut arriver là qu'après un mouvement de corps qui a surchargé la partie d'abord allégée, il faut par une force opposée, c'est-à-dire par le soutien ferme de la jambe gauche et de la main portée aussi à gauche, lui faire reprendre la position première. Une fois la position rendue, l'accord de ses mouvements se rétablira de lui-même.

Si les erreurs du cheval viennent de ce qu'il n'est pas encore assez familiarisé avec l'allure du galop, il faut l'arrêter et lui faire prendre un galop régulier, par les moyens précédemment indiqués. Ce temps d'arrêt devra être rigoureusement observé toutes les fois qu'il changera de pied, ou se désunira. On évite ainsi les mouvements brusques, qui sont toujours au détriment de l'organisation.

Examinons maintenant le cas où le cheval se

désunit du devant ou du derrière. Il est désuni du devant, lorsqu'en galopant à main droite, c'est l'extrémité antérieure gauche qui commence le galop, et il l'est du derrière quand l'extrémité postérieure droite reste plus en arrière que la gauche; dans le premier cas, c'est la motion des jambes de derrière qui est régulière, et, dans le second, c'est celle des jambes de devant.

Un cheval se désunit-il du devant? Un surcroît d'action donné avec les deux jambes facilitera l'enlevé de la partie antérieure avec la main, et, en la reportant aussitôt à gauche, on surchargera cette partie et on décidera la droite en avant; ici, il n'y a pas d'interruption dans le galop.

Si, au contraire, il se désunit du derrière, le contact plus énergique de la jambe gauche, avec un soutien ferme et égal de la main, donnera une inflexion aux côtes de cette partie, et fixera cette jambe postérieure sur le sol; en outre la jambe droite du cavalier, modérant l'action de la gauche, contiendra le cheval droit, rétablira son équilibre, et le galop sur le pied droit suivra naturellement.

Je le répète, il est essentiel de soutenir vigoureusement le bras et la main; sans cette immobilité momentanée, la jambe ne fait que donner une impulsion en avant, et manque ainsi l'effet qu'elle doit avoir sur l'arrière-main du cheval.

L'intelligence du cavalier suppléera à tous les

détails que ne peut contenir une définition écrite; il sentira le degré de force dont se sert le cheval pour changer de position, et ne lui en imprimera que la quantité suffisante pour le ramener à des mouvements réguliers, sans rien changer à son allure.

Quand une fois on aura disposé le cheval afin qu'il ait la possibilité de *s'embarquer* au galop sur le pied droit ou sur le gauche, quand on l'aura corrigé des irrégularités qui rendaient cette allure défectueuse, et accoutumé à se maintenir uniment aux deux mains, il sera temps de lui faire exécuter des changements de pieds, d'abord par un temps d'arrêt, ensuite du *tact au tact*. Après avoir galopé le cheval à main droite et à main gauche, par conséquent sur le pied droit et sur le pied gauche, on obtiendra ces mêmes départs du pied droit et du pied gauche à la même main; ces départs deviendront faciles, et alors les changements de pied du tact au tact s'obtiendront naturellement et sans difficulté.

Une autre condition, non moins essentielle, est d'entretenir le même degré d'action, malgré les changements de position. J'explique ceci par un exemple : Si, pour obtenir le déplacement nécessaire au changement de pied, on diminuait l'action qu'il avait précédemment et qui n'était que convenable pour la conservation de l'allure, il ne pourrait se maintenir dans cette position énergique qui lui fait sentir, apprécier et exécuter avec promptitude nos volontés; c'est alors que disparaît tout le gracieux et même la possibilité de ce travail; au contraire, si, malgré nous, il augmente son action pour prendre un galop plus décidé, il nous sera tout aussi difficile d'en tirer un bon parti; car, s'il dispose volontairement de ses forces, ou que nous manquions d'accord pour les lui conserver au même degré, il faudra entrer en lutte avec lui dans le moment même où il est le plus nécessaire qu'il soit subordonné.

J'ai toujours recommandé d'être peu exigeant dans les commencements d'un travail quelconque, et j'insiste sur la nécessité de cette prudence, qui accélérera les progrès du cheval.

Le cheval une fois au galop, il est facile de le conserver à cette allure, en le soutenant vigoureusement, pour secourir et enlever les jambes de devant chaque fois qu'elles retombent. Si le cavalier conserve un accord assez parfait à ses aides, pour ne pas changer l'action du cheval, il donne une cadence gracieuse et continue à ses mouvements.

Avant de terminer, je dois encore mettre le lecteur en garde contre une de ces pratiques malheureuses qu'il faut proscrire, c'est celle de *renverser* le cheval pour obtenir un changement de pieds.

Voici ce qu'on appelle *renverser* un cheval.

Supposons-le au galop sur le pied droit; le cavalier force sans ménagements l'inclinaison à droite, au point de le coucher de ce côté, pour ainsi dire, et aussitôt il *renverse* à gauche. Il y a bien là une chance pour que le cheval change de pieds, mais il y en a mille pour qu'il tombe auparavant; car il lui faut une force très-grande pour supporter ces deux mouvements brusques et contraires, qui ne peuvent jamais se faire qu'au détriment des jarrets.

Pour nous, tenons-nous à ce principe immuable, avec lequel on doit s'identifier : c'est qu'il faut placer avant de déterminer, sinon attendre tout du hasard.

Pour obtenir les changements de pied du tact au tact, il faut se servir de la main et de la jambe opposées au côté où le cheval doit soulever sa jambe; cela se conçoit puisqu'il y a une force à combattre et une à transmettre.

Le cavalier doit comprendre que malgré toutes ces définitions, je compte sur son tact, car on ne peut ni écrire ni expliquer tout ce qui tient au sentiment.

GALOP GAILLARD. (*Voyez* PAS.)

GALOPADE (la) est un galop plus raccourci et plus enlevé du devant que le galop ordinaire.

Il faut, pour cette allure, une opposition des

aides plus continue de la part du cavalier, sans cependant communiquer trop de force. C'est la bonne position donnée au cheval qui amènera ces mouvements cadencés.

GALOPER PRÈS DU TAPIS, ou raser le tapis, se dit du cheval qui lève très-peu les jambes de devant au galop. Si cela tient à un vice de conformation, comme raideur des jambes de devant ou des épaules, etc., etc., il n'y a pas de remède. Si au contraire cela vient de manque de souplesse, ou de mauvaise attitude, il suffit, pour corriger le cheval, de l'assouplir et de lui donner une bonne position et un meilleur équilibre.

GANACHE (l'angle de la). On appelle ainsi l'angle formé par les deux os de la mâchoire inférieure du cheval.

Tous les auteurs ont avancé que, quand cet angle était resserré, il ne pouvait plus *chausser* le gosier; ce qui, d'après eux, intercepte la respiration du cheval, et s'oppose à sa bonne position.

Tous les chevaux peuvent se ramener; ceux qui présentent le plus de difficulté, sont les chevaux d'un tempérament lymphatique, ou dont l'arrière-main est d'une mauvaise construction.

GAULE, c'est une baguette de bouleau, effeuillée, longue de quatre à cinq pieds, dont l'usage s'est conservé dans les manéges de cavalerie, à cause de la dépense qu'occasionnerait celui de la cravache; mais on ne se sert plus que de celle-ci dans les manéges civils. (*Voyez* CRAVACHE.)

GOURMANDER UN CHEVAL, c'est le tourmenter inutilement. Gourmander la bouche d'un cheval, c'est la saccader avec le mors de la bride.

Ces moyens sont indignes d'un écuyer; aussi ne sont-ils pratiqués que par des cavaliers non expérimentés.

J'explique, à l'article *Saccade*, ce qu'elles ont de nuisible, et par quels procédés on doit faire apprécier au cheval les effets du mors. Je renvoie le lecteur à cet article.

GOURMETTE, espèce de chaîne qui s'attache à l'œil ou au banquet des deux côtés du mors. C'est à l'extérieur que l'action de la gourmette communique son effet de levier. Elle doit passer au-dessus du menton du cheval, et n'être ni trop lâche ni trop serrée. Dans le premier cas, les branches du mors basculeraient et rendraient son action nulle. Dans le second, la gourmette, exerçant une pression continue, empêcherait le cheval de sentir les bienfaits de la main, et dès lors il n'y aurait plus de récompense ni d'éducation possible. La véritable place de la gourmette est à deux lignes de distance de l'endroit où elle doit porter lorsque le mors agit. On s'assurera qu'elle est bien placée lorsqu'elle ne laissera entre le menton que la place nécessaire pour passer le doigt. Son action dépend de celle des branches du mors; et il faut poser en principe, pour l'un comme pour l'autre, que la résistance seule du cheval doit servir de dynamomètre pour calculer la force à lui opposer.

GOURMETTE (fausse). On appelle ainsi de petites chaînettes en fer ou de minces lanières en cuir qu'on adapte à l'extrémité des branches du mors pour correspondre au milieu de la gourmette. L'utilité de la fausse gourmette est d'éviter que le cheval ne prenne les branches du mors avec les incisives, ce qui paralyse son action.

Comme il est essentiel de prévenir toutes les mauvaises habitudes, surtout celles qui ont un côté dangereux, nous recommanderons l'usage de la fausse gourmette pour tous les chevaux.

GOUTER LA BRIDE. Le cheval qui commence à s'accoutumer aux effets du mors est dit *goûter la bride*. Tous les chevaux s'y habituent promptement si on la leur fait sentir avec ménagement.

Comme je prescris, dans mon article *Mors*, d'user toujours du même mors de bride, même avec les chevaux montés pour la première fois, les partisans de ma méthode sentiront la nécessité de s'en servir avec discrétion, et d'éviter, surtout dans les commencements, toutes saccades et mouvements brusques.

GOUVERNER SON CHEVAL, c'est le conduire soi-même, et ne pas le laisser aller à sa fantaisie. Ce point est nécessairement le premier auquel le cavalier doive s'attacher, et c'est à quoi il parviendra promptement s'il sait se rendre assez maître de la position du cheval, pour qu'aucun des mouvements de celui-ci ne puisse avoir lieu sans sa volonté expresse.

GRAS DE JAMBE. On entend par *gras de jambe* le mollet. S'en servir avec gradation est un des moyens efficaces pour rendre le cheval fin et le conduire avec précision.

GUEULARD. On entend par *gueulard* un cheval qui, comme l'on dit, a *la bouche forte*, qui n'obéit à la bride que difficilement et en ouvrant la bouche par une contraction continue; cela tient à une tout autre cause, comme on l'a prétendu jusqu'à ce jour, que celle de la conformation des barres. (*Voyez* FAIRE DES FORCES.)

GUINDÉ. Être guindé à cheval, c'est s'y tenir avec trop de force et d'affectation.

Les élèves qui ne font qu'ébaucher leur éducation ont souvent ce défaut; ils ont acquis une position qu'ils ne se sont pas donné le temps de consolider par un emploi de force raisonné; aussi sont-ils raides et maladroits. L'excessive force dont ils usent se communique à toutes les parties du corps, sans que ce soit dans une proportion convenable. Tant que dure cet état de contraction, il n'est pas possible de se lier gracieusement et solidement au cheval, et surtout de le bien conduire.

H

HAQUENÉE, vieux mot pour désigner un cheval qui va l'amble.

A cause de la douceur de leur allure, ces chevaux étaient jadis réservés aux princesses et aux grandes dames de la cour.

Agnès Sorel avait une haquenée d'une éclatante blancheur et célèbre par la beauté de ses formes, dit un de nos vieux fabliaux.

Maintenant, ce sont nos bonnes fermières qui se servent de ces chevaux pour porter le beurre et les œufs au marché. Le temps, qui change les mœurs, ne change guère moins le sens des mots: à présent, on entend par *haquenée* un cheval maigre, laid et incapable d'un bon service.

HAGARD, s'entend du cheval farouche qui, dit-on, a dans la vue quelque chose d'incertain et de trouble. On dit alors qu'il a les yeux hagards.

J'avoue que j'ai cherché longtemps à découvrir si la vue, proprement dite, pouvait amener le cheval à être farouche, et que je suis encore à me rendre compte comment cela pourrait avoir lieu ; car, enfin, est-ce parce que le cheval y voit moins? Dans ce cas, il doit être moins ombrageux, puisque les choses sont moins visibles pour lui. Est-ce parce qu'une conformation de l'œil, que je ne puis définir, lui fait envisager les objets autrement qu'ils ne sont? mais alors pourquoi ne s'y familiariserait-il pas comme il le ferait s'il avait une bonne vue, en les lui faisant voir souvent et longtemps? Mais n'est-ce pas le cerveau qui perçoit, apprécie? C'est donc au moral du cheval qu'il faut s'en prendre et non à la qualité de sa vue, qui, si elle est mauvaise, peut le rendre incertain dans ses mouvements, mais ne lui donnera pas un caractère farouche. Il est bien vrai que les chevaux sont plus ou moins soupçonneux, *ou sur l'œil*, mais je crois que c'est un héritage que leur ont transmis père et mère. Ce qu'on n'a pas voulu reconnaître, car l'on n'y a fait aucune attention, c'est que les vices de caractère sont héréditaires, comme les qualités. En faut-il davantage pour qu'à la deuxième ou troisième génération ce défaut soit enraciné de manière à ce qu'il y ait peu de chances de succès pour y remédier? En outre, la façon grossière d'élever les chevaux contribue encore à leur donner ce vice. Voit-on dans l'espèce humaine, dont la forme de l'œil est pareille à celle des chevaux, des personnes être hagardes? Non, l'œil est le miroir qui reflète les objets et les transmet au cerveau qui, en raison de son activité, en éprouve des sensations plus ou moins vives, et qui ne sont que le résultat de son organisation et du travail auquel il s'est livré, mais non celui de l'œil propre. Le seul moyen, selon moi, d'éviter qu'il n'y ait des chevaux hagards, c'est, comme je viens de le dire, d'étudier davantage le caractère des étalons et des juments poulinières, et d'élever les poulains avec plus de ménagements. Quant à ceux qui ont ce défaut, ce n'est qu'avec de la douceur de la part de ceux qui les soignent et qui les montent, et avec l'attention soutenue de les familiariser avec les objets qui leur causent de l'effroi, que l'on pourra les corriger; mais on n'y parviendra jamais si l'on n'a pas d'abord le secret de s'en faire aimer.

Ici ma tâche se termine, ne pouvant enseigner le degré de perspicacité et de perfection qu'il faut pour y parvenir.

HANCHES (être sur les), se dit du cheval qui

baisse sa croupe pour la disposer à supporter le poids dont on dégage les jambes de devant. Pour mettre un cheval sur les hanches sans que ce mouvement lui soit pénible, il faut le rassembler en rapprochant ses jambes de derrière du centre de gravité, pour que le reflux de poids s'opère sans efforts de la part du cheval.

On doit bien éviter d'abuser de cette position, car, en comprimant ces parties trop fortement, on en détruirait le ressort. Il faut s'en servir modérément, afin de conserver l'organisation du cheval dans toute sa pureté, et pour qu'il soit facile de le rendre gracieux dans ses allures; il ne faut pas qu'une position en détruise une autre, ce qui arriverait, si on le mettait trop fréquemment sur les hanches.

HARAS, lieu destiné à loger des étalons et des juments, pour la propagation de l'espèce, et à élever les poulains qui en proviennent.

Honneur au gouvernement qui mettrait tout en œuvre pour que notre belle France, déjà riche de tant de produits, pût se distinguer encore par ses races de chevaux, et disputer aux étrangers la supériorité qu'ils ont acquise!

Il n'est pas de pays qui présente un sol mieux disposé, plus fertile que le nôtre. *Le Limousin, l'Auvergne, la Normandie, la Bretagne, le Poitou, la Saintonge, la Lorraine*, fourniront, quand on le voudra, la quantité de chevaux dont on peut avoir besoin pour la guerre, la chasse, le manége, la promenade, les voitures, etc., etc.

Il est encore temps de régénérer toutes ces espèces; mais il faudrait s'en occuper activement et sans lésinerie. Jamais gouvernement ne placerait plus utilement l'argent du pays, puisque, outre les avantages qu'il en tirerait pour sa gloire et sa sûreté, il ferait chaque année une épargne considérable sur les fonds qui sortent de France pour l'achat des chevaux étrangers.

HARASSER UN CHEVAL, c'est l'exténuer de fatigue.

Les courses forcées sans ménagement harassent promptement un cheval; c'est en commençant par un travail modéré qu'on arrive peu à peu à lui donner l'haleine et la force convenables.

HARDIES (branches), sont des branches de mors, dont le levier forme une longue saillie. Elles aident, disent les auteurs, à ramener le cheval et à le mettre dans la main. Si c'est par la force que donne la construction des branches qu'on obtient ce résultat, celui qui les confectionne me paraît avoir plus de talent que l'écuyer. (*Voyez* MORS et ses effets.)

HARIDELLE. C'est ainsi que l'on appelle ces chevaux maigres et efflanqués, attelés au modeste char de la petite propriété. Ces chevaux, ordinairement restes de brillants coursiers qui faisaient l'admiration des connaisseurs, rendent quelquefois plus de services dans leurs vieux jours, qu'ils ne l'ont fait à l'âge de la beauté et de la vigueur; mais ce n'est qu'à force de coups et en les exposant à chaque instant à périr de fatigue, que l'on obtient d'eux ces mêmes services. Aussi, quelle existence mènent-ils? Et n'est-ce pas le comble de l'égoïsme et de l'ingratitude de la part de l'homme, que d'abandonner ainsi dans sa vieillesse, l'animal que l'on a le plus aimé, et de le livrer à la condition la plus misérable, dès que, par suite des services qu'il a rendus, il commence à perdre de sa valeur!

HARPER, c'est lever les jambes de derrière par un mouvement convulsif plus grand que celui qui est naturel au cheval. Cette flexion spontanée est le défaut des chevaux qui ont des éparvins secs. On doit bien éviter de confondre ce que l'on appelle *harper* avec le tride d'un cheval bien constitué, qui se cadence également et régulièrement.

HAUTE-ÉCOLE. On entend par la haute-école tout travail de deux pistes au pas, au trot et au galop (*voyez* FUIR LES HANCHES), ainsi que les changements de pieds du tact au tact sur les lignes rétrécies ou en formant des huit de chiffres, le piaffer, etc., etc. (*Voyez* ces différents mots.)

Les chevaux qui exécutent toutes ces figures avec précision s'appellent chevaux de tête, d'étude ou de haute-école.

Dans la haute-école, le cavalier agit de toute sa puissance sur le physique et le moral du cheval; par les exercices difficiles auxquels il le soumet, il perfectionne sa souplesse et son équilibre; par la continuité de ses actes, il lui fait connaître quelle est son influence sur lui, et à quel point il le domine; domination qui n'a rien de révoltant pour le cheval, puisque, loin de le dégrader, elle augmente sa fierté naturelle par les poses les plus nobles et les plus gracieuses.

HOLA. On se sert de ce mot sonore et assez vivement compris des chevaux pour les arrêter sans le secours de la bride.

Le cheval que l'on met dans les piliers doit cesser toute espèce de sauts ou de mouvements, quand, par des répétitions fréquentes, on lui aura fait comprendre la valeur de ce mot *holà*.

Les personnes délicates qui n'auraient pas la force de calmer leurs chevaux pourraient s'en faire dresser qui s'arrêteraient à la parole. Rien n'est plus facile que d'amener le cheval à ce point de compréhension et d'obéissance ; il suffit pour cela, chaque fois qu'on veut l'arrêter, d'accompagner ce mot des effets de la main ; puis on les diminue au fur et à mesure que les résistances deviennent moindres, et bientôt le but de cette exclamation se grave tellement dans son intelligence, que *holà* suffit pour l'arrêter court.

Les dames perdront sans doute toute crainte quand elles sauront qu'avec un seul mot elles peuvent soumettre à la docilité le cheval qui vainement tenterait de les intimider.

HOMME DE CHEVAL. On entend par *homme de cheval* celui qui joint à une solidité à toute épreuve l'usage libre de tous ses membres, ne les meut que par sa volonté, et sait en apprécier les effets.

On confond souvent, à tort, l'homme de cheval et l'écuyer. Le premier, comme je viens de le dire, est un cavalier solide et habile ; mais le second doit joindre à ces qualités toutes les connaissances accessoires, requises non-seulement pour démontrer les principes dont se compose son art, mais pour la direction d'un manége. C'est à l'écuyer à former les hommes de cheval. (*Voyez* écuyer.)

HORS-DU-MONTOIR, c'est le côté droit du cheval. (*Voyez* montoir.)

HUIT-DE-CHIFFRES, c'est un air de manége auquel on a donné ce nom, parce qu'il en représente la figure.

En effet, il se compose de deux changements de main successifs, dont on rejoint les points de départ en traversant les petits côtés du manége.

On fait des *huit-de-chiffres* de différentes grandeurs. Les premiers que l'on demande au cheval doivent couper le manége par deux changements de main de toute la grandeur de ses diagonales. A mesure que le cheval acquiert de la précision, on en diminue la circonférence, jusqu'à ce qu'enfin on l'exécute dans un cercle aussi petit que possible.

Comme toutes ces difficultés ne doivent occasionner d'efforts ni au cavalier ni au cheval, je n'ai pas besoin de dire quel doit être l'ensemble des mouvements du premier pour que l'exécution ne laisse rien à désirer.

Tout cheval assoupli et bien d'aplomb, peut faire des *huit-de-chiffres*. L'admiration qu'on accorde à cet air de manége doit être réservée tout entière pour le *dresser* qui l'a conduit là.

I

IMPULSION. L'impulsion est l'effet de l'action qui, d'abord, doit être produite par le cavalier, et, autant que possible, se continuer par le cheval. C'est à l'aide de cette force d'impulsion bien graduée qu'on arrive à faire prendre toutes les positions possibles, et c'est avec ces positions que le cheval prendra les directions; l'impulsion, donnée justement, servira à éviter toute espèce d'acculement et de défenses de la part du cheval et le rendra précis et régulier dans ses mouvements.

INACTION. Ce mot, qui se rencontre dans un grand nombre d'articles de ce Dictionnaire, pourrait prêter à l'ambiguité; j'en dois l'explication.

J'entends par inaction, *laisser le cheval les quatre jambes immobiles sur le sol*, dans le but de faire fléchir l'encolure en tous sens et de lui donner tout le liant qu'elle peut acquérir.

Cet exercice local est à l'éducation du cheval (qu'on me passe cette comparaison) ce qu'une bonne fondation est à un édifice.

M. de la Guérinière et tous les auteurs qui lui ont succédé jusqu'à ce jour, prétendent que le trot est l'allure la plus favorable pour donner une grande souplesse au cheval; cela pourrait être vrai si le cheval devait rester livré à lui-même; mais comme le cavalier qui l'assujettit doit être maître de tous ses mouvements, ce n'est pas avec une allure aussi décidée, allure où le cheval fait un grand emploi de force et perd, par conséquent, de son équilibre, qu'on parviendra à être maître unique de ses mouvements : c'est dans l'inaction, c'est au pas que l'on en sera le seul moteur, et qu'on le disposera, par un prompt assouplissement, à une belle exécution. En effet, au repos il a quatre points d'appui, au pas il en a trois, sa base de sustentation est facile ; son action étant nulle ou minime, il apprécie promptement l'effet de vos forces ; n'ayant pas de directions à donner, vous ne permettrez aucun mouvement au détriment de la position, et ne combattrez que ceux qui font résistance ; bientôt ils vous seront tous subordonnés ; dès lors, le cheval répondra à des impulsions imperceptibles, et vous arriverez graduellement à donner à ses allures le gracieux et la cadence désirables.

INDOMPTABLE. Il y a peu de chevaux qu'on ne puisse dompter quant au caractère. Les seuls qui offrent des difficultés réellement insurmontables sont les chevaux chatouilleux et les juments qu'on appelle *pisseuses*. Celles-ci ont un vice d'organisation sanguine ou musculaire qu'on ne peut changer, et qui les soustrait pendant un plus long temps à l'action du cavalier.

Quant à ceux dont la résistance tient au moral, l'érudition équestre parviendra certainement à les soumettre : il suffit de savoir employer tour à tour, et à propos, le châtiment et la récompense. Comment et dans quel moment ? Voilà ce qu'on ne peut expliquer dans un livre. Ici la théorie ne peut pas suppléer à la pratique. Disons-le cependant, il ne faut employer les moyens de rigueur qu'après avoir acquis l'intime conviction que l'opiniâtreté du cheval n'est pas le résultat d'une mauvaise répartition de forces, ou d'un travail prématuré.

INSTINCT. N'accorder que de l'instinct au cheval, c'est de notre part une vanité que je ne relèverais pas, si elle ne devait pas nuire à son éducation. (*Voyez* INTELLIGENCE.)

INTELLIGENCE (de l') du cheval.

J'ai toujours cru à l'intelligence du cheval, et c'est sur cette opinion que j'ai basé ma méthode et tous les principes énoncés dans cet ouvrage. Grâce à elle, en maîtrisant la volonté du cheval, je suis parvenu à n'exiger de lui que ce qui, préalablement, avait été saisi par son intelligence.

Je ne m'occuperais pas du développement de cette thèse, si elle n'était que curieuse; mais cette intelligence du cheval est, selon moi, si utile et si précieuse, que j'ai cru indispensable de mettre au jour le fruit de mes études.

L'écuyer qui traite l'animal comme une machine soumise seulement à l'impression du moment, sans souvenir et sans conception, ne sera jamais qu'un mauvais écuyer. Comment, en effet, n'accorder que de l'instinct à l'être qui discerne le bien d'avec le mal, apprécie les circonstances, et juge même de la capacité du cavalier! Sans doute il ne sait rien à l'avance; les enfants dont on commence l'éducation en savent-ils davantage? Disons-le donc, les idées innées sont le propre de l'*instinct;* mais l'*intelligence* n'apprend qu'à force de conviction et d'habitude.

Le cheval a la perception comme il a la sensation, la comparaison et le souvenir; il a donc le jugement et la mémoire; il a donc l'*intelligence.* Voilà pourquoi l'écuyer doit ne point agir en aveugle sur son cheval, et ne pas oublier que chacun de ses actes agit aussitôt, non-seulement sur le sens physique, mais aussi sur la mémoire de l'animal. Il faut tenir compte de cette organisation essentielle du cheval, ne jamais passer que du connu à l'inconnu, ne point le soumettre à de mauvais traitements, et ne point abandonner à des mains inhabiles les commencements de son éducation; les mauvaises habitudes exerceraient nécessairement une fâcheuse influence sur les suites de cette éducation.

Ceux qui se figurent que le châtiment et la récompense suffisent pour dresser un cheval commettent une grave erreur. Ces deux moyens ne peuvent produire de bons résultats que s'ils sont employés *à propos;* par l'éperon et le fouet, le sucre et les caresses, on n'obtiendra rien, si les uns et les autres ne sont ménagés avec discernement. Il en est de même pour les écoliers : le *pain sec* et le *cachot* ne leur apprennent ni le grec ni le latin; il faut d'abord parler à leur intelligence.

Comment, sans l'usage de la parole, s'adresser à cette faculté du cheval? Rien de plus facile, si l'on examine avec quelque attention la manière dont les idées pénètrent dans une intelligence quelconque. Pour faire concevoir une pensée à quelqu'un, on commence par lui présenter toutes les idées qui peuvent l'y conduire; on s'empare des forces de son esprit; on les dispose, on les dirige de telle sorte qu'il ne puisse échapper à l'impression qu'on sollicite. Avec le cheval, il faut un travail tout à fait semblable. Que lui demande-t-on? des mouvements. La manière de l'y amener consiste à disposer ses forces de façon à ce qu'il ne puisse faire que le mouvement qu'on exige. La position est le langage qui parle au cheval, qui est intelligible pour lui; elle explique et fait naître le mouvement, comme le raisonnement explique et fait naître la pensée.

Ici se trouve la source d'une erreur qu'il est temps de relever. Tandis que certains écuyers ne font du cheval qu'une machine, d'autres, au contraire, basent sur son intelligence toute la facilité de son éducation; ainsi les chevaux andaloux passent pour les génies de l'espèce, parce qu'on les dresse plus promptement et avec plus de facilité que les autres chevaux. Cette conséquence est fausse : cette promptitude d'éducation tient moins à l'intelligence des chevaux andaloux qu'à leur conformation physique.

La chose indispensable dans l'éducation du cheval est l'équilibre, qu'on n'obtient que par une bonne position. Ceux-là donc qui tiennent déjà de la nature cette bonne position, refusée à d'autres, sont nécessairement plus disposés à recevoir une instruction prompte et facile.

Il faut distinguer ce qui tient à l'organisation physique de ce qui dépend de l'organisation intellectuelle; j'ai étudié attentivement l'une et l'autre, et j'ai conclu de mes observations que, si le physique du cheval influe sur la longueur de son éducation, son moral seul doit en déterminer le mode.

D'une part, j'ai remarqué que si les chevaux naturellement bien faits obéissent plus aisément, ceux d'une conformation inférieure, qui ne sont pas tarés, peuvent aussi être ramenés à un degré d'équilibre suffisant pour qu'une main habile puisse en tirer bon parti ; j'ai donc reconnu cette vérité que tous les chevaux, une fois bien placés, obéissent sans difficulté, s'ils sont bien conduits.

D'autre part, j'ai vu que le cheval apprécie les bons et les mauvais traitements; qu'il reconnaît l'habileté ou l'incapacité de son cavalier; qu'il discerne ses fautes propres de celles qu'on lui fait faire. J'ai vu que ses bonnes ou mauvaises qualités dépendent autant des circonstances de son éducation que de son naturel, et j'en ai conclu qu'il faut le dominer, mais seulement par une supériorité d'intelligence, et en lui faisant sentir que ce qu'on exige de lui est le moyen le plus propre pour arriver à tel ou tel résultat.

J

JOCKEY ANGLAIS ou **HOMME DE BOIS.** L'on nomme ainsi un échafaudage fourchu qui se fixe au moyen d'une sangle sur le dos du cheval; aux extrémités supérieures des deux fourches sont fixées les rênes du bridon; un mécanisme, dont le système varie, laisse à ces rênes un certain jeu, au bout duquel le cheval trouve une résistance fixe.

De graves auteurs ont attribué à cet instrument des propriétés que la saine équitation réprouve. En effet, la force permanente du bridon dans la bouche du cheval est une gêne et non pas un avis; elle lui apprend à revenir sur lui-même en s'acculant pour éviter la sujétion. A l'aide de cette force brutale et inintelligente, il connaîtra de bonne heure comment il peut éviter les effets de la main du cavalier.

L

LACHER LA MAIN A SON CHEVAL, c'est l'abandonner à lui-même. Plus d'un amateur se figure faire acte de courage et de haute équitation en laissant flotter les rênes et en se confiant ainsi à son cheval.

C'est un tort grave et qui prouve autant d'ignorance que d'imprévoyance dans le cavalier; car, non-seulement le cheval perd dans cet abandon ses bonnes habitudes, et par-dessus tout celle de la soumission, mais il court le danger de tomber, et de compromettre ainsi les jours de celui qui le monte.

LEÇON. Donner une leçon, c'est expliquer à ses élèves les principes à l'aide desquels on arrive à suivre d'abord et à diriger ensuite les mouvements du cheval.

Il y a plusieurs manières de démontrer l'équitation, dit-on sans cesse; quelle est la meilleure? Voilà ce qu'il est difficile de résoudre, du moins pour les élèves, parce qu'ils attachent naturellement un peu de gloriole à rehausser le talent de leur professeur; aussi conviennent-ils avec peine de son incapacité, en admettant même qu'ils aient les connaissances requises pour en juger; car il faut posséder à fond une science pour apprécier le savoir des hommes qui la cultivent.

Quant à moi, je crois que le premier mérite de l'écuyer qui enseigne, est d'observer dans sa leçon une marche non-seulement progressive, mais surtout rationnelle. Il en est (qu'on nous passe cette comparaison) des mouvements de l'élève, par rapport à son aplomb, comme de ceux du cheval relativement à sa position : l'assiette de l'un, comme l'équilibre de l'autre, doit précéder tout mouvement des extrémités; sans ce soin, les progrès sont d'une désespérante lenteur.

Mes collègues ne m'en voudront sûrement pas, si, tout en laissant chacun agir à sa manière, je cherche à faire connaître la pratique qui m'a paru la plus goûtée des élèves ; celle qui, tout en réalisant pour eux de promptes et durables jouissances, leur fait éprouver le besoin de se perfectionner en prolongeant d'eux-mêmes le temps de leurs études.

Voici donc comment je divise mes leçons : Trois semaines ou un mois en bridon, pour commencer à rompre le cavalier et donner à chaque partie l'attitude qu'elle doit conserver. Vingt jours en bride, pour placer l'élève carrément, sans le secours des deux rênes, et pour consolider sa position. Les éperons ne s'adaptent aux talons qu'au bout de ce temps. Ainsi, c'est au bout de deux mois que mes élèves commencent à tirer avantage de leur solidité, pour régler le mouvement de leurs aides, et disposer le cheval pour le galop.

Il est bien entendu que ces divisions de temps n'ont rien de sacramentel, et que l'écuyer peut et doit même les modifier, selon la capacité des commençants.

Il est bon que j'explique encore comment je gradue le choix des trotteurs qui servent aux premières études, avant de permettre l'emploi de tous les instruments propres à faire connaître au cheval la volonté du cavalier. Pendant le premier mois, ils ne montent que des chevaux doux d'allure et de caractère; ensuite ils montent indistinctement des chevaux doux ou durs, mais n'offrant pas d'autres difficultés que celles qui résultent de leur allure. Cependant, comme ils en changent à chaque reprise, j'ai soin que le premier soit toujours celui qui a les réactions les plus fortes.

De cette méthode l'élève tire deux avantages: d'abord, les déplacements continuels qu'il éprouve lui apprennent à se servir de ses forces, de manière à reprendre son équilibre le plus promptement possible, et, pour cela, j'ai grand soin que ses épaules et ses jambes ne lui prêtent aucun secours.

Ensuite, lorsqu'à la seconde reprise il passe sur un cheval plus doux, il ressent une telle aisance, qu'il emploie de lui-même, à se bien placer, les efforts qui ne lui servaient d'abord qu'à se tenir; le bien-être qu'il éprouve lui fait sentir le désir et le besoin des progrès.

Un soin que j'ai encore, c'est, par des conseils assidus, de m'emparer de l'attention de l'élève ; de le forcer incessamment à veiller sur lui-même, à rectifier sa position, et à profiter ainsi de chacun des moments de sa leçon ; d'approprier mes expressions, et jusqu'aux intonations de ma voix, au caractère de l'élève et aux dispositions morales que je lui ai reconnues. A celui qui met tout à profit, je parle avec douceur, et j'explique plus à fond ; au raisonneur, je réponds brièvement, sans laisser toutefois aucune de ses demandes sans réponse; je contrains l'esprit paresseux à me donner *le pourquoi du pourquoi*, tantôt en l'obligeant à penser, tantôt en l'aidant à propos. Pour l'élève apathique ou indolent, j'use de mots sonores et expressifs (toujours honnêtes, bien entendu). Il est des élèves dont la prompte compréhension devance les progrès physiques; tous mes soins, avec eux, se portent vers leur mécanisme; je m'attache à ne présenter de nouveaux aliments à leur intelligence qu'au fur et à mesure que l'habitude d'exécution répond à leur conception. Bref, mon premier soin est de chercher à connaître le genre et le degré de capacité de chaque élève, et j'affirme que cette connaissance a toujours été plus utile à leurs progrès que celle du physique; car il n'est pas de conformation avec laquelle on ne puisse monter à cheval; mais il est des organisations intellectuelles avec lesquelles tout progrès serait lent ou nul, si l'écuyer ne savait en tenir compte.

Cela dit, je reviens à la position de l'élève.

Mon attention première consiste dans le soin de rectifier les parties qui composent et constituent son assiette, chaque fois qu'elles sortent de la bonne position que je lui fais prendre en le mettant à cheval.

Je supprime pour mon élève tout changement de direction, ne tenant même pas à ce qu'il conduise régulièrement son cheval en ligne droite; je veux qu'il ne soit occupé que d'un seul point, celui de se tenir de son mieux.

Quand il est placé convenablement, c'est-à-dire les reins bien disposés et les cuisses adhérentes à la selle, alors, mais seulement alors, je lui fais connaître les fonctions des poignets et des jambes et leur influence sur le cheval, en lui expliquant clairement leurs effets, séparés ou combinés. C'est en exerçant constamment l'élasticité de chaque extrémité que l'élève parvient promptement à s'en servir d'une manière locale et avec un ensemble raisonné, et qu'il en communique les impulsions au cheval, non pour lui donner des directions, mais bien pour le placer; je lui apprends ainsi qu'à son exemple le cheval doit être assujetti à un aplomb véritable, sans lequel il n'y a pas de travail possible. Enfin, ce n'est que quand l'élève obtient une amélioration sensible dans l'équilibre de l'animal qu'il doit essayer à le diriger; mais, dès lors, il le fait avec précision et sûreté, je dirai plus, avec conviction.

N'est-il pas mieux de suivre cette marche toute logique et naturelle, que de franchir sans discernement les échelons qui servent de base fondamentale à la science? Je le répète, la première chose que l'élève doit acquérir, est une bonne position, car la position est à l'emploi des forces motrices ce que le point d'appui est au levier.

Les écuyers se plaignent assez souvent du peu de persévérance des élèves et du dégoût qu'ils apportent aux leçons. Le moyen d'obvier à cet inconvénient est d'abord de faire disparaître la monotonie et la longueur des leçons classiques, de rajeunir les errements de nos vieux professeurs, qui pensaient que sans bottes à l'écuyère et chapeau à trois cornes on ne pouvait bien monter à cheval, et laissaient le commençant beaucoup trop de temps aux premiers principes. Évitons ces ennuis à nos élèves, mais sans pourtant tomber dans l'excès contraire, en les faisant monter, au bout de quinze jours de leçons, avec des éperons et des étriers, sans leur avoir reconnu des dispositions extraordinaires; car, dans un cas comme dans l'autre, ils se dégoûteraient promptement; dans le premier, parce qu'ils croiraient l'équitation d'une insurmontable difficulté; dans le second, au contraire, parce qu'ils penseraient de suite tout savoir; comme on ne leur aurait fait connaître aucune des difficultés de l'art, loin de chercher à surmonter celles qui s'y rencontrent, ils ne les devineraient même pas.

Nos chevaux, bons et paisibles, suppléent souvent à l'incapacité de ces derniers cavaliers et flattent leur ignorance; car le cheval qui a de bons yeux va naturellement droit devant lui, évitant soigneusement ce qui se trouve sur son passage; mais, s'ils viennent à en monter de quelque peu difficiles, que deviennent nos cavaliers improvisés? Ils sont le jouet du cheval et la risée des assistants, et bientôt se dégoûtent d'un art qui aurait fait leurs délices, s'il leur avait été démontré avec plus de méthode.

Je le répète, en apportant cette suite et cette progression dans l'ordre des leçons et des exercices, les professeurs gagneront sous le rapport pécuniaire; et, sous celui de l'opinion publique, ils rajeuniront l'équitation qui tombe en désuétude; ils donneront le goût des chevaux et feront une science d'un art auquel l'indifférence publique ferait bientôt même refuser ce nom.

LÉGER A LA MAIN ou LÉGER DU DEVANT.

Les écuyers établissent à tort une différence entre ces deux légèretés.

Le cheval léger de l'avant-main, le sera toujours à la main, et *vice versâ*, quelle que soit la construction de sa bouche.

J'ai déjà dit trop de fois, dans le courant de ce volume, à quoi j'attribue les résistances d'un cheval, et quels sont les moyens de les vaincre, pour y revenir encore.

Je me contenterai donc de renvoyer le lecteur à l'article *Éducation raisonnée*.

LIANT (le cheval) est celui dont on est parvenu, par une sage progression dans le travail, à annihiler les forces instinctives et chez lequel l'assouplissement, l'assujettissement partiel de toutes les parties rebelles, nous ont bientôt soumis l'ensemble de son mécanisme, à ce point que l'on puisse le dominer complétement et ramener le liant, l'aisance et l'harmonie entre des ressorts que leur mauvaise disposition paraissait devoir opposer les uns aux autres.

Liant se dit également de la force, arrivée à un tel degré de souplesse, qu'elle permet au cavalier de faire prendre toutes les positions possibles au cheval.

LOYAL est le cheval qui emploie ses forces

sans marquer de résistances, dans quelque exercice que ce soit.

Il est des chevaux qui doivent naturellement cet avantage à leur bonne conformation, mais il peut être aussi le résultat d'une bonne éducation, et l'habileté du cavalier donnera toujours, plus ou moins, cette précieuse qualité au cheval.

C'est à tort qu'on dit *bouche loyale;* la bouche n'a ni les qualités, ni les défauts qu'on lui prête; elle fait partie du tout dont se compose le cheval, elle en supporte solidairement les bonnes ou les mauvaises conséquences, mais elle est loin d'en être seule responsable.

M

MACHER SON MORS. (*Voyez* FREIN.)

MÂCHOIRE. Les mâchoires constituent la bouche du cheval; elles se divisent en mâchoire supérieure et en mâchoire inférieure. Le cavalier studieux qui cherche à donner à son cheval la plus grande légèreté possible, doit s'attacher principalement à obtenir l'écartement de la mâchoire. Tous les chevaux qui répondront à l'action du mors en ouvrant la bouche et en cédant de la mâchoire, seront légers à la main; ils répondront facilement à toutes les indications du cavalier : ainsi, règle générale, tous les chevaux qui résistent ou se défendent, ont une contraction continue de la mâchoire ; ce doit être une raison bien puissante pour mettre toute l'attention possible à entretenir une flexible mobilité de la mâchoire. (Pour les moyens à employer, *voyez* FLEXIONS.)

MAIN LÉGÈRE. On désigne ainsi la main du cavalier qui n'oppose à son cheval que peu de forces, et lui laisse même les rênes presque flottantes ; cette manière peut être bonne avec un cheval bien dressé et dans la main ; mais, pris comme éloge général, c'est un non-sens. Pour indiquer un cavalier qui conduit bien, et par des mouvements peu apparents, il faut dire qu'il *a la main savante*, et non pas qu'il *a la main légère*. En effet, si la légèreté est utile dans les moments où le cheval est bien ramené, la résistance, à son tour, est également indispensable quand il cherche à se déplacer, et c'est par un juste emploi de force qu'on donne au cheval la finesse qui constitue le *dresser* ; cette condition remplie, on aura alors, non ce qu'on appelle, si improprement, *une main légère*, mais *une main savante*.

MAIN IGNORANTE est celle qui ne saura pas saisir les temps et changer à propos l'emploi de ses forces. La main qui abandonnerait le cheval, sans égard à la position, serait comprise dans cette dénomination.

MAITRE A DANSER (avoir des pieds en), signifie les avoir en dehors.

Cette mauvaise position, disgracieuse et contraire au bon usage des jambes, tient le plus souvent à ce que les cuisses du cavalier ne sont pas tournées sur leur plat. C'est un défaut à rectifier en exerçant ces parties par de fréquents mouvements de rotation de dehors en dedans.

Une fois les cuisses bien placées, les jambes et les pieds le seront aussi, s'ils tombent naturellement, et ainsi toute la force de ces derniers sera réservée pour l'usage des éperons.

Afin de se donner un air plus cavalier, il est des jeunes gens qui forcent en dedans la position des pieds; c'est une mode non-seulement ridicule, mais nuisible, puisqu'elle contracte la jambe, empêche sa liaison intime avec le cheval, et rend sa mobilité difficile.

MANÉGE. On entend par ce mot le lieu où l'on dresse les chevaux et où l'on donne des leçons d'équitation. Il y en a de diverses grandeurs; les beaux manéges civils ont ordinairement quarante mètres de long sur dix mètres de large. Ceux de cavalerie sont beaucoup plus grands, mais toujours dans les mêmes proportions. Bien qu'il soit facile de dresser les chevaux et d'apprendre à les monter en plein air et sur des routes non circonscrites, je crois que rien n'est comparable à un manége couvert. Là, l'élève n'est distrait par rien, et toujours en vue du professeur à qui il est facile de suivre ses mouvements, et de profiter de toutes les circonstances qui peuvent accélérer ses progrès. Aussitôt que le cheval est apte à comprendre, et l'élève arrivé à user par lui-même de ses moyens de répression, il est utile qu'ils sortent pour qu'ils acquièrent toute la hardiesse qui leur est nécessaire; mais il faut que le cheval conserve la bonne position qui lui a été donnée au manége, et que le cavalier (quoique je lui prescrive moi-même de trotter à l'anglaise) s'attache à ne déroger en rien aux principes qu'il a reçus. En effet, de ces principes dépendent sa grâce, sa solidité et les moyens de bien diriger son cheval. Pourquoi la mode actuelle, qui est le fruit de l'ignorance, prévaudrait-elle sur le savoir? C'est cependant ce qui arrive. L'élève qui se faisait remarquer au manége par sa position et la précision de ses mouvements, n'est plus reconnaissable quelque temps après; son corps est ployé en deux, ses cuisses sont en avant des quartiers de la selle, et les jambes à soixante centimètres des flancs du cheval; ses rênes flottent, et le cheval abandonné n'a bientôt plus aucun rapport avec le cavalier, dont la science et la sûreté sont tout à sa disposition. Quelle peut être la cause de ce funeste changement? La crainte, sans doute, d'être ridicule en restant bel homme de cheval.

Ne comprendra-t-on jamais que la position grotesque de nos fashionables tient à leur amour-propre? Ils veulent savoir sans apprendre, l'argent devant leur tenir lieu de tout, et pour cela il a fallu créer une mode nouvelle de monter à cheval qui fût tout à leur avantage; aussi, bientôt, le plus ridiculement placé dut-il avoir la palme. C'est ainsi que les arts dégénèrent et que l'on retombe dans l'ignorance et dans l'absurde.

Les professeurs doivent donc redoubler de zèle pour soutenir et rehausser cet art si sublime; art qu'on ne peut acquérir que dans un manége et en présence d'un maître expérimenté; c'est avec des principes puisés dans la nature et démontrés avec clarté qu'on peut espérer voir augmenter le nombre des hommes de cheval, et remettre à la mode le beau et le vrai, dont on ne devrait jamais s'éloigner.

MAQUIGNON. Jadis on nommait indistinctement maquignons tous les marchands de chevaux; aujourd'hui ce mot ne s'applique guère qu'en mauvaise part. Les Dictionnaires nouveaux disent que l'on appelle ainsi, les marchands de chevaux qui font métier de tromper les acheteurs. C'est un tort, sans doute, d'abuser ainsi de la confiance de quiconque paye largement les qualités qu'il croit rencontrer dans un cheval; mais pourquoi les marchands de chevaux n'auraient-ils pas le même privilége que les autres marchands ou négociants même, dont les réputations sont les mieux établies? En est-il un qui ne cherche à persuader à son acheteur que telle partie de marchandise ne soit d'une qualité supérieure à ce qu'elle est réellement? Ne s'efforce-t-il pas de vendre le plus cher possible? Peut-il en être autrement, et la qualité ne doit-elle pas être en rapport avec les chances plus ou moins nombreuses de perte? Est-il un genre de commerce où elles soient plus fréquentes, et où les frais d'entretien soient plus coûteux? Cela doit me faire insister avec plus de force sur l'injustice de la qualification de voleur appliquée à quiconque fait le métier de vendre des chevaux. Je dirai même que le marchand de chevaux se trouve souvent forcé d'avoir recours à des subterfuges, sous peine d'être bientôt ruiné. En effet, quarante chevaux de foire arrivent dans ses écuries; toute sa fortune, peut-être, a été employée à ces achats. Mais, n'a-t-il pas lui-même été trompé? Sont-ce tous de bons chevaux avec lesquels il pourra augmenter son capital? Ou bien, a-t-il été assez malheureux pour qu'un quart se trouve incapable d'aucun bon service? Cela peut arriver au plus habile, car le cheval le plus correct dans ses formes, n'est pas toujours celui qui déploie le plus d'agilité dans ses mouvements; en outre, le meilleur peut devenir une rosse quand il a subi la castration, ou quand il change de pays et de nourriture. Dans ce cas, est-ce au marchand de chevaux à être passible de ce dont ses connaissances bien positives n'ont pu le préserver? Non, certainement, et il doit tâcher de réparer autant que possible par la vente ce qu'il n'a pu prévenir avant l'achat. D'ailleurs, l'animal n'est-il pas présenté nu à l'acquéreur? N'est-il pas libre de consulter tel connaisseur ou tel artiste vétérinaire qui lui convient? L'acheteur doit donc s'en prendre à lui seul de son mauvais choix, puisqu'il peut, par l'inspection la plus minutieuse, savoir à quoi s'en tenir sur les défauts ou les qualités du cheval qui lui est présenté. On m'objectera, sans doute, que l'amateur, quelque habitué qu'il soit à juger les proportions ou les tares des chevaux, n'a que des connaissances très-secondaires, comparativement à celles du marchand de chevaux. Quoique cette règle ne soit pas sans exception, je répondrai que celui qui ne s'y connaît pas, doit prendre conseil de quelqu'un qui s'y connaisse. Ai-je besoin, en outre, de relater tous les défauts qui surviennent aux chevaux par suite du peu de gradation que l'on met dans leur travail, ou du manque de soins hygiéniques. Combien de fois un marchand, après avoir cru vendre un bon cheval à l'un et un médiocre à l'autre, n'a-t-il pas reçu des reproches du premier et des compliments du second? D'où cela peut-il venir ? Quelquefois d'une erreur de sa part, mais le plus souvent des traitements irréfléchis qu'on fait endurer aux chevaux, et qui changent leurs qualités en défauts. Il existe bien aux yeux des amateurs une différence entre le gros marchand de chevaux, dont la réputation rend pour ainsi dire l'écurie enchantée, transformant tous les chevaux, de quelques pays qu'ils viennent, en chevaux anglais, et ce pauvre diable qui, sans moyens pécuniaires, doit se borner à faire des acquisitions de peu de valeur : pour moi, je n'en reconnais aucune, le premier profitera de la vogue dont il jouit pour vendre deux tiers au-dessus de sa valeur un cheval qui sera loin d'être exempt de défauts; et le second, pour gagner quelques louis, mettra en œuvre toutes les petites supercheries dont il pourra s'aviser, et qu'il serait trop long d'énumérer dans un simple article de Dictionnaire. D'ailleurs, la différence, si elle existait, serait en faveur de celui que l'on appelle *maquignon* : en ce que s'il vous trompe, ce n'est que pour une somme moins considérable.

Je le répète donc, celui qui, sans s'y connaître, veut acheter un cheval, doit s'attendre à être trompé en cela, comme en toute autre chose. Si le marchand ne l'a pas été, il serait une dupe s'il ne cherchait pas à tirer parti de sa marchandise en la vendant le plus cher possible. S'il l'a été, il doit chercher à faire supporter à l'acquéreur qui se présente tout ou partie de la perte qu'il a lui-même éprouvée. Il agit dans ce sens, comme quiconque veut se débarrasser d'un cheval qui fait mal son service. Que l'on dise donc avec moi qu'il y a des maquignons dans tous les états, et que, s'ils sont plus nombreux dans le commerce de chevaux, c'est que de toutes les marchandises, celle-ci est la plus difficile à connaître, et celle qui présente le plus de chances de pertes.

MARCHER DE DEUX PISTES. (*Voyez* FUIR LES HANCHES.)

MARTINGALE (la). On entend par *martingale* une large courroie qui s'adapte à la muserolle, et correspond aux sangles.

Des écuyers ont encore recours à la martingale pour assurer la tête du cheval qui bat à la main, ou pour ramener le nez de celui qui l'éloigne trop, qui *porte au vent*, selon l'expression consacrée.

On s'est imaginé à tort que l'emploi de ce moyen pouvait servir à corriger le cheval qui aurait le défaut de se cabrer; cette erreur est excusable quand on sait que, sur douze ou quinze ouvrages qui traitent de l'équitation, aucun n'a caractérisé l'effet de la martingale et les inconvénients qui en résultent; ils sont cependant faciles à concevoir.

Les chevaux *battent à la main, portent le nez au vent*, 1° par ignorance, 2° par vice de conformation ou par faiblesse, 3° par malice ou méchanceté.

Supposons d'abord que l'ignorance soit la seule cause de ces faux mouvements, ce qui arrive quand elle amène le cheval à prendre de mauvaises positions de tête et d'encolure, qui réagissent sur les autres parties du corps; en second lieu, que ce soit la suite de cette idée innée en lui, que des mouvements brusques le débarrassent des corps qui le gênent, et qu'il essaye ainsi de se délivrer, soit du mors, soit des rênes, soit de tout autre obstacle.

Quel remède la martingale apportera-t-elle à ces mauvaises habitudes? Comme elle n'agit que dans le sens d'une ligne droite, elle aura pour seul but d'empêcher une trop grande élévation de la tête; mais s'opposera-t-elle à son mouvement dans les limites mêmes de sa longueur? fixera-t-elle cette partie de l'animal? Non, sans doute. Éclairera-t-elle son ignorance? Encore moins; cette espèce de lien, placé entre la tête et le poitrail, est une gêne et non pas un avis. La seule idée qu'elle puisse faire concevoir au cheval, c'est qu'il ne peut point éloigner son nez au delà d'une certaine borne.

Indiquer à l'animal qu'il ne peut faire une chose n'est pas lui apprendre ce qu'il faut qu'il fasse. Quel est le but du cavalier? de l'avertir qu'il fait bien ou mal; eh bien! la martingale lui dit, par son action permanente, qu'il fait toujours mal. Je le demande, quand saura-t-il donc qu'il fait bien, et surtout ce qu'il faut faire? Avec la martingale, il élèvera moins la tête; mais il ne cessera pas de battre à la main, seulement le mouvement s'exécutera dans un moins grand espace.

Si l'écuyer, après avoir débarrassé l'animal de ce lien aussi incommode qu'inutile, s'attache à lui faire comprendre, par des pressions ménagées avec adresse et opportunité, qu'il ne doit point se livrer à ces mouvements, le cheval les diminuera, et les cessera bientôt de lui-même par le bien-être qu'on aura soin de lui faire éprouver en lui rendant insensiblement la main, chaque fois qu'il reviendra dans la position convenable.

Comme il ne s'agit que des défauts produits par l'ignorance, l'écuyer ne manquera pas de recourir à l'ensemble des aides, afin de coordonner, de mettre en harmonie toutes les positions propres aux mouvements; résultat qu'on n'obtiendra jamais à l'aide de la martingale, puisqu'elle n'agit, je le répète, que dans un sens, et avec une force égale et continue, force qui paralyse même les effets de la main.

Il n'est pas plus difficile de démontrer que non-seulement la martingale n'est d'aucun avantage pour obvier à la faiblesse ou aux vices de conformation, mais, qu'au contraire, elle peut avoir les plus graves inconvénients.

Admettons que, par la faiblesse des reins ou des jarrets, le cheval élève la tête continuellement, ou par saccades, afin de se soustraire, par l'action de l'avant-main, à la gêne et à la souffrance qu'une position forcée fait éprouver à l'arrière-main trop débile; dans ce cas, la martingale, avec son seul mode d'action, offrira-t-elle au cavalier le moyen de renouveler à propos l'emploi de ses forces, et de donner à l'animal le relâchement nécessaire? Non, évidemment; car cette courroie qui l'enchaîne n'agira pas seulement sur l'effort que fait le cheval pour soulager l'arrière-main, mais elle lui donnera un point d'appui, allourdira l'avant-main, prendra sur son action, et l'empêchera de sentir la différence des pressions que le cavalier donne au mors, ce qui détruit le principe fondamental de toute correction. En un mot, elle ne lui donnera qu'un avis, quand il faudrait les multiplier à l'infini.

Une main savante peut seule, dans ce cas, avec le secours des aides inférieures, placer le cheval, et, par des pressions légères et adroites, ne permettre à l'avant-main que la liberté justement nécessaire au degré de faiblesse des reins et des jarrets. En vain objectera-t-on qu'on peut user de la martingale avec modération, et de manière à ne point nuire aux mouvements de la main ; de deux choses l'une, ou la martingale a un effet spécial, et alors il ne faut pas appeler à son secours celui de la bride, le cavalier est inutile, il n'a plus qu'à se croiser les bras ; ou elle n'a pas d'effet spécial, et alors ce n'est qu'un colifichet sans but réel, ou même, et cet avis est le mien, elle a de graves inconvénients, dans ces deux derniers cas, il faut se hâter d'en abandonner l'usage.

Examinons ensuite le cas où la méchanceté donne au cheval les défauts contre lesquels on propose la martingale ; si le cheval se livre à ces mouvements défectueux, c'est qu'il a compris qu'il pouvait disposer à son gré de toutes ses forces ; alors, se croyant affranchi du joug du cavalier, il se livre à des déplacements brusques et précipités, par lesquels il tâche de se débarrasser de ce qui le gêne. Loin de diminuer cet inconvénient et les nombreux dangers qu'il entraîne, on les augmentera encore par l'usage de la martingale ; car le cheval prendra sur cette courroie un point d'appui dangereux. Nous ne saurions trop insister sur ce dernier inconvénient ; car dès l'instant où l'animal rencontre une opposition qui, par sa continuité, lui fait deviner un point d'appui, il s'en saisit, et, fort de l'inertie de cette puissance qui lui sert à lutter avec avantage, puisqu'il n'en ressent aucune douleur, il livre au cavalier un combat dont l'issue peut devenir funeste à celui-ci. Dans ce cas, son encolure contractée, tendue, devient insensible à toute la force que la main pourrait lui opposer. Quel moyen alors de résister à ses défenses? S'il rue, en vain soutiendra-t-on les poignets pour enlever l'avant-main, et reporter son poids sur l'arrière-main; la martingale s'y oppose par son action, qui abaisse l'encolure et attire l'avant-main vers la terre. Le cheval se cabre-t-il? inutilement vous relâchez les poignets et actionnez l'arrière-main pour reporter le point d'appui sur l'avant-main; la martingale, sur laquelle s'appuie l'animal, s'oppose à ce qu'il sente le relâchement du poignet : il y a plus, la résistance qu'elle lui fournit tend à le faire se cabrer davantage, et l'expose à se renverser, puisqu'elle gêne les muscles extenseurs de l'encolure, qui amèneraient le mouvement en avant.

Que demande-t-on au cheval ignorant, mal conformé, faible ou méchant? Une position de la tête presque perpendiculaire au sol. Que fait la martingale, dont les attaches sont à la muserolle et aux sangles? Elle agit nécessairement sur toutes les vertèbres du cou, et si elle ramène la tête, elle baisse l'encolure ; cet inconvénient seul serait suffisant pour la faire proscrire, quand il ne serait point accompagné des désavantages que nous avons signalés.

Le mors, par les rênes, n'agit au contraire que sur les premières vertèbres cervicales ; en conséquence, il peut seul ramener la tête à sa juste position, sans vicier aucunement celle de l'encolure.

Rousseau a dit : A force de rassembler des machines autour de nous, nous n'en trouvons plus en nous-mêmes.

MÉCANISME. Le mot mécanisme s'applique aux moyens physiques que le cavalier emploie pour obtenir du cheval les mouvements qu'il exige.

Le cavalier qui a exercé toutes les parties du corps du cheval, de manière à rendre ses articulations *souples* et à modifier à volonté toutes les contractions musculaires que nécessite un mouvement, aura fait beaucoup. C'est alors que le passage de l'intelligence au mécanisme sera facile, et que la pensée se répandra avec avantage jusqu'au bout des mains et des pieds. Cette transmission du moral au physique n'est justement possible que par une sage mise en pratique de tout ce qui constitue le mécanisme.

MÊLER UN CHEVAL, c'est embrouiller son travail de manière à ce qu'il ne sache ce qu'on lui demande. C'est le défaut de ceux qui ne savent qu'à moitié ; il serait difficile, en effet, que le cavalier qui n'a pas su se pénétrer de la suite nécessaire aux exercices de l'équitation, pût la rendre compréhensible aux chevaux qu'il monte.

Ici, c'est donc encore sur lui-même que le cavalier doit agir en premier lieu.

MENER SON CHEVAL SAGEMENT, c'est le conduire selon les règles de l'art, c'est-à-dire, ne lui demander que ce qu'il peut faire, et le lui demander avec ménagement. Malheureusement, la manière de conduire un cheval tient le plus souvent au caractère du cavalier, et les principes sont inefficaces; la réflexion seule opère à cet égard.

METTRE DANS LA MAIN. Le cheval dans la main est celui qui, soumis à la moindre opposition de main et de jambes, soutient son encolure, place sa tête, et dispose son corps de manière à être dans un équilibre parfait. La liaison intime entre la force de chaque partie, peut seule donner à leur action prestesse et régularité.

Mettre dans la main est donc donner à son cheval cette position indispensable pour tous les exercices. (*Voyez* RAMENER.)

MÉZAIR (le) est une suite de sauts en avant, où les jambes de devant sont moins détachées du sol que dans la courbette; aussi le cheval les fait-il se succéder plus vivement.

C'est à l'aide des piliers qu'on obtient toutes ces espèces de gambades. Comme je n'admets de véritable instruction pour le cheval que celle qui lui est donnée sans moyens étrangers, je m'abstiendrai de faire connaître les principes employés pour parvenir au mézair.

MIS. Un cheval bien ou mal mis est un cheval bien ou mal dressé. (*Voyez* DRESSER.)

MOLETTE. C'est l'extrémité mobile de l'éperon qui se trouve en contact avec les flancs du cheval.

J'ai déjà dit que la molette devait être ronde, garnie de légères entailles tout autour, de façon à ce qu'elles soient aussi inoffensives que possible, l'aiguillon nul. Ce qui en impose au cheval, c'est la position renfermée que lui fait prendre un véritable cavalier au moyen de l'ensemble de ses mouvements, ce sont les à-propos qui font tout; et c'est l'intelligence du cavalier qui doit y présider. Les moyens simples sont préférés par l'homme expérimenté, l'incapacité, au contraire, emploie toujours des procédés rigoureux pour arriver à ses fins; mais elle manque son but, car la nature n'est pas ingrate.

MONTER ENTRE LES PILIERS, se dit de l'action de l'élève qui monte le sauteur.

Les leçons données dans les piliers peuvent

être de quelque utilité, mais il faut mettre une excessive gradation dans le choix des sauteurs pour qu'ils soient en rapport avec la force de l'élève, afin que celui-ci ne prenne pas l'habitude de se raccrocher et de se maintenir en selle par tous les moyens possibles; il faudrait, pour éviter cet inconvénient, bannir les selles à piquer, ne faire usage que de selles rases et avoir un sauteur tellement bien dressé qu'il graduât ses mouvements de façon à ce que l'élève pût les suivre avec de bonnes positions.

MONTOIR désigne le côté gauche du cheval, et *hors du montoir* est le côté droit. *Rendre facile au montoir*, c'est accoutumer un cheval à être tranquille quand on le monte.

J'ai entendu des gens qui s'occupaient de dresser des chevaux dire sérieusement qu'un cheval dont ils vantaient les qualités n'avait qu'un seul défaut, celui d'être difficile au montoir. Il semblait, à les entendre, que ce fût un vice incorrigible. J'ai fait venir un cheval de ce genre, qui cherchait à ruer à l'approche de l'homme; je lui ai fait mettre un caveçon dont je tenais moi-même la longe, et en moins d'une demi-heure, avec une douzaine d'applications vigoureuses de cette espèce de collier de force, entremêlées de caresses quand il ruait moins, je l'ai rendu sage et l'ai corrigé de cette mauvaise habitude.

Le moyen sera le même pour les chevaux trop ardents, pour ceux qui se cabrent, etc.

MORS (du) ET DE SES EFFETS. Le mors se compose de trois pièces qui, par leur combinaison, n'en font qu'une. Il est formé de deux branches et de l'embouchure qui se subdivise en deux canons et un cintre au milieu, appelé *liberté de la langue*. Les anneaux et autres ouvertures qui se trouvent dans le haut et le bas des branches sont destinés, dans la partie supérieure, à recevoir les montants, et dans la partie inférieure les rênes de la bride.

Tant d'auteurs ont déjà défini le mors et décrit toutes ses parties, que je n'entrerai pas dans des détails qui ne seraient que des répétitions ; je me contenterai de faire connaître ses diverses proportions.

Les éperonniers et selliers ont profité de l'ignorance ou de la frivolité de la plupart des cavaliers pour changer la forme des mors et leur donner des dimensions qui, presque toujours, sont devenues nuisibles aux chevaux, et contraires au parti qu'on voulait tirer d'eux. Mais on se gardait bien de convenir de ces inconvénients, que combattait d'ailleurs l'attrait puissant de la nouveauté, ou que n'entrevoyait pas l'inexpérience des acheteurs. On a donc suivi les différentes modes que l'avidité des spéculateurs accréditait, et bientôt des mors simples, mais utiles, ont été remplacés par des mors composés, brillants, mais dangereux.

Le principe que je vais émettre ne laissera pas de surprendre sans doute ; car il ne s'agit de rien moins que d'adopter un seul mors pour tous les chevaux, quels que soient d'ailleurs leur conformation et leur état de sensibilité.

Voici la forme et les proportions du mors auquel je donne la préférence :

Branches droites, de la longueur de dix-sept centimètres, à partir de l'œil du mors jusqu'à l'extrémité des branches ; circonférence du canon, six centimètres ; liberté de la langue, de la largeur de cinq centimètres à peu près dans sa partie inférieure, et de vingt-sept millimètres dans la partie supérieure.

On comprendra sans peine qu'en disant que la même forme convient à tous les chevaux, je n'entends point parler de la largeur ; sous ce rapport, il faut admettre différentes dimensions, selon la bouche des chevaux, afin qu'ils n'y vacillent point, et que les parties qui doivent avoir un point d'appui fixe le conservent toujours exactement.

Quoique le mors ci-dessus détaillé soit très-doux, je puis affirmer qu'il peut suffire à rendre légers et à soumettre à la plus passive obéissance les chevaux les plus froids, les plus sujets à s'emporter, et ceux mêmes qui offrent le plus de résistance.

Les barres sur lesquelles le mors agit sont deux os recouverts d'un périoste et d'une gencive. Ces parties sont plus ou moins saillantes, plus ou moins rondes; mais ni cette rondeur ni cette saillie ne sont des raisons pour faire subir des variations de forme au mors, et surtout pour en admettre un plus dur pour les barres charnues. Quelle que soit leur conformation, le mors dont je prescris l'usage produira tout l'effet désirable; car il est erroné de croire que la résistance que les chevaux nous opposent ait sa cause dans la conformation de leur bouche. La sensibilité de cette partie est invariable. Admettons, pour un instant, que les barres du cheval soient bien conformées, c'est-à-dire ni trop ni trop peu charnues. A mon sens, des pressions légères éveilleront bientôt l'irritabilité de ces parties. Supposons que, pour obtenir ces résultats, il nous faille employer cinquante grammes de force; supposons encore maintenant que ces mêmes barres soient chargées d'un centimètre de chair en plus (ce qui ne varie jamais davantage), et que chaque centimètre augmente l'insensibilité de vingt-cinq grammes, ce que je suppose encore, sans l'admettre; eh bien! ce maximum réduira le tout à cinquante grammes. Quel sera l'homme, même le moins solidement placé à cheval, qui ne pourra disposer d'une aussi petite force? Il faut donc imputer cette résistance à une cause tout autre, puisque parfois les chevaux opposent des résistances telles, que toutes les forces d'un cavalier bien constitué et solidement placé à cheval ne sont pas suffisantes pour les arrêter.

C'est donc ailleurs qu'il faut chercher les moyens d'opposition du cheval; il faut jeter les yeux sur les autres parties de son corps, et observer attentivement si des tares, un vice de conformation, une mauvaise attitude, ne contribuent pas plus que tout le reste à amener cette résistance. En effet, la force que l'animal oppose est toujours le résultat d'un manque d'équilibre; c'est pour moi une vérité incontestable, sanctionnée par l'expérience. Que de personnes ont été emportées par leurs chevaux, et se plaignaient de la dureté de leur bouche (expression banale et fausse)! J'ai monté ces mêmes chevaux, et, en peu de temps, au grand étonnement de leurs maîtres, ils ont cédé à toutes mes exigences sans la moindre opposition, et, pour cela, je n'ai mis en usage que des forces proportionnées et employées à propos.

Je le demande, est-ce la bouche qui, dans ce court espace, a retrouvé sa sensibilité? Cela est impossible; on ne peut, instantanément, faire ressentir une force de cinquante grammes quand une puissance de deux cents ne produisait aucun effet; le cheval ne pourrait passer immédiatement d'une insensibilité aussi grande à autant d'irritabilité, surtout s'il avait un vice de conformation; c'est donc la position qui, étant rectifiée, l'a mis dans l'impossibilité d'opposer la résistance attribuée à tort à l'insensibilité de sa bouche.

Détruisons cette erreur trop accréditée, et remplaçons l'expression *bouche dure* par celle de *dur à la main*. Une expression a souvent dans les arts plus d'influence qu'on ne pense sur le mode d'agir de ceux qui les professent; celle-ci, par exemple, a laissé l'équitation de deux siècles en arrière; l'expression que j'y substitue aura le double avantage de rectifier une idée fausse, et d'indiquer le moyen d'arriver plus tôt au but.

On comprendra alors que ce n'est plus la forme du mors qu'il faut changer, et qu'il ne s'agit ni d'allonger les branches, ni de diminuer l'épaisseur des canons, puisqu'on a dû reconnaître que la bouche n'est pour rien dans la résistance du cheval et qu'un mors doux produit autant d'effet qu'un mors dur. Ce dernier d'ailleurs ne peut occasionner que des résultats fâcheux, tels que de comprimer plus fortement le cheval et de l'amener à des défenses plus dangereuses.

Cette vérité une fois admise, on s'occupera spécialement de ramener le cheval à la bonne position, en le travaillant dans l'inaction et au pas. J'ai acquis, même avec les chevaux les plus difficiles, la certitude que c'était moins la force que le bon usage du mors qui, en déterminant la juste position du cheval, le soumettait à notre volonté et lui donnait ce qu'on appelle si improprement *une bouche sensible.*

Pour mon propre compte, j'atteste que j'ai rencontré des chevaux qui, malgré la rondeur des barres et l'épaisseur de la gencive, ont toujours eu ces parties d'une extrême sensibilité; et comme chacun peut se convaincre de cette vérité, je persiste à dire que la dureté que l'on croit rencontrer dans la bouche ne dépend pas de la disposition des barres et des gencives, mais bien de la conformation générale du cheval.

Aussi la science de l'équitation réside-t-elle dans l'adresse à saisir les moments favorables d'agir, de punir, de récompenser et d'indiquer; et pour cela il faut un mors doux qui puisse se prêter à tous les mouvements d'une main habile, et communiquer au cheval l'action du cavalier avec la douceur, la légèreté et la promptitude que celui-ci y met.

Les cas dans lesquels on fait usage ordinairement de plusieurs espèces de mors, sont : celui où le cheval éloigne son nez (ou porte au vent), celui où il est lourd à la main, et enfin celui où il s'emporte. Je parlerai seulement du mors dont on se sert pour la première de ces positions, puisque les inconvénients sont les mêmes pour les autres. Dans ce premier cas, on fait usage d'un mors à branches longues pour ramener le nez du cheval qui l'éloigne trop.

Or, si c'est par un vice de conformation ou de position que le cheval présente de la résistance, les moyens doux pourront seuls assouplir et ramener l'animal dans un plus juste équilibre. Le mors, avec des branches plus longues, aurait une force et une rapidité d'action si grandes, que la contrainte excessive qui en résulterait, mettrait le cheval dans la nécessité de se défendre. De plus, comment conserver la finesse nécessaire au contact des jambes, si l'action du mors est trop considérable, les aides devant être en rapport entre elles? Les jambes ne sauraient donc, sans contraindre péniblement le cheval, augmenter leur force dans la même proportion que le mors, et la récompense serait toujours trop tardive, à cause de la longueur des leviers.

En effet, les branches longues donnent une force très-grande au mors. Comme leur extrémité inférieure est plus éloignée des canons, on est exposé à agir trop ou trop peu; et cette violence ou cette faiblesse d'action s'opposent à ce qu'on puisse maintenir le cheval dans une bonne position. L'une, par la continuité de souffrance qu'elle lui impose, blase son irritabilité; l'autre l'engage à forcer notre action. Il en sera de même si les canons sont minces: le mors sera toujours d'une dureté pernicieuse.

Qu'on se rappelle donc bien que les forces qui doivent arrêter, secourir, enlever et déterminer, reposent dans l'assiette et le judicieux mécanisme du cavalier, et dans une pratique basée sur le raisonnement, bien plus que dans la dureté des instruments qu'on emploie. Si le cavalier saisit bien l'action du mors, s'il sait en graduer les effets, le cheval aura la facilité de se placer, puisqu'il sentira, par des pressions motivées sur la force qu'il emploie lui-même, ce qui lui est permis ou ce qui lui est défendu ; et à une courte résistance succédera une soumission prompte et durable.

MORS AUX DENTS. On devrait entendre par *mors aux dents* l'action du cheval qui prend les branches de ce frein avec les incisives, et qui, dès lors, lutte avec avantage contre son cavalier ; mais en disant qu'un cheval prend le mors aux dents, on entend généralement parler de celui qui s'emporte, bien que le frein ait conservé sa position normale.

On peut parer au premier inconvénient par l'usage de la fausse gourmette, et éviter le second en assouplissant le cheval et en l'amenant à un état d'équilibre parfait, pour qu'il soit facile ensuite de vaincre, au moment où elles naissent, toutes les forces dont il se sert pour mal faire. (*Voyez* EMPORTER.)

N

NATURE (mauvaise). Le cheval de mauvaise nature est celui qui résiste à la volonté du cavalier.

Un cheval rétif ou ramingue est de mauvaise nature.

J'ai déjà dit que les vices attribués aux mauvaises dispositions intellectuelles du cheval ne sont, le plus souvent, que le résultat d'une mauvaise construction; un bon cavalier saura rectifier cette mauvaise nature et rendre ce cheval d'un emploi facile; voilà l'équitation; voilà l'écuyer.

Bonne nature a le sens contraire; cette expression s'emploie aussi pour désigner le cheval d'un bon tempérament, qui se maintient en parfait état avec peu de nourriture. Ces chevaux sont excellents pour faire la guerre et pour résister à la fatigue.

NEUF. *Cheval neuf* s'entend de celui qui n'a pas encore été monté.

Ne livrez jamais votre cheval, pour le panser ou le monter, aux gens dont vous ne connaissez pas le caractère. La manière dont il sera traité dans les commencements influera beaucoup sur sa compréhension et sur ses bonnes ou mauvaises dispositions. Combien n'a-t-on pas vu de bons chevaux que les mauvais traitements ont rendus incapables de tout service!

Si vous n'avez pas le savoir requis pour familiariser et dresser vos chevaux, ne les confiez du moins qu'à quelqu'un de sûr, ou soyez présent aux leçons qu'on leur donne. Grâce à ce soin, vous ménagerez vos intérêts, et vous garantirez votre cheval des défauts qu'il eût pu contracter en de mauvaises mains.

O

OBTENIR D'UN CHEVAL, c'est venir à bout de lui faire exécuter ce à quoi il se refuse.

Le cavalier qui ne l'emporte pas dans le combat qu'il a à soutenir avec certains chevaux, s'expose à être pour toujours à la merci de leurs volontés.

Ce fait incontestable est une puissante raison pour limiter nos exigences. Après nous être assurés que l'assouplissement du cheval ne laisse rien à désirer, il faut tenir sévèrement à ce qu'il exécute ce qu'on lui demande. Une petite faute tolérée en amènerait bientôt de plus graves et retarderait son éducation.

OMBRAGEUX. Le cheval ombrageux est celui qui a peur de tous les objets qu'il rencontre, et quelquefois même de son ombre. Il faut monter ces chevaux avec une attention particulière, et s'occuper avec soin de les porter sur tout ce qu'ils cherchent à éviter.

Ces frayeurs étant presque toujours le résultat de mauvaises leçons, de mauvaises habitudes, ou d'événements désagréables survenus lorsqu'ils étaient poulains, il faut, pour corriger les chevaux ombrageux, mettre beaucoup de ménagement et de patience. Les poignets et les jambes seront soutenus avec vigueur, quand ils chercheront à se soustraire à l'action des aides, afin que la crainte du châtiment neutralise chez l'animal celle causée par l'objet qui l'effraye.

Les rênes du bridon seront tenues, une dans chaque main, pour détruire vivement les résistances de l'encolure et les écarts qui en résultent. On ne conduira le cheval ombrageux que progressivement sur ce qu'il appréhende, et une fois en contact, pour ainsi dire, avec la cause de sa frayeur, on le flattera de la main et de la voix, en l'y maintenant tout le temps qu'il marquera de l'inquiétude.

Les artistes vétérinaires prétendent que certaines conformations de l'œil contribuent beaucoup à donner ce défaut. En admettant ce vice d'organisation, les moyens seront toujours les mêmes. Je ferai observer encore qu'il ne faut employer le châtiment qu'à la dernière extrémité.

J'ai connu des chevaux très-ombrageux, dont

les hésitations et les craintes chimériques ont été dissipées en moins de huit jours, *sans avoir eu recours à l'oculiste*. Il faut, pour parvenir à ce résultat, ne chercher à triompher du sens de la vue qu'après s'être rendu maître de celui du toucher. Le cheval, redoutant l'action du mors et des jambes, finira bientôt par s'y soumettre entièrement. Ce dernier point, étant le plus important, doit fixer particulièrement l'attention du cavalier.

OPPOSITIONS. Former des oppositions, se dit de l'emploi bien entendu et simultané de la main et des jambes. La pression des jambes, les attaques même que l'on emploiera, devront toujours avoir la main pour écho. La main devra donc être soutenue, de manière à présenter une opposition égale à la force communiquée par les jambes ou l'éperon ; c'est alors que l'on obtiendra la légèreté ou l'équilibre propre au mouvement.

OSCILLATIONS, mouvement qui fait aller le cavalier de côté et d'autre sur la selle. C'est avec le secours des hanches et des genoux qu'il doit reprendre son équilibre.

Comme ces parties constituent ce qu'on appelle l'assiette et que c'est l'assiette qui se déplace, c'est avec leurs forces seules qu'il faut retrouver un juste point d'appui.

Par ce moyen, les bras, les poignets et les jambes n'agiront pas indiscrètement sur le cheval, et seront toujours disposés pour le contenir et le diriger.

OUTRER UN CHEVAL, c'est le faire aller au delà de ses forces.

Un bon cavalier n'outre jamais les forces de son cheval; il se garde bien d'abuser de ses services, et leur assure ainsi une plus longue durée.

P

PALEFROI. On appelait ainsi, anciennement, les chevaux qui ne servaient qu'aux promenades, aux fêtes, et surtout aux dames, avant l'invention des carrosses.

Nos chevaux actuels sont moins privilégiés; ils font toute espèce d'exercice, heureux encore quand ils ne cumulent pas la voiture, la promenade, les courses forcées, etc., etc. !

PARTAGER LES RÊNES, c'est les séparer une dans chaque main; cela ne se pratique, ordinairement, qu'avec le filet et sur des chevaux qui ne connaissent pas les effets du mors.

Il est souvent utile d'en user ainsi pour agir d'une manière plus locale, donner des directions, détruire les résistances latérales de l'encolure qui viennent du cheval et prévenir des défenses. Aussi, est-il bon de s'habituer à partager les rênes du filet, car cet exercice exige encore une certaine dextérité pour éviter de faire sentir à la fois et ces rênes et celles de la bride, qui, néanmoins, ne doivent pas quitter la main gauche.

PAS (le) est le mouvement le plus lent, le moins élevé et le plus doux de toutes les allures.

Après le travail en place, l'allure du pas est la plus favorable pour disposer le cheval à exécuter les principales difficultés de l'équitation. Les trois points d'appui qu'il prend continuellement sur le sol lui font plus naturellement conserver son équilibre, et son action étant moindre se prête à ce qu'il sente plus facilement les diverses impressions qu'on lui communique pour le bien placer; et de cette bonne position (celle où il est léger), dépendent le gracieux et le précis de tous ses mouvements.

PAS DE COTÉ. (*Voyez* FUIR LES HANCHES.)

PAS (le), le SAUT et le GALOP GAILLARD sont trois temps, dont le premier se compose de deux pas, le second, d'un temps de galop raccourci, et le troisième, d'une courbette ou d'une capriole.

Tous les mouvements sont praticables ; mais il faut un bon écuyer, une bonne éducation et un bon cheval.

Le saut de gaieté que font certains chevaux, au

galop, s'appelle aussi galop gaillard ; galop capricieux conviendrait mieux, puisqu'il n'est que le résultat d'une fantaisie du cheval.

PAS ESPAGNOL. On entend par pas espagnol, l'action du cheval qui en marchant donne toute l'extension possible à chacune des jambes de devant alternativement. C'est à tort que l'on a attribué ce mouvement aux chevaux espagnols, dont la marche est tout à fait différente ; ils élèvent, il est vrai, très-haut les jambes de devant, mais sans la tension soutenue que nous exigeons pour en faire un de nos airs de manége. Pour obtenir ce mouvement, il faut d'abord forcer le cheval à tenir une de ses jambes en l'air ; on y parviendra promptement en ramenant la tête du cheval, par exemple à droite, à l'aide de la rêne du bridon ou de la bride ; cette position prise, on portera la main de la bride à gauche en soutenant fortement les deux jambes ; toutefois, la gauche sera fixée au flanc avec plus d'énergie, afin de former opposition à la main ; peu à peu le poids de la jambe droite du cheval se reportera sur la gauche, et la première quittera le sol. Ce que l'on aura fait à droite se pratiquera également à gauche. Une fois que cette flexion sera devenue facile, on soutiendra les deux jambes comme si l'on voulait porter le cheval en avant, et la tension s'exécutera.

Une fois que le cheval marquera les temps

d'une manière distincte à l'allure du pas, on forcera l'action pour arriver à l'obtenir au trot. Ce travail ne doit se communiquer qu'après avoir amené le cheval à un état d'équilibre parfait. Il faut que la position à l'aide de laquelle on obtient le pas espagnol, soit bien juste et que le cavalier en soit toujours le promoteur, afin que le cheval ne prenne jamais l'initiative, puisque c'est un air de manége qui ne doit s'exécuter qu'à un moment donné.

PASSADE (la) se dit des divers mouvements, des tours, détours et retours, que le cheval exécute au galop, en passant avec rapidité d'un point su l'autre.

Cela peut avoir aussi un but d'utilité pour les officiers de cavalerie, qui veulent apprendre à manier leurs chevaux avec promptitude ; mais, pour cela, il faut avoir un cheval bien subordonné aux effets du mors et des jambes, et dont on puisse changer les positions du tact au tact. Ce point est le plus important, pour qu'un défaut d'équilibre ne fasse pas manquer une évolution et n'amène pas la chute de l'animal.

PASSAGE est un diminutif du piaffer ; dans cet air, le cheval lève les jambes, comme pour le trot, mais il n'avance qu'imperceptiblement à chaque temps.

Pour ce travail, le talent du cavalier consiste, non pas à faire une opposition continue avec la bride, chaque fois que les jambes agissent, mais bien à réunir tellement toutes les forces au centre de gravité, comme pour le piaffer, que, même avec les rênes flottantes, le cheval n'avance qu'insensiblement à chaque surcroît d'action.

On conçoit qu'il faut un rassembler bien complet pour que le cheval puisse exécuter avec régularité ce brillant et savant air de manége.

PESADE (la) se dit du cheval qui lève très-haut son avant-main en ne quittant pas le sol de ses pieds de derrière.

Ce mouvement est une imitation du *cabrer*, mais c'est le cavalier qui en est le promoteur. Il faut que le cheval soit bien dressé pour qu'il ne s'y livre pas malicieusement, ce qui dégénérerait en défense; le cheval arrivé à un certain degré d'instruction peut faire tous ces mouvements sans contrainte pénible, si le prudent et savant cavalier s'est attaché à perfectionner ses dispositions, et s'il veille à la sûreté de ses points d'appui.

PIAFFER se dit du cheval qui lève ses jambes par la diagonale, comme au trot, mais sans avancer ni reculer.

Si ce mouvement, qui rend le cheval fier et

belliqueux, ne coûte au cavalier que d'imperceptibles oppositions de main et de jambe, il prouve son savoir ; car, pour lui donner cette cadence précieuse, que d'obstacles à surmonter par des exercices habilement gradués !

Il faut faire une exception pour les chevaux appelés *piaffeurs*, qui se prêtent si aisément à ce mouvement, que la difficulté, avec eux, est de les en corriger et de leur donner une allure.

Néanmoins, la plus grande partie des chevaux est susceptible d'acquérir un piaffer plus ou moins gracieux.

Pour en arriver là, non-seulement il est essentiel de mettre son cheval dans un parfait équilibre et de lui donner le *rassembler* le plus complet, mais comme il est difficile de lui faire concevoir qu'il doit agir sous l'impulsion égale de deux aides contraires, il faut exiger peu à la fois, le caresser aussitôt qu'on obtient un mouvement; puis, petit à petit, régulariser, rhythmer, si je puis me servir de cette expression, l'action des extrémités, et quinze jours ne s'écouleront pas sans qu'on obtienne un beau commencement de ce *nec plus ultra* de l'équitation.

PICOTER un cheval, c'est lui faire sentir les éperons sans cause et avec incertitude.

C'est le défaut des gens chancelants à cheval, qui se servent des jambes comme moyen de solidité.

Les chevaux mal montés ainsi, contractent l'habitude de ruer à la botte, heureux encore s'ils bornent là toute leur défense! Le remède est d'acquérir de l'assiette avant de chercher à faire usage des aides ou du châtiment.

PILIERS (les) sont deux poteaux placés aux trois quarts de l'un des bouts du manége, et entre lesquels on met un cheval pour lui apprendre à exécuter tous les airs relevés.

Beaucoup d'écuyers ont encore recours à cet expédient pour asseoir un cheval sur les hanches ou le former au piaffer. C'est un tort, selon moi, car les longes qui l'assujettissent, la chambrière qui l'excite, ne peuvent jamais remplacer l'accord des mains et des jambes. Ce n'est qu'avec l'assiette qu'on peut saisir ces milliers de petits déplacements dont la répression fait l'éducation du cheval. Le cavalier seul peut intercepter et retirer à temps la force et le poids qui nuisent, ou donner immédiatement celle nécessaire à une prompte exécution. Ce sont là des effets de tact que les piliers ne peuvent remplacer. En effet, dans les piliers, c'est par les yeux seuls qu'on distingue quand le cheval fait mal ou bien; les yeux ne peuvent apercevoir qu'un déplacement opéré, et c'est le déplacement naissant qu'il fallait prévenir. Il est donc impossible, avec ce genre d'exercice, de saisir justement les temps et de les réprimer d'une manière convenable.

Les piliers sont sans doute indispensables pour les airs relevés (que doit posséder ce que l'on appelle un sauteur); comme ces mouvements sont tous forcés, il n'est pas étonnant qu'on emploie, pour l'y façonner, le secours des piliers; d'ailleurs, le cheval devant toujours les exécuter entre ces deux poteaux, il est indispensable que ce soit là qu'il les apprenne. Mais, pour tout ce qui tient à donner ou à parfaire l'équilibre d'un cheval, c'est à cheval que le cavalier doit l'obtenir; il y arrivera plus vite, et tout en ménageant l'organisation de son cheval, il acquerra du sentiment et du savoir.

PINCER DES DEUX. (*Voyez* ATTAQUER.)

PIROUETTE (la) s'exécute sur les jambes de devant ou sur celles de derrière. La première s'appelle pirouette renversée; c'est la jambe de devant du côté opposé où se porte la croupe, qui doit être le pivot autour duquel tournent les trois autres jambes; c'est l'opposé dans la pirouette ordinaire, c'est la jambe de derrière du côté où l'on porte les épaules qui doit servir de pivot; cela se conçoit aisément, puisque dans ces deux cas, ce sont les deux jambes qui ont le moins grand cercle à parcourir.

Il faut commencer par les pirouettes renversées, elles sont plus faciles, puisque la jambe qui donne l'action à l'arrière-main sert en même temps à la déplacer; c'est l'opposé dans la pirouette ordinaire, l'action doit se répartir, pour donner aux épaules la plus grande mobilité possible, et le poids doit rester en arrière lors du début des pirouettes renversées qui ne doivent se pratiquer qu'après l'entier assouplissement de l'encolure et un commencement de mise en main. On se contentera dans le principe d'un pas ou deux. Si la croupe se porte à droite, la jambe gauche et une tension de la rêne gauche du bridon arrêteront ce premier déplacement et seront suivis d'un effet d'ensemble. On augmentera au fur et à mesure le nombre des pas jusqu'à ce que l'on soit parvenu à exécuter la pirouette entière. La rêne du bridon ayant pour propriété de combattre la résistance que présenterait la croupe, on cessera son effet aussitôt que le cheval répondra à l'action de la jambe; puis on arrivera peu à peu à placer la tête dans le sens du mouvement, c'est-à-dire du côté où marchera la croupe. On obtiendra les pirouettes ordinaires avec la même progression.

PISTE (la) est une ligne supposée sur laquelle on fait marcher le cheval.

Quand les jambes de derrière suivent la même ligne que celles de devant, le cheval est dit marcher d'une piste. Il va de deux pistes quand ses pieds de derrière parcourent une ligne parallèle à celle tracée par les pieds de devant. Dans un cas comme dans l'autre, il est toujours essentiel de se créer imaginairement des lignes, afin de les faire suivre exactement au cheval et de se rendre raison par là de tout ce qu'il fait. Cela mène à le conduire d'une manière plus précise.

PLACER UN CHEVAL, c'est, après l'avoir assoupli, coordonner ses forces pour le mettre en équilibre.

Pour éviter des répétitions fastidieuses, je me contenterai d'ajouter ici que le premier conseil à donner aux jeunes écuyers, c'est d'acquérir eux-mêmes assez de tact équestre pour sentir immédiatement toutes les positions défectueuses du cheval et les rectifier aussitôt.

Ils ne sauraient donner à cette étude trop de temps, et surtout de raisonnement, car c'est là toute l'équitation.

PLATE-LONGE. On entend par *plate-longe* une longue corde bouclée à l'anneau du caveçon. On s'en sert à tort pour débourrer les jeunes chevaux.

Travail de plate-longe se dit de l'exercice auquel on assujettit généralement les élèves aux premières leçons. (*Voyez* PRENDRE LA CINQUIÈME RÊNE.)

PLIER LE COU D'UN CHEVAL, c'est le premier point d'instruction par lequel le cavalier doit commencer l'éducation.

J'ai dit ailleurs quels étaient les moyens les plus propres à effectuer cet exercice ; j'y renvoie donc le lecteur. (*Voyez* FLEXIONS, RAMENER et ÉDUCATION.)

POINTE. On entend par pointe une espèce de *cabrade* dans laquelle le cheval, après s'être enlevé du devant, au lieu de retomber à la même place, se porte en avant ; cette défense est moins dangereuse que l'autre. (*Voyez* CABRER, pour les moyens à employer.)

POSITION DE L'HOMME A CHEVAL. Comme bien d'autres points de l'équitation, la position de l'homme à cheval a été l'objet de grandes erreurs de la part des auteurs, même les plus modernes, qui ont écrit sur ce sujet.

L'un des plus en vogue, par exemple, dont le traité a paru en 1826, pour indiquer la position convenable au cavalier, s'exprime comme il suit :

« L'homme qui sait se tenir sans contrarier les
» différents mouvements qu'il voudra faire exé-
» cuter à son cheval, qui saura se placer de telle
» façon, que le cheval, libre dans ses exercices,
» obéisse avec facilité, cet homme pourra se dire
» excellent écuyer, quels que soient d'ailleurs

» son attitude et les moyens qu'il emploiera pour
» faire concevoir au cheval sa volonté. »

Ou l'auteur s'explique mal, ou il se trompe. S'il veut dire simplement à l'élève que le talent d'un écuyer est de se mettre en *position* de bien conduire son cheval, quelle que soit du reste cette position, c'est ce que chacun devine tout d'abord, et ce n'était pas la peine de l'écrire. S'il veut dire qu'on peut atteindre ce but avec toutes les positions possibles, je le crois dans l'erreur.

Certes, je suis loin de prétendre qu'une position strictement académique soit indispensable pour tirer parti d'un cheval; mais encore faut-il être placé de manière à suivre gracieusement le cheval et se servir habilement de ses aides.

En autorisant une pareille licence, ne craint-on pas de voir l'élève en abuser? Pense-t-on d'ailleurs qu'il y ait plusieurs positions propres à donner ce tact exquis dans toutes les parties qui constitue l'assiette?

Il est démontré qu'une bonne position de fesses et de cuisses est indispensable pour toucher la selle par autant de points que possible; et, pour atteindre le résultat qu'indique l'auteur des principes cités ci-dessus, l'élève sera obligé de passer par une multitude de fausses positions qu'il eût été plus simple de lui éviter en lui indiquant tout de suite la bonne.

Cependant, il est encore moins dangereux pour

l'art de se tenir dans cette réserve si prudente, et de se contenter d'indiquer le but à l'élève en le laissant libre d'essayer cent moyens pour y arriver, que de le conduire par de fausses routes, comme le fait l'auteur d'un autre traité.

Je lis dans celui-ci (ouvrage publié en 1822) :

« Pour qu'un cavalier soit bien placé en selle,
» il faut trois points d'appui ; les deux premiers
» points du haut des cuisses, et le troisième du
» croupion ; les trois points doivent former un
» triangle ; mais, pour que le triangle soit bien
» régulier et avantageux, il faut avancer la cein-
» ture et les hanches, étendre les cuisses, et les
» tourner en dedans ; retirer les genoux et les
» fermer, creuser le bas des reins, et placer les
» fesses de manière que le croupion soit forcé de
» porter sur la selle. »

Il est physiquement impossible de faire appui sur le coccyx, ainsi que le veut l'auteur de cette méthode ; outre qu'il est recourbé et par conséquent trop court pour devenir un troisième point d'appui, ce cartilage est incapable de supporter la moindre pression, à plus forte raison de servir de base à la masse du corps. De plus, on conçoit qu'en supposant même cette position soutenable, le buste du cavalier serait disgracieusement placé, et le haut du corps trop porté en arrière pour qu'on pût user facilement de l'ensemble de ses aides.

Mieux valait cent fois répéter les principes

contenus dans l'ordonnance de cavalerie touchant la position de l'homme à cheval; la définition en est simple : aussi je me contenterai de la transcrire, me réservant toutefois de faire quelques observations sur les moyens les plus efficaces pour acquérir promptement cette belle attitude, et la conserver toujours la même, malgré le jeu des parties mobiles :

« La tête haute, aisée, d'aplomb, dégagée des
» épaules; les épaules tombantes et bien effa-
» cées, la poitrine saillante, les bras libres, les
» coudes tombant naturellement, les deux fesses
» portant également sur le siége de la selle, la
» ceinture en avant, les reins droits, fermes et
» bien soutenus, le haut du corps aisé, libre et
» droit, de manière que l'homme soit maintenu
» dans son assiette par son propre poids et par
» son équilibre; les cuisses, embrassant égale-
» ment le corps du cheval, doivent être tournées
» sur leur plat depuis les hanches jusqu'aux ge-
» noux, et ne s'allonger que par leur propre poids
» et celui des jambes; le pli des genoux liant,
» les jambes et la pointe des pieds tombant na-
» turellement. »

Les reins fermes et les épaules tombantes, voilà de grandes difficultés pour un élève; avec l'abandon des épaules, il mollira les reins, ou, avec la **vigueur** nécessaire à leur soutien, il roidira **les épaules.**

Comment surmontera-t-on ces obstacles? En lui résumant tous ces détails en ce peu de mots : *Fléchir le bas des reins.* C'est seulement en renouvelant la flexion de cette partie qu'on donnera au buste la position la plus convenable.

On conçoit quelle sera l'influence de cette mobilité : les reins servant de base aux épaules, celles-ci n'acquerront le degré d'abandon nécessaire qu'autant qu'elles pourront, pour ainsi dire, s'en fier aux reins de la solidité de l'assiette.

En effet, si les reins sont dans un état permanent de roideur, tous les chocs se répercuteront chez le cavalier, dérangeront son équilibre, et le forceront, pour le rétablir, de faire usage de toutes les parties de son corps; si, au contraire, par des flexions faites à propos, et souvent répétées, on s'habitue à suivre tous les mouvements du cheval, on conservera aux autres muscles tout le liant et la liberté désirables. Or, pour en arriver là, il faut que la flexibilité des reins ait détruit la roideur qui rend tous les chocs sensibles, et par suite l'assiette incertaine. Sans doute ces temps seront loin d'être bien saisis la première fois, ils amèneront beaucoup d'oscillations dans l'assiette; mais il n'y a rien là de décourageant ni de dangereux.

Il faut que l'élève chancelle, sans quoi il n'apprendra pas à se tenir solidement. C'est par les déplacements continuels, même des parties qui, plus tard, seront immobiles, qu'on leur donnera le juste emploi de force d'où naîtra la liaison intime des deux corps; cela permettra au cavalier de distinguer rapidement, entre ses diverses puissances, celles qui le mettent en garde contre les mouvements brusques du cheval, et celles qui doivent le diriger. Ainsi, *fléchir les reins* (c'est-à-dire les vertèbres lombaires) est la seule expression qui, sans embrouiller l'élève, le mettra promptement à même de prendre et conserver la position voulue, et de s'y trouver à l'aise.

Si les bras tombent sans force, les épaules seront effacées, et la poitrine saillante, par la raison bien simple qu'on ne peut pas faire céder le bas des reins sans porter la ceinture en avant, sans se grandir du haut du corps, et sans que la poitrine soit ouverte.

Une fois que, par la multiplicité des mouvements des lombes, le corps aura acquis la souplesse convenable, il faudra habituer les bras à tous les mouvements possibles, en ayant bien soin que le corps n'en éprouve aucun déplacement.

Les rênes du bridon seront séparées, une dans chaque main, en leur laissant assez de longueur pour que le jeu des bras ne fasse éprouver aucune sensation au cheval. On pourra même les croiser dans une seule main, afin que le bras libre puisse s'éloigner et se rapprocher du corps sans déplacer les épaules, et s'habituer par ce moyen à rendre local l'emploi des forces. Ainsi on arrivera promptement au seul mouvement utile pour bien diriger le cheval.

Le poignet a trois mouvements sur l'avant-bras, connus en anatomie sous les noms de *rotation*, *supination* et *pronation*. La première de ces positions sert à donner une égale tension aux rênes (il s'agit ici de la main de la bride); la seconde augmente la pression de la rêne gauche sur ce côté de l'encolure, pour porter à droite; et la troisième, la pression de la rêne droite pour déterminer à gauche.

L'avant-bras prêtera son secours au poignet quand la force propre de celui-ci sera insuffisante, mais sans pour cela faire éprouver la moindre oscillation au bras.

C'est avec ces explications qu'on fera connaître au cavalier les divers leviers que donne chaque articulation, et dont le jeu combiné donne la force, la grâce et la précision.

Je l'ai déjà dit, le cheval ne peut prendre une allure quelconque ni se livrer à aucune défense sans revenir sur lui-même; comme il faut l'attendre pour le suivre, l'appui des fesses, produit par la flexion des lombes, donnera cette facilité. Il en sera de même pour le conduire; comme on ne lui résiste qu'en vertu d'un levier, et qu'il n'en existe pas sans point d'appui, c'est aux fesses à le prendre sur la selle afin que les bras et les jambes, considérés comme puissances, puissent communiquer le mouvement. Si l'ordre des leviers secondaires, du poignet à l'avant-bras, de celui-ci au bras, de ce dernier à l'épaule, est bien observé, et que le point d'appui de chacun d'eux ne se mobilise qu'autant que la circonstance l'exige, on pourra lutter avec avantage contre les résistances du cheval, et le diriger avec précision.

« Les cuisses, embrassant le corps du cheval,
» doivent être tournées sur leur plat, depuis les
» hanches jusqu'aux genoux, et ne s'allonger que
» par leur propre poids et celui des jambes. »

Comment donnera-t-on cette position aux cuisses ? L'abandon qu'on prescrit n'est pas suffisant pour les bien placer ; les réactions des flancs du cheval et l'effort qu'il fait pour se porter en avant les éloigneront toujours de la perpendiculaire qu'on leur assigne.

Ce n'est pas non plus par la force continue qu'elles acquièrent cette adhérence à la selle, mais bien par de petits mouvements de rotation multipliés ; la même force qui amène cette rotation des cuisses sert aussi pour les porter en arrière, afin qu'elles acquièrent toute la longueur dont elles sont susceptibles.

L'élève prendra, en outre, la bonne habitude de cambrer les reins chaque fois qu'il portera les cuisses en arrière; il évitera par là l'effet de bascule qui accompagne pour l'ordinaire le déplacement des parties inférieures, et donnera en même temps une base plus considérable à son assiette. De cette juste flexion des reins dépend la bonne position des cuisses qui fixe les fesses sur la selle, et fait de cette partie le principal levier autour duquel viennent se grouper tous les autres.

Les jambes sont emboîtées avec les cuisses de telle manière, qu'en suivant l'impulsion de celles-ci, elles se trouveront naturellement bien placées; elles devront être rapprochées autant que possible du corps du cheval; on leur donnera cette liaison intime en renouvelant les flexions en arrière, et bientôt elles acquerront le moelleux nécessaire pour que la force communicative ne détruise pas celle qui les maintient en place.

C'est en rendant les mouvements indépendants les uns des autres qu'on aura la facilité de bien coordonner le jeu des poignets et des jambes; celles-ci ne doivent jamais user que d'un seul mouvement, celui qui les porte en arrière; en voici les deux raisons : la première, c'est que tout autre mouvement détruirait l'immobilité des cuisses, indispensable pour maîtriser la force transmise; la seconde, c'est qu'en portant les jambes au delà des sangles, on augmente les points de contact, et on leur imprime plus de vigueur et de précision. Aussi, ce mouvement en arrière doit-il toujours précéder la pression des jambes sur les flancs du cheval.

Les pieds sont aux jambes ce que les jambes sont aux cuisses, soumis aux mouvements de la partie qui leur est supérieure ; de là l'utilité d'assurer les jambes, pour que les pieds ne soient mus que par la force qui leur est propre, et qu'ils agissent localement pour l'attaque, sans que les jambes en éprouvent aucune réaction.

Ce déplacement est d'autant plus à craindre, qu'il retire la solidité et rend incapable de profiter des bons effets de la correction.

Il faut répéter souvent le mouvement qui porte les talons en arrière. Ces essais doivent se faire avant que les éperons soient adaptés aux talons, ou avec eux sur un cheval très-froid.

Plus que jamais, avec le toucher des éperons, la flexion des reins doit être mise en pratique, 1° pour que l'on soit en garde contre les déplacements quelquefois violents qui résultent de ce contact ; 2° pour que le bras et la main, constamment soutenus, puissent, par un temps prompt et bien saisi, intercepter la force et paralyser les mouvements brusques du cheval, dont les suites sont souvent fâcheuses, et qui le rendent inattentif aux observations.

En résumé, c'est avec la flexion renouvelée du bas des reins et la continuelle rotation des cuisses, que le cavalier acquerra promptement la grâce, la solidité et une bonne position, principe simple, qui ne charge pas la tête de l'élève, et ne lui laisse pas mettre de confusion dans l'emploi de ses forces.

POSITION DU CHEVAL. Donner la position à un cheval, c'est disposer à l'avance la tête, l'encolure et le corps, dans le sens du mouvement que l'on doit exécuter. C'est ainsi que l'on parle distinctement au cheval et que le cavalier lui fait comprendre ses intentions.

PORTANT BAS. (*Voyez* cheval.)

PORTANT AU VENT. (*Voyez* cheval.)

R

RACE. Le cheval de race est celui qui appartient à une espèce connue et signalée plus spécialement ; c'est le cheval arabe de première origine.

A l'exception des chevaux appelés chevaux de pur sang, qui conservent en partie les qualités de leurs père et mère, j'ai peu de confiance en ceux dont on ne vante que les titres de noblesse héréditaire, bien qu'ils aient la queue en balai et peu de poil aux jambes; selon moi, ce ne sont pas là des signes caractéristiques de bonté, il faut avec le sang une bonne construction. On m'appellera vandale, mais je n'apprécie qu'une chose chez le cheval, ses moyens d'action et de mouvement; dès lors, je m'inquiète peu de son pays et de son origine. Combien y a-t-il à Paris de ces chevaux d'espèce, qui n'ont que les qualités qu'on leur prête! C'est assez dire qu'ils en ont peu de réelles.

Quoique mon amour-propre national s'en irrite, je donne la préférence aux chevaux de race anglaise; ils sont brillants, propres au manége et aptes à tout genre d'exercice. Nos chevaux, et même ceux des autres pays, ne peuvent qu'imparfaitement les remplacer; mais je n'en reste pas moins convaincu qu'avec de l'art et de l'aptitude, il n'est pas de chevaux, non tarés, dont on ne puisse tirer bon parti.

RACCOURCIR UN CHEVAL, c'est ralentir son allure sans diminuer son action; une juste opposition de forces de la main et des jambes, lui fera gagner en hauteur ce qui lui servait à prendre du terrain. Cela s'obtient aux allures du pas, du trot et surtout du galop. L'on donne au cheval une noblesse à laquelle le cavalier lui-même participe, s'il a su mettre un juste accord entre ses forces et celles du cheval.

RALENTIR UN CHEVAL, c'est modérer son mouvement.

RALENTIR (se), se dit du cheval qui diminue son allure à l'insu de son cavalier. A moins que le cheval n'ait une action première qu'il entretienne lui-même, il faut lui en communiquer une factice qui sera renouvelée par les jambes et la main du cavalier, faute de quoi le cheval perdra de son ardeur et de sa promptitude à obéir. L'allure du galop est surtout celle qui nécessite cette attention, son mouvement étant plus forcé.

RAMENER (tous les chevaux peuvent se). On entend par *ramener* placer la tête du cheval dans une position perpendiculaire.

L'idée première de ce principe me vint en examinant la position naturelle que prennent les chevaux dans l'écurie.

L'état de repos du cheval, quelle que soit d'ailleurs sa conformation, n'est pas d'avoir le nez au vent, puisque cette position ne peut exister sans la contraction des muscles supérieurs de l'encolure; aussi, selon qu'il est plus ou moins bien conformé, le voit-on au repos ou ramené, ou tout au moins la tête basse.

Le cheval naturellement ramené doit à son organisation une bonne position. Ce n'est pas de lui qu'il faut s'occuper ici, puisque la nature a rendu l'art moins utile à son égard; mais il s'en faut bien que tous aient cette heureuse conformation; il en est un grand nombre auxquels le secours du cavalier est indispensable pour qu'ils arrivent à une belle attitude.

Plus la construction du cheval s'éloignera de la perfection, plus on trouvera de résistances dans l'encolure et dans la mâchoire; il faudra donc plus de temps pour lui faire acquérir la souplesse et toute la noblesse désirable, mais le succès n'en est pas moins certain.

Quand on aura retiré aux muscles leur roideur, il faudra agir sur eux de façon à les harmoniser, pour ainsi dire, comme les cordes d'un instrument, de façon qu'ils se prêtent un mutuel secours. Il faut donc d'abord employer le travail à pied et à cheval, dans l'inaction et au pas, afin d'arriver peu à peu à donner tout le liant possible à l'encolure et à la mâchoire.

Plusieurs auteurs ont écrit qu'il faut exclure le cheval qui porte le nez en l'air. Comment! parce que tel cheval est plus ou moins mal conformé qu'un autre, vous ne le jugez plus digne d'entrer dans vos manéges, ni capable de rendre un bel et bon service!

Je le répète, tous les chevaux peuvent se ramener, et, dès lors, tous sont susceptibles d'éducation; seulement, pour leur donner la position normale, base de toute éducation, et les dresser, il faut de l'aptitude et du raisonnement. Mais, sans ces deux qualités essentielles, y a-t-il rien de possible en équitation?

Une fois pour toutes, que le cavalier comprenne donc bien que le cheval ramené est le cheval léger à la main ou en équilibre; de cette position dépendent la grâce et la facilité des mouvements. C'est alors que le cheval devient intelligent, puisque le cavalier peut lui transmettre avec avantage et sûrement l'effet de toutes ses impressions et de sa propre intelligence. Le cheval, c'est l'homme au physique comme au moral, puisque ses mouvements et sa promptitude de conception dépendent entièrement du cavalier; mais, pour que ce principe soit une vérité, il faut que le cheval soit dans un état de ramener parfait; une fois cette difficulté vaincue, le cavalier surmontera toutes les autres comme par enchantement. N'est-ce pas avec des translations de poids dans un sens quelconque que l'on obtient sûrement le mouvement exigé? Si le cheval est ramené, par conséquent dans la main, il répondra immédiatement à l'effet des rênes et des jambes; si, au contraire, il contracte l'encolure et la mâchoire, nos forces sont annulées par ces résistances, et les mouvements deviennent incertains, difficiles, souvent même impossibles. Si le cheval est faible ou mal construit, le ramener dispose les parties dans un meilleur ordre et donne au cheval une célérité et une énergie qu'il ne pouvait avoir sans cela. Si le cavalier emploie avec intelligence les moyens nécessaires pour faire prendre au cheval la position du ramener, il connaît tous les secrets de l'équitation ; car le tact dont il aura fallu qu'il fasse usage pour l'amener à cet état d'équilibre, lui servira dans mille occasions pour le diriger. Toutes les difficultés se réduisent donc à une seule chose, au ramener, qui donne promptement au cavalier le sentiment des effets d'accord, et au cheval l'ensemble nécessaire pour bien exécuter.

RAMINGUE. Un cheval ramingue est celui qui se défend seulement à l'éperon et ne refuse d'avancer qu'aussitôt qu'il sent son approche.

Les chevaux attaqués à tort ou mollement contractent souvent cette habitude. L'emploi judicieux de l'éperon et de la cravache le forcera alors à se porter en avant ; la récompense doit suivre immédiatement ce premier acte de soumission.

Il faut recommencer ensuite la même leçon, qui sera toujours précédée d'une forte pression de jambes.

Avec ces sortes de chevaux, le principal est de ne rien faire mollement ; les aides, ou le châtiment, doivent être toujours fermes et décidés.

RARE. *Cheval rare* signifie un cheval qui a des qualités supérieures.

Ce mot est un peu prodigué ; il est peu de personnes qui n'aient, à ce qu'elles disent, un cheval rare, bien qu'il ne soit que très-ordinaire. L'amour de la propriété est une excuse.

RASER LE TAPIS. (*Voyez* GALOPER PRÈS DU TAPIS.)

RASSEMBLER. On entend par *rassembler*, en équitation, l'art de disposer le centre de gravité au milieu du corps du cheval, de manière à ne lui laisser qu'une vibration légère d'avant en arrière et d'arrière en avant, afin que les jambes de derrière restent rapprochées du centre.

L'habileté du cavalier consiste à entretenir cette harmonie d'action, par l'opposition ménagée et graduée de la main et des jambes.

On conçoit, d'après ce que nous venons de dire, que le rassembler exige de la part du cavalier une finesse de tact dans les aides qu'il ne peut acquérir que par une longue pratique, secondée d'une bonne théorie, et nécessite, de la part du cheval, une souplesse générale, qui sera le résultat d'un travail préliminaire, ayant pour but de l'amener à un état de ramener parfait.

Comme le résultat que doit se proposer un écuyer est de faire exécuter à son cheval toutes les belles difficultés de la haute équitation, c'est à le rassembler qu'il doit d'abord s'attacher, c'est alors que la flexion des jarrets a lieu plutôt de bas en haut que d'arrière en avant.

C'est donc par le *rassembler* qu'on mettra le cheval dans une situation propre à faire ressortir les belles formes dont la nature l'aura doué, qu'on suppléera aux qualités qu'elle lui aura refusées, et que l'écuyer, maître de lui, en obtiendra le travail le plus difficile.

Le cheval a-t-il l'encolure basse ou la tête mal attachée? une fois assoupli et ramené, par l'effet du rassembler, on corrige ces parties défectueuses en changeant leur attitude. Les jambes de devant sont-elles faibles? le rassembler vient à leur aide, et leur donne un poids moins lourd à supporter, en surchargeant davantage l'arrière-main.

C'est ainsi qu'on peut expliquer facilement la raison pour laquelle un cheval, dont la partie antérieure est bien placée, soit naturellement, soit par l'art, n'est jamais lourd à la main, quelle que soit la conformation de sa bouche.

On m'objectera, peut-être, qu'en raison de la défectuosité des extrémités postérieures, il est parfois presque impossible d'alléger la partie antérieure, puisque, pour secourir une partie mal conformée, il faut se servir d'une autre aussi défectueuse. Cette objection n'est qu'exceptionnelle. Tous les chevaux ne sont pas également susceptibles d'être bien rassemblés; pour remplir cette condition, il leur faut des reins solides et de bons jarrets, sans quoi la partie postérieure ne peut prendre une part du poids qui incommode la partie antérieure. Mais cela ne s'opposera point à un rassembler imparfait qui, pour ne pas atteindre au plus haut degré, n'en rendra pas moins le cheval beaucoup plus léger, le disposera à se laisser conduire avec moins de force, et lui donnera une partie de cette finesse sans laquelle il n'y a ni grâce ni sûreté dans le travail.

Avant de terminer, je répéterai encore qu'on ne doit commencer les effets de rassembler qu'après avoir obtenu un ramener complet, autrement il serait à craindre que les jambes de derrière en se rapprochant trop vite du centre, ne diminuent le soutien dont elles ont besoin pour faire opposition à la main et pour obtenir le ramener, qui bien entendu est le préliminaire obligé du rassembler. Il faut une étude bien approfondie de cette dernière position pour s'en servir à propos.

Pour obtenir les premiers effets de rassembler, lorsque le cheval marchera le pas, trottera et travaillera sur les hanches, on cherchera par l'opposition de la main et des jambes à obtenir une légère mobilité, sans avancer ni reculer ; c'est à l'aide de ces soupçons de mobilité, obtenus avec prudence, que l'on ramènera les jambes de derrière sous le centre ; mais pour cela, il faut contenir l'avant-main, car si elle gagnait en avant autant que le derrière s'avance, le rassembler serait impossible. Le rassembler judicieusement mis en pratique, conduira tout naturellement au piaffer; c'est donc par un rassembler parfait que l'on pourra obtenir tous les mouvements. Garde à vous, cavaliers, la mer est belle et transparente, mais entourée d'écueils.

REBOURS. On entend par *rebours* un cheval qui s'arrête, recule, se cabre, ou rue, en dépit des corrections de son cavalier. Ce défaut est un de ceux qu'on corrige le plus difficilement.

Le cheval qui se défend aussi opiniâtrement, connaît et brave tous les moyens de rigueur que le cavalier peut employer contre lui, et sait tout ce qu'il doit faire pour fatiguer sa patience, l'effrayer ou s'en débarrasser.

On conçoit que le cheval, organisé pour braver un joug quel qu'il soit, s'il a été monté par un cavalier inexpérimenté, ou qu'il ait été exercé avant l'âge convenable, a dû promptement arriver à la dernière période de ce défaut; car la faiblesse du cheval est pour moitié dans ses défenses, et l'impéritie du cavalier pour le reste.

Il faut s'attacher à prévenir ce défaut par une éducation bien graduée; mais, quand il existe, il faut le combattre par une sorte d'éducation nouvelle. (*Voyez* ÉDUCATION RAISONNÉE.)

Il n'y a pas d'autres moyens pour corriger le cheval rebours, s'il est passablement constitué, que de le maintenir trois semaines ou un mois au travail en place et au pas. Le secours d'un manége est indispensable pour ces sortes de chevaux, afin qu'aucune distraction ne vienne les préoccuper, et que le lieu même contribue encore à leur assujettissement.

REBUTER UN CHEVAL, c'est exiger de lui plus qu'il ne peut faire, et finir par le rendre insensible aux aides et au châtiment.

Il y a des chevaux qui, à force de complication dans le travail et dans la correction, restent immobiles et comme hébétés. Cela devrait servir de leçon à ceux qui usent aussi immodérément de leurs forces.

RÉCHAUFFER UN CHEVAL, c'est se servir des aides pour rendre plus actif un cheval paresseux.

Quand un cheval est froid et incertain, il est bon de lui donner une impulsion plus grande par quelques attaques vigoureuses, pour qu'il réponde ensuite aux moindres pressions des jambes; ce moyen qui réveille son apathie, stimule sa paresse, reporte le centre de gravité plus en avant, et le rend bientôt sensible aux mouvements, même imperceptibles, du cavalier.

RECHERCHER UN CHEVAL, c'est lui donner toute la souplesse et le gracieux dont il est susceptible.

L'écuyer qui proportionne ses exigences aux moyens du cheval, peut seul le faire ressortir avec avantage, et lui faire exécuter des mouvements prompts et précis.

RECOMMENCER UN CHEVAL. Celui qui, faute de méthode, a précipité l'instruction du cheval, puis revient sur ses pas et observe une gradation, sans laquelle les idées du cheval sont toujours confuses, et l'éducation factice et imparfaite ; celui-là, dis-je, *recommence* un cheval.

On est souvent obligé de recommencer un cheval qui a été mal mené, après avoir été dressé. Dans ce cas, l'écuyer peut facilement, en reprenant son éducation aux deux tiers ou aux trois quarts, le remettre promptement au point d'où il était parti ; car il n'est pas possible qu'un cheval bien dressé perde souvenance de tout ce qu'il a appris : il faudrait, pour cela, qu'il oubliât tout, par une gradation opposée à celle qui a fait son éducation, et cela est de toute impossibilité.

Les chevaux ont une mémoire trop heureuse pour perdre entièrement le savoir qu'on leur a inculqué ; mais la position qui donne l'équilibre peut se détériorer, et il n'en faut pas davantage pour rendre les mouvements lents et l'exécution difficile.

Aussi, pour leur rendre le savoir, suffit-il de leur rendre la position qu'ils avaient précédemment, en admettant toutefois que leur éducation ait été commencée sur des données exactes, que la trop grande précipitation du cavalier n'aurait pas rendues confuses ; dans le cas contraire, il faudrait le recommencer entièrement, comme s'il n'avait jamais été monté.

RECULER (du). Les auteurs sont peu d'accord sur le temps qu'il faut choisir, dans le cours de l'éducation du cheval, pour le faire reculer ; les uns terminent son éducation par ce travail, et les autres croient qu'il suffit qu'elle soit à moitié pour exiger cette allure.

Ils ne sont pas plus d'accord sur les moyens propres à l'obtenir.

L'un de nos confrères les plus distingués s'explique de la manière suivante :

« Si le cheval refusait de reculer, dit-il, le ca-
» valier qui est à pied aiderait celui qui est à
» cheval, en touchant de petits coups de gaule
» sur le poitrail et les genoux ; dans le même
» moment, on doit faire agir les rênes. On peut
» aussi, pour faciliter le mouvement, faire sentir
» successivement l'effet de chaque rêne, jusqu'à
» ce que le cheval recule ; le mouvement des rê-
» nes s'exécute légèrement, pour ne pas abîmer
» les barres. »

Quelle confusion, quel embrouillement! sont-ce là des principes? Comment peut-on écrire sur un art avec aussi peu de connaissances? Si j'osais, je dirais que tous les auteurs qui ont écrit sur la question, ont traité ce mouvement à peu près de la même manière.

Une fois le cheval assoupli et la mise en main complète, on pourra commencer les premiers temps de reculer, non comme l'indique l'auteur que je viens de citer, en se contentant de tirer sur les rênes de la bride, et en se servant d'un aiguillon pour lui frapper sur le poitrail, tout en tapant sur les genoux avec une gaule, mais bien en faisant précéder les jambes, et en ne soutenant la main qu'après une légère mobilité de la croupe.

Comme cette translation d'avant en arrière est moins naturelle que celle d'arrière en avant, il faudra un emploi de forces considérable, et souvent insuffisant, de la part du cavalier, si la main précède les jambes ; car le cheval inhabitué au mouvement qu'on exige de lui, quand il ne résistera pas de l'encolure, reviendra sur lui-même avant d'enlever une de ses jambes de derrière ; alors celles-ci, se trouvant surchargées également, perdront la mobilité convenable pour le porter en arrière. Il faut donc que les jambes du cavalier précèdent, pour que l'action qu'elles communiquent à l'arrière-main fasse quitter le sol à l'une des deux jambes postérieures ; c'est alors que la pression immédiate du mors, forçant le cheval à reprendre son équilibre en arrière, amènera le résultat cherché. On se contentera d'abord d'un seul pas, puis de deux, en ayant soin de relâcher la main à chaque pas : 1° pour que le poids, qui s'est porté en arrière, puisse revenir en avant et qu'un nouveau pas s'effectue; 2° pour que la douleur, qu'entraîne la pression du mors, cesse avec l'obéissance.

On reconnaîtra que le reculer est exact et sans acculement, quand le cheval restera léger à la main, là est le dynamomètre et la pierre de touche du cavalier.

RÉDUIRE UN CHEVAL, c'est le dompter. Ceux qui n'ont confiance que dans leur savoir, tiennent à dresser eux-mêmes leurs chevaux, et leur grand moyen de succès est un terrain de labour d'une grande dimension. C'est là qu'ils font galoper le cheval jusqu'à ce qu'il soit épuisé; ils reviennent ensuite glorieux de leur prétendue science.

J'ai vu des chevaux que cet exercice forcé avait rendus fourbus. A quoi mène un pareil travail? A tuer le cheval s'il est faible; à le harasser s'il est fort; mais cela change-t-il la mauvaise direction de ses forces? cela le soumet-il à aucune de nos premières exigences? Non ; et la fatigue passée, l'éducation est au même point que devant : c'est besogne à recommencer. (*Voyez* ÉDUCATION RAISONNÉE.)

RÊNES, espèces de longes en cuir, plates et attachées à l'extrémité du mors.

L'art de se servir des rênes est celui de placer le cheval pour qu'il prenne des directions.

(Pour savoir comment elles agissent sur le cheval, *voyez* FILET.)

RÊNE (prendre la cinquième). On appelle *prendre la cinquième rêne*, s'attacher aux crins ou à la selle pour supporter et suivre les mouvements brusques du cheval, et pour retrouver son équilibre. Ce moyen est perfide et a été la cause de nombreux accidents que la pusillanimité du cavalier a seule occasionnés. En effet, pendant qu'il prend ainsi la selle ou les crins, il abandonne son cheval et s'expose à toutes sortes de dangers ; en outre, s'il se fait une habitude d'user de ses poignets comme moyen de solidité, il néglige de bien fixer les parties qui constituent l'assiette, et rend sa position plus incertaine encore.

J'ai cherché à prévenir mes élèves contre ce défaut qui peut avoir de graves conséquences, et j'y suis parvenu à l'aide d'un travail de plate-longe qui m'est particulier ; à cet effet, j'ai choisi un cheval dont les réactions ne sont ni trop fortes ni trop douces; sans avoir une belle conformation, il se soutient dans une assez bonne position pour ne pas faire de faux pas, bien que le cavalier ne se serve pas des rênes.

J'ai dressé ce cheval à diminuer ou à augmenter avec une grande prestesse le cercle sur lequel il marche, à changer de main sur place, à faire des ruades et des sauts de mouton avec plus ou moins de déplacements, le tout en raison des mouvements de la main qui tient la chambrière, et que je modère selon la force de l'élève. C'est sur ce cheval que je fais tenir celui-ci sans le secours des rênes, pour qu'il s'habitue à toutes les oscillations et réactions possibles, et qu'il se ramène en selle seulement par la pression des genoux et la mobilité des hanches.

Ce travail, qui diffère essentiellement du travail dans les piliers, puisqu'il se fait sur de grands cercles, donne rapidement aux commençants de la confiance et de la solidité; il leur apprend à connaître les moyens de se remettre en selle, en leur réservant le libre usage de leurs poignets et de leurs jambes, à l'aide desquels plus tard ils tiennent le cheval en respect.

RENVERSER. Le cheval se renverse lorsque, étant levé tout droit, il perd son équilibre et tombe en arrière. Quand on s'est laissé surprendre par le cheval, et qu'il est parvenu à se cabrer, il faut, lors de son mouvement ascensionnel, éviter toute correction violente, et prendre une position qui permette de le suivre; pour cela, on portera le corps et les bras en avant, afin que les rênes ne présentent aucune résistance. Dans le cas où la position du corps serait insuffisante pour se maintenir en selle, on saisira le cou avec les bras; il est rare que le cheval se renverse si l'on suit ainsi régulièrement ses mouvements.

On se gardera bien d'employer les grands moyens des gens à mauvaise pratique, tels que de casser une bouteille pleine d'eau sur sa tête; c'est alors qu'étourdi par ce coup, le cheval se renverserait et exposerait les jours du cavalier. Qu'on évite encore de l'attaquer dans la position perpendiculaire; on ébranlerait le seul point d'appui qui lui reste, et le danger serait imminent, sans que le moyen soit efficace.

Ces chevaux demandent à être contenus dans les jambes ou dans les genoux avec une grande énergie, pour éviter tous les mouvements rétrogrades et d'acculement qui donnent naissance à cette dangereuse cabrade.

RENVERSER, se dit aussi du cheval qu'on incline fortement pour lui faire changer de pieds. C'est là dedans que gît le talent des glorieuses incapacités.

REPLIER, se dit d'un cheval qui se retourne de la tête à la queue.

Le cheval auquel on connaît ce défaut doit être porté vigoureusement en avant, puis contenu avec les deux rênes du filet, afin qu'on puisse lui opposer à temps une force égale à celle qu'il emploie pour cette défense; mais pour cela il faut le porter sur la main, afin qu'il puisse en sentir les effets.

REPRISE. La *reprise* est un terme de manége qui exprime l'intervalle du repos entre chaque genre d'exercice.

Ordinairement, les leçons sont composées de deux reprises pour les commençants, et de trois pour les élèves plus avancés; dans les deux premières, ils changent de chevaux ; la troisième est destinée au galop ; les deux premières sont ordinairement de vingt minutes chacune, avec lesquelles, dix minutes de pas et dix de galop, composent l'heure de la leçon.

Avez-vous fait votre reprise? êtes-vous de la reprise de galop? questions des élèves entre eux, pour s'interroger sur leurs forces ou leurs travaux respectifs.

RÉTIF. Le cheval rétif est celui qui refuse d'obéir, en se livrant à toutes sortes de défenses. Le moyen d'y remédier consiste à mettre en pratique mes principes dans toute leur étendue.

ROULER A CHEVAL, c'est éprouver du déplacement sur le cheval, bien que celui-ci ne fasse que des mouvements très-ordinaires.

L'homme qui vacille ainsi n'est capable de rien exécuter ; un pauvre animal sera bien à plaindre si, malgré ce manque de solidité, le prétendu cavalier ne s'apprécie pas à sa juste valeur. S'il veut donner des directions aux forces du cheval, il lui fera nécessairement essuyer de mauvais traitements, et le punira de fautes dues à sa seule maladresse. Heureusement les chevaux sont de mauvais courtisans, et ils ne souffrent pas longtemps sans fouler aux pieds leur agresseur.

RUADE, action du cheval lorsqu'il lève le derrière à une distance plus ou moins grande du sol.

Cette défense est une des moins dangereuses et des plus faciles à corriger. Ou le cheval la lance dans une allure modérée et avec une telle rapidité, qu'il s'enlève à peine, ou il la prémédite, pour ainsi dire, et alors elle est toujours précédée d'une telle translation de forces et de poids dans les jambes de devant, qu'il faudrait être bien faible cavalier pour ne pas la sentir.

Comme les jambes de devant se surchargent et se fixent un moment sur le sol, il sera bien facile, en sciant du filet, d'élever l'encolure qui tend à s'affaisser, mais encore faudra-t-il pousser énergiquement en avant, puisqu'il y a fixité, immobilité même d'une des parties.

Les jambes contre-balanceront donc la force des poignets pour entretenir l'action de l'allure, ce qui contribuera plus vite à changer la position du cheval et à le ramener dans celle qu'il avait avant cette défense.

Les juments chatouilleuses et *pisseuses* qui se livrent à la ruade, par un vice d'organisation, sont difficiles à corriger ; cependant le moyen que je viens d'indiquer modérera toujours la violence de leur mouvement.

Dans tous les cas, on conçoit que les défenses ne peuvent être arrêtées que par des temps saisis et marqués à propos.

RUDOYER SON CHEVAL. Quand on confie indiscrètement des chevaux à des palefreniers brusques, qui les malmènent, il se développe souvent chez eux, en peu de temps, un caractère d'irritabilité et de méchanceté qu'ils n'auraient jamais eu sans les mauvais traitements qu'ils ont essuyés ; ajoutez à cela que leur organisation se détériore et que leurs allures se falsifient.

On ne peut trop blâmer le maître qui pousse aussi loin l'indifférence. Qu'il sache donc que, pour obtenir d'un cheval tout le plaisir qu'il promet, il faut s'en occuper avec zèle et assiduité. Richesse oblige.

S

SACCADE, c'est le passage subit et sans gradation de l'abandon, à une force instantanée et excessive du mors.

Non-seulement on n'apprend rien au cheval avec les mouvements brusques qui n'ont pas été précédés d'une sujétion moindre, mais on blase promptement son irritabilité et sa compréhension, ce qui le rend peu capable d'un service agréable. Pour obvier à cet inconvénient, mettez toujours le mors en contact avec les barres avant d'exercer une pression; que cette pression elle-même soit toujours graduée, ou bien, s'il y a spontanéité dans la force, ce qui est parfois utile pour détruire un déplacement brusque du cheval, que ce soit toujours pour revenir immédiatement aux mouvements progressifs; avec ceux-là seuls le cheval peut apprendre, parce qu'avec ceux-là seuls il peut comprendre.

SAGE (le cheval) est celui qui, avec un degré d'action juste et convenable pour toutes les allures, n'oppose, par sa bonne conformation, aucune résistance aux volontés du cavalier.

Les chevaux de dame exigent plus particulièrement ces qualités, qui sont malheureusement assez rares, mais sans lesquelles cependant une dame ne serait pas à l'abri de tout danger.

On dit *monter son cheval sagement*. Cela s'entend du cavalier quand il le conduit avec art, sans colère et avec ménagement, et s'il a ces trois qualités, il exécutera toujours sans difficulté ce qu'il aura bien conçu et résolu.

SAUT. (LE PAS, LE SAUT ET LE GALOP GAILLARD, *voyez* PAS.)

SAUT DE MOUTON est un saut par lequel le cheval s'enlève du devant et immédiatement du derrière. L'ensemble bien saisi entre la force des reins et des genoux, fera aisément suivre au cavalier le cheval dans cet acte violent, qui n'est souvent amené que par une excessive gaieté.

Quelques minutes de plate-longe modéreront cette fougue; le travail en place et l'allure du pas, ayant toujours pour but l'assouplissement et la mise en main, intercepteront les forces de l'animal et les soumettront à l'effet des nôtres.

SAUT DE PIE, c'est un petit mouvement du cheval qui imite le saut d'une pie.

Rien ne dénote le cheval mal monté, comme de le voir, tous les cinq ou six temps de pas, se contracter, tendre ses jambes de devant, et faire ce petit saut.

Ce défaut, car c'en est un, est pour l'ordinaire un signe de faiblesse chez le cheval, et d'une irrécusable maladresse chez le cavalier, qui le recherche mal à propos, sans consulter ses moyens.

L'ensemble de mon ouvrage n'a pas d'autre but que de faire comprendre comment on évite de détruire ainsi l'harmonie des forces d'un cheval; une fois ce défaut contracté, le remède est le même que pour tous ceux qui tiennent à des vices d'éducation. C'est encore et toujours par l'assouplissement en place et les allures lentes qu'on rend aux chevaux ainsi viciés l'équilibre et l'obéissance. (*Voyez* ÉDUCATION RAISONNÉE.)

SAUT DU FOSSÉ ET DE LA BARRIÈRE.
Bien que les combinaisons seules de la science équestre ne puissent donner à tous les chevaux l'énergie et la vigueur nécessaires pour franchir un fossé ou une barrière, il est cependant des principes à l'aide desquels on arrivera à suppléer en partie au peu de dispositions naturelles de l'animal. On facilitera l'élévation et la franchise de l'élan en imprimant aux forces une bonne direction.

Le point capital est d'amener le cheval à essayer de bonne volonté cet exercice. Si l'on suit ponctuellement tous les procédés que j'ai prescrits pour maîtriser les forces instinctives du cheval et le mettre sous l'influence des nôtres, on reconnaîtra l'utilité de cette progression par la facilité que l'on aura à faire franchir au cheval tous les obstacles qui se rencontreront sur sa route.

Pour apprendre à sauter au cheval, la barrière devra rester à terre jusqu'à ce qu'il la passe sans hésitation; on l'élèvera ensuite de quelques centimètres, en augmentant progressivement la hauteur jusqu'au point que l'animal pourra franchir sans trop de violents efforts.

Avant de se préparer à sauter, le cavalier se soutiendra avec assez d'énergie pour que son corps ne précède pas le mouvement du cheval, ses reins seront souples, ses fesses bien fixées sur la selle, afin qu'il n'éprouve ni choc ni réaction violente. Ses cuisses et ses jambes, enveloppant exactement le corps et les flancs du cheval, lui donneront une puissance toujours opportune et infaillible. La main dans sa position naturelle, tendra les rênes de manière à sentir la bouche du cheval pour juger des effets d'impulsion. Si le cheval arrive sur l'obstacle avec une grande franchise d'allure, une légère opposition de la main et des jambes facilitera l'élévation de l'avant-main, et l'élan de l'extrémité postérieure; dès que le cheval sera enlevé, la main cessera son effet pour se soutenir de nouveau lorsque les jambes de devant arriveront sur le sol, et les empêcher de fléchir sous le poids du corps.

La barrière devra être maintenue fortement pour que le cheval ne se fasse pas un jeu de cette résistance et qu'elle lui frappe assez fortement les jambes, pour qu'il sente par ce contact, qu'il doit les élever davantage ; mais, dans ce cas, il faut avoir bien soin de combiner la hauteur sur l'élan et l'élévation qu'il peut fournir.

SCIER DU BRIDON ou **DU FILET**, c'est faire aller et venir l'embouchure de ce frein, en tirant alternativement sur l'une et l'autre rêne.

A l'aide de ce mouvement, on élève la tête du cheval qui s'encapuchonne ou de celui dont l'encolure s'affaisse, et on l'arrête, lorsqu'il s'emporte, en prenant l'une de ces deux positions.

L'action de scier du filet doit être vive, augmentée graduellement, et diminuée de même quand le cheval vient à céder. (*Voyez* RAMENER.)

SELLE. Cette partie du harnachement du cheval est trop généralement connue pour qu'il soit besoin de la définir. J'expliquerai seulement les avantages des différentes selles.

D'abord nous mettrons de côté la selle à piquer, dans laquelle le cavalier se trouve pour ainsi dire emboîté, ce qui est loin de parler en faveur de son assiette. On ne s'en sert plus maintenant que pour les sauteurs dans les piliers. Tout en admettant l'utilité de ce travail, ce n'est pas avec la selle à piquer qu'on peut obtenir de bons résultats : il vaut mieux que le sauteur soit moins violent dans ses mouvements, et que le cavalier s'habitue à les supporter avec une selle ordinaire.

La selle rase, dite à la française, est préférable, parce qu'elle offre des difficultés qu'il faut apprendre à combattre. En effet, on ne parvient à se bien tenir dessus qu'après de fructueuses épreuves.

Cependant, en maintes occasions, il faut se conformer à la mode et adopter la selle à l'anglaise, qui a ses avantages; elle est plus légère et ne comporte pas une tenue de rigueur comme l'autre, qui nécessite pour ainsi dire les bottes à l'écuyère; aussi, pour la promenade, la selle à l'anglaise est-elle plus commode et plus usitée [1].

Le mouvement à l'aide duquel on évite les réactions du cheval à l'allure du trot, ce qu'on appelle *trotter à l'anglaise*, se fait plus facilement sur cette dernière selle, et serait déplacé sur l'autre.

Au surplus, quelle que soit la selle que l'on adopte, il faut, pour ne pas blesser le cheval, qu'elle touche également toutes les parties de son corps,

---

[1] C'est à Theurkauff, sellier, boulevard des Capucines, 29, que l'on doit le perfectionnement des selles anglaises; elles prennent tellement bien le corps du cheval, que le cavalier peut le serrer dans ses deux genoux, comme s'il était à poil. Tous les amateurs qui garnissent sa bourse lui doivent encore des remercîments.

à l'exception du garrot, de l'épine dorsale et du rognon, dont elle devra être éloignée de vingt-sept à quarante millimètres. La croupière ne sera ni trop serrée ni trop lâche; les sangles doivent avoir un juste degré de tension qui empêche le vacillement de la selle, sans pour cela gêner en rien l'animal.

Bien des défenses, dont on ne se rend pas compte, tiennent à ce que la selle, les sangles ou la croupière ne sont pas disposées convenablement.

SENTIR SON CHEVAL, c'est se rendre raison, avec l'*assiette* et les aides, de tous ses mouvements, et savoir en profiter pour obtenir ce qu'on exige de lui. Ce sentiment constitue le véritable homme de cheval.

SOLLICITER, se dit d'un cheval paresseux qui a besoin d'être constamment animé pour marcher. Il est rare que les éperons, judicieusement employés, ne stimulent pas assez un cheval pour le faire changer de position à l'approche des jambes.

C'est en se servant de ces chevaux, peu agréables du reste, que le cavalier acquiert une plus haute importance équestre, car il donne par là une preuve incontestable de la supériorité de l'homme sur les autres animaux.

SOUBRESAUT, saut imprévu et à contre-temps que fait le cheval pour se soustraire à la volonté du cavalier.

Le cheval qui est monté avec distraction, semble épier et reconnaître facilement la négligence de son oublieux cavalier; aussi le rappelle-t-il souvent *à l'ordre* par quelques *soubresauts* qui peuvent avoir des suites fâcheuses. Il est donc important d'être toujours attentif et en garde contre les gaietés d'un cheval, qui dégénéreront promptement en défenses morales et seront d'autant plus difficiles à corriger.

SOUPLE, cheval qui a les mouvements liants.

J'ai indiqué, presque à chaque page de ce Dictionnaire, l'utilité de la souplesse et les moyens de l'obtenir.

Résumons encore ce principe des principes: *Il faut assouplir un cheval pour le placer, et il faut le placer avant de le déterminer.*

Les règles pour dresser un cheval sont dans ces deux lignes; c'est au cavalier à les commenter, pour en tirer toutes les conséquences qui en découlent.

SOUTENIR UN CHEVAL, c'est l'empêcher de s'en aller sur les épaules, en fixant le poids de son corps sur les jambes de devant; le cavalier qui connaît ce qui constitue l'équilibre du cheval le maintiendra ramené, et conservera ainsi le centre de gravité au milieu du corps.

SURMENER UN CHEVAL, c'est la même chose que l'outrer. (*Voyez* OUTRER.)

SURPRENDRE UN CHEVAL, c'est se servir des aides par à-coup.

Le cheval est ce qu'on le fait, quand il est soumis à la volonté de l'homme; son maître lui imprime ses défauts, comme ses qualités; et, s'il est mené brusquement, ses mouvements ne tarderont pas à acquérir toute l'irrégularité de ceux du cavalier; tel homme, tel cheval.

T

TATER SON CHEVAL, c'est essayer sa finesse et ses moyens. Un bon cavalier doit connaître, en peu de temps, les dispositions physiques, et, par contre-coup, les dispositions morales de son cheval.

Par un emploi gradué des aides, on jugera tout de suite le degré d'irritabilité du cheval, et comment il supporte le ramener, puis le rassembler. S'il s'y refuse, on sentira pourquoi il ne veut pas s'y soumettre, quelles sont les forces qui s'y opposent, et c'est avec ce tact équestre qu'on tâtera son cheval avec fruit; cette espèce d'interrogatoire disposera celui-ci à répondre promptement à ce qu'on lui demandera ensuite.

TERRE-A-TERRE. Dans ce galop en deux temps, beaucoup plus cadencé que le galop ordinaire, le cheval lève et pose en même temps les deux jambes de devant sur le sol, et celles de derrière, également enlevées, suivent immédiatement celles de devant.

Le terre-à-terre ne se pratique ordinairement qu'au travail de deux pistes, où le rassembler, plus parfait, permet d'enlever plus aisément l'avant-main.

Du reste, pour lui faire exécuter cette répétition de petits sauts, les hanches et les jarrets du cheval ne doivent rien laisser à désirer; car cet exercice est basé sur l'excellence de leurs ressorts.

Cette difficulté ne peut être surmontée qu'à l'aide d'un mécanisme savamment exercé par le cavalier; comme je ne puis en rendre raison dans cet écrit, je me contenterai d'engager l'écuyer à ne pas en abuser.

TÊTE AU MUR, c'est quand le cheval marche de deux pistes, et que sa tête fait face à la muraille. Dans ce travail, les jambes de devant restent sur la piste, et celles de derrière rentrent dans le manége, en décrivant avec les premières une ligne parallèle.

Il ne faut pas attendre trop tard, à l'approche des coins, pour augmenter le croisé des jambes de devant. En supposant que celles-ci aient un mètre de plus à parcourir que les jambes de derrière, et qu'il y ait six pas de côté à faire pour passer un angle, il faudra augmenter chacun de ces pas de seize centimètres environ, ce que le cheval fera très-bien sans perdre de ses forces. Si l'on attendait trop tard pour augmenter la marche des jambes de devant, il serait impossible de conserver l'équilibre du cheval, en raison des pas trop grands qu'il serait obligé de faire pour se maintenir droit. Si, au contraire, le derrière précédait le devant, il arrêterait bientôt le mouvement de la partie antérieure du cheval, que la trop grande force de la main porterait souvent à se cabrer.

Dans tous les cas le travail serait faux, et comme cet exercice est la poésie de l'équitation, on ne doit pas plus pardonner à un auteur de faire de mauvais vers, qu'à un cavalier de faire de mauvais pas de côté. Tout ce qui est en dehors du langage ordinaire est prétentieux; il faut bien exécuter les pas de côté, pour ne pas être sous le coup d'une juste critique.

TRAVAIL DES CHEVAUX EN LIBERTÉ.

La première fois qu'on a vu les chevaux s'agenouiller, se coucher, se mettre à table, etc., etc.

on a dû nécessairement être émerveillé; maintenant encore, on éprouve un moment de surprise[1]; et cependant il y a peu de personnes qui ne puissent parvenir à faire opérer ces mouvements en suivant les règles et les moyens que je vais détailler. Comme bien on pense, je négligerai complétement ces singeries qui n'exigent aucun savoir chez l'instructeur, aucune étude pour l'animal, et qui n'éblouissent le vulgaire que parce qu'il en ignore les causes. Mon but n'est pas de traiter ces actes de pur charlatanisme[2], mais seu-

---

[1] L'étonnement est allé souvent jusqu'à la crainte du sortilége.

Nous avons sous les yeux un vieil ouvrage sur l'*Équitation*, de M. Delcampe, écuyer de la grande écurie du roi, imprimé en 1664, qui nous en donne un triste exemple :

« Un Napolitain, nommé Piétro, avait un petit cheval dont il sut mettre à profit les dispositions naturelles ; il le nommait *Mauraco*. Il le dressa, et lui apprit à se manier sans selle ni bride, et sans que personne fût dessus.

» Ce petit animal se couchait, se mettait à genoux et marquait autant de courbettes que son maître lui disait. Il portait un gant, ou tel autre gage qu'il plaisait à son maître de lui donner, et à la personne qu'il lui désignait. Il sautait le bâton et passait à travers deux ou trois cercles les uns devant les autres, et faisait mille autres singeries.

» Après avoir parcouru une grande partie de l'Europe, son maître voulut se retirer ; mais en passant par Arles, il s'y arrêta. Ces merveilles frappèrent tellement le peuple, et l'étonnement fut porté à tel point, qu'on le prit pour un sorcier. Piétro et Mauraco furent brûlés comme tels sur la place publique. »

[2] Par exemple, dans un mimodrame intitulé, je crois, *Gérard de Nevers,* un cavalier amoureux, plongé dans le chagrin, fait

lement d'indiquer les exercices qui demandent à l'homme du tact et de la patience, et dénotent chez le cheval une intelligence irrécusable.

Le point essentiel pour instruire un cheval consiste à bien discerner si, lorsqu'il refuse d'obéir, il agit par caprice, opiniâtreté, méchanceté, ou bien par ignorance. L'art de l'instructeur n'offre pas d'autres difficultés.

En effet, si le cheval n'a pas bien compris ce qu'on lui demande, et qu'on le frappe pour le punir de ne pouvoir exécuter ce qu'il n'a pas compris, comprendra-t-il davantage? La première chose à faire, c'est d'apprendre au cheval ce qu'on lui demande; pour y arriver, il faut déterminer, par une série bien exacte d'actes intellectuels, ce qu'on veut fixer dans sa mémoire. Est-ce avec des coups qu'on lui donnera cette compréhension? Non, sans doute; c'est d'abord en lui indiquant bien clairement le but désiré; ensuite,

débrider son cheval pour lui donner de l'avoine; l'animal (telle est l'intention de l'auteur) doit partager la douleur de son maître; il ne veut pas manger le grain qu'on lui a jeté; aussi, après avoir mis le nez dedans, lève-t-il la tête avec un signe négatif, et cela au grand étonnement et aux applaudissements des spectateurs..... Il faut dire que l'auge est à claire-voie et hérissée de clous d'épingle.

Dans une autre pièce, un maître assure que son cheval répond à ses questions : pour le prouver, il lui adresse la parole, et le pince immédiatement à l'épaule; alors le cheval pousse un petit cri, et tout le monde de se pâmer d'admiration. On obtiendra sans peine un pareil résultat avec tous les chevaux chatouilleux.

par des châtiments ou des récompenses appliqués à propos, en lui inculquant dans la mémoire les mouvements qu'il doit exécuter.

Le plus beau travail pour le cheval est celui où il est presque livré à lui-même ; aussi nous en occuperons-nous d'abord. Pour ce genre d'éducation, le manége circulaire est le plus propice ; l'instructeur se trouve plus près du cheval, et toujours également à portée de réprimer ses fautes.

Nous apprendrons d'abord au cheval à rester sur la piste près des planches, au pas, au trot, au galop, puis à les quitter pour tourner à droite ou à gauche.

Il faut mettre le cheval nu, avec un surfait et un anneau rond fixé sur le coussinet, pour y passer les rênes d'un bridon ou d'une bride ; en les y fixant on proportionnera convenablement leur tension sur son action et sur la position naturelle de son encolure, puis on lui adaptera un caveçon auquel sera bouclée une grande longe de dix mètres.

Une fois le cheval entré dans le manége, on s'approchera de lui avec douceur, on lui donnera du sucre, ce à quoi on l'aura habitué à l'avance ; la longe sera tenue de la main gauche et la chambrière de la droite ; on ne lui laissera d'abord que seize centimètres de longe, on l'habituera au claquement du fouet, et s'il ne cherche pas à s'en éloigner, on lui prodiguera des caresses. On se placera vis-à-vis de lui à trois pas environ, en le regardant avec bienveillance : les chevaux savent parfaitement distinguer si l'on est plus ou moins favorablement disposé à leur égard ; ils se rapprochent plutôt de celui dont le regard est doux. On doit prendre le même soin de sa voix, et lui donner les inflexions qu'exigent les circonstances.

Ce ne sont pas là des règles de peu d'importance ; plus l'homme veut avoir d'empire sur l'animal, plus il doit s'attacher à lui faire comprendre et juger ses propres impressions.

On le fait venir à soi des trois pas de distance dont il est éloigné, en lui disant à haute voix : *A moi !* Il ne comprendra rien les premières fois, mais, qu'on se serve de la chambrière, en lui singlant de petits coups sur la partie inférieure du ventre, jusqu'à ce qu'il s'approche, puis on calmera l'irritation qui a dû suivre le châtiment, par la voix, les caresses et le sucre ; on recommencera ce même travail, en lui donnant un peu plus de longe quand on sera assuré qu'il ne cherche plus à fuir, et bientôt il obéira à la voix ; enfin, on le fera tenir éloigné autant que la longe le permettra. Au mot : *A moi !* le palefrenier le laissera aller ; s'il vient directement, on le récompensera du geste et de la voix, et on lui donnera du sucre, autrement, on tiendra ferme la longe, en restant toujours à la même place, et on se servira de la chambrière pour l'en toucher vigoureusement, jusqu'à ce qu'il obéisse. Il vaut mieux habituer le cheval à obéir par la crainte du châtiment que par l'attrait des récompenses. Il n'oubliera jamais les causes qui font naître le châtiment, et comme on lui aura appris à l'éviter, en s'approchant, il obéira franchement et avec promptitude; si, au contraire, on ne mettait en usage que des moyens de douceur, il pourrait les oublier, pour se livrer à un caprice quelconque; comment le punir alors de cet écart? Ce serait chose difficile, puisque son idée de révolte lui aurait fait perdre de vue la récompense habituelle; il faudrait donc attendre qu'il lui plût de revenir vers vous. On serait alors à sa discrétion, et il n'obéirait qu'autant que le souvenir de la récompense lui reviendrait en tête. On doit, tout à la fois, se faire craindre et se faire aimer.

Il faut que le cheval s'approche à la voix, et que le mouvement en arrière de votre corps lui fasse prendre facilement toute espèce de changement de direction. Conduisez-le sur la piste à main droite, placez-vous près de son épaule, en le tenant avec la longe du caveçon, ne vous éloignez de lui que progressivement et quand il ne cherchera plus à revenir sur vous. Montrez-lui le bout de votre chambrière chaque fois qu'il quittera la piste; s'il prend le trot avant votre commandement, dites-lui : *Au pas!* en prolongeant la première syllabe.

Si le cheval est instruit par un homme patient, ayant le tact observateur, son intelligence ne restera pas en défaut, et en peu de jours avec cette gradation dans le travail, il marchera au pas avec régularité, bien que vous soyez à huit mètres de lui.

Pour le faire partir au trot, élevez la main, en avançant votre chambrière pour la lui faire voir; commandez : *Au trot!* en élevant la voix et en allongeant la dernière syllabe. Prévenez le retour au pas en entretenant son action par la chambrière, ou faites onduler horizontalement la plate-longe s'il précipite son allure; faites-le passer souvent du trot au pas, en vous servant du mot : *Au pas!* et en faisant un usage modéré du caveçon.

Le galop s'obtiendra par les mêmes procédés quant à la chambrière; mais lorsque vous prononcerez : *Au galop!* la voix prendra un ton plus élevé que pour le trot. Ce n'est pas le mot qui le force à obéir, mais la différence qui existe dans les intonations.

Le passage du galop au trot s'exécute comme celui du trot au pas, en baissant la voix et prolongeant le mot : *Au trot!*

Outre l'intonation, il faut aider au sens des paroles par des mouvements de corps plus ou moins vifs, en raison des allures que vous lui commandez : ainsi, marchez plus vite quand il est au galop, plus doucement quand il va le trot, et ralentissez encore pour l'allure du pas. Bien que vous soyez à une grande distance du cheval, il n'en aura pas moins les yeux sur vous, et suivra plus facilement la mobilité de votre corps, qu'il n'obéira à des paroles qu'il ne comprendra que par les indications accessoires.

Le cheval ayant été habitué d'avance à s'approcher au mot : *A moi!* accompagné d'une retraite de corps, prendra aisément des changements de direction par le moyen suivant : dites-lui : *Doublez!* s'il hésite, la chambrière et le caveçon feront leurs fonctions pour l'amener jusqu'à vous ; puis vous le conduirez jusqu'à l'extrémité de la ligne du doublé, en restant à son épaule ; si, après avoir répété ce mouvement autant de fois qu'il marquera de l'hésitation, il vient franchement à vous, marchez pour entretenir son action, et pour le conduire sur la piste opposée.

Les changements de main s'obtiendront plus facilement encore, puisque le cheval cherche toujours à s'éloigner de son instructeur. Pour obtenir ce changement, vous vous porterez un peu en avant, du côté vers lequel il marche, en lui montrant la chambrière. Le reste de défiance qu'il éprouve le poussera naturellement à couper le manége par la moitié, et à reprendre la piste dans l'autre sens ; cependant, soutenez-le avec le caveçon, ayez même recours au fouet pour le faire venir jusqu'à vous, car il finirait par tourner sur lui-même. Caressez-le et faites-lui connaître la route qu'il doit suivre. Les mêmes mouvements, fréquemment répétés, finiront par pénétrer dans son intelligence; alors il vous secondera et vous préviendra, pour ainsi dire. Ceci est tellement vrai, qu'il ne m'était pas possible de me moucher en exerçant un de mes chevaux, sans que le mouvement de mon bras pour cette action le fît immédiatement rentrer dans le manége. Il faut dire que je m'étais emparé de ses facultés intellectuelles à un tel point, que toute son attention était portée sur moi; aussi lui faisais-je exécuter toute espèce d'évolutions, sans ouvrir la bouche et avec des mouvements de tête et d'épaules imperceptibles aux spectateurs.

Quand le cheval répondra à tout, sans la moindre hésitation, débarrassez-le du caveçon, et exigez qu'il fasse en liberté le travail qu'il exécutait précédemment avec ce lien; vous reviendrez à ce premier expédient quand il n'y mettra plus la même régularité. Il serait bon, pour prévenir toute insubordination, de partager le temps de la leçon en deux reprises, la première avec le caveçon, et la seconde sans son secours.

Il faut une grande patience pour apprendre au cheval à rapporter. Cependant, si les progrès sont, pour ainsi dire, nuls les premiers jours, ne vous découragez pas; c'est dans ce moment-là que le cheval classe dans sa mémoire les faits qui doivent, plus tard, se développer dans son intelligence, et qu'il arrive ainsi à comprendre parfaitement. Ne compliquez pas ce que vous lui demandez par trop de promptitude, et il saura bientôt mettre à profit vos bonnes leçons. Du reste, voici à peu près la marche à suivre :

Pour qu'il ne se tourmente pas et s'occupe uniquement de vous, laissez-le dans l'écurie, et à sa place habituelle. Ayez, dans un mouchoir blanc de lessive, une bonne pincée d'avoine et quelques petits morceaux de sucre; mettez-vous du côté du montoir, passez votre bras droit sous sa tête, faites qu'il ouvre la bouche, en appuyant l'index sur la barre inférieure, et introduisez (avec la main gauche), entre les incisives, le petit tampon préparé; appuyez le pouce et le troisième doigt sur les lèvres supérieure et inférieure, et chaque fois que le cheval fera un mouvement pour se débarrasser de ce qu'il tient entre les dents, marquez une pression forte et rapide; recommencez cent fois de suite, s'il le faut, et replacez le mouchoir dans sa bouche chaque fois qu'il s'en échappera, surtout saisissez bien l'instant de la petite correction que je viens d'indiquer.

Quelque temps après cet ennuyeux commencement, les dents seront plus de temps sans se desserrer; commencez alors à le caresser de la voix et de la main.

L'avoine et le sucre imprégnés de salive ne

tarderont pas à éveiller la friandise du cheval à tel point, que bientôt il se jettera sur le mouchoir, si on le place près de ses lèvres. Éloignez-le petit à petit, ou baissez-le, mais toujours progressivement, et, en peu de temps, il ira le chercher partout où on l'aura placé de façon, toutefois, à ce qu'il puisse le voir.

Pour le lui faire prendre sur le sol, vous vous servirez du mot : *A terre !* S'il résiste, on lui fera connaître ce qu'on lui demande, en lui indiquant, de la main, ce qu'il doit faire, et l'endroit où se trouve l'objet qu'il doit saisir. En cas de refus, le caveçon pourrait encore être mis en œuvre avec avantage. Tout ceci doit se faire avec beaucoup de ménagement, jusqu'à ce qu'on se soit aperçu qu'il n'y a plus d'ignorance; il y aurait caprice si, ayant bien exécuté, il venait à s'y refuser; alors parlez-lui avec sévérité, et servez-vous du fouet vigoureusement, sans toutefois y mettre de colère. Il est si vrai qu'on ne saurait se passer du châtiment pour forcer le cheval, même instruit, à une passive obéissance, que souvent il m'est arrivé, avec une jument fort intelligente, de lui jeter le mouchoir à une certaine distance, et de ne pouvoir obtenir qu'elle le saisît, sans la menacer de la chambrière; mais alors elle se lançait dessus avec une action considérable, et me le rapportait immédiatement.

C'est avec regret que je fais connaître les moyens

à employer pour faire mettre le cheval à genoux, le faire boiter, le forcer à se coucher, et à rester assis sur ses fesses, dans la position dite du *cheval gastronome*. Ce genre d'exercice, qui dégrade le cheval, est pénible pour l'écuyer, qui ne retrouve plus dans cette bête tremblante et humiliée, le coursier plein de fougue et d'ardeur qu'il a eu tant de joie à dompter. Mais je me suis avancé, et, bien qu'il m'en coûte, je dois remplir la tâche que je me suis imposée.

Pour obtenir du cheval qu'il se mette à genoux, nouez, à l'aide d'une corde, le paturon pour fixer la partie inférieure de la jambe en l'air; servez-vous d'une seconde longe, que vous adapterez de même au paturon de l'autre jambe. Faites-la tenir bien tendue, et frappez cette jambe de plusieurs petits coups de cravache, profitez de l'instant où le cheval s'enlève pour tirer sur cette seconde corde, de manière à faire plier la jambe. Il ne peut alors faire autrement que de tomber sur les genoux. Ayez soin de garnir de sciure de bois, ou de toute autre substance molle, le terrain sur lequel il se trouve, pour qu'il n'éprouve pas de douleur par cette espèce de chute, et qu'il ne se blesse pas; on doit aussi, pour plus de sûreté, lui garnir les genoux de morceaux de toile. Flattez-le beaucoup dans cette position, et laissez-le se relever sur le pied, dégagé de tout lien. Quand il n'offrira plus de difficultés, vous ne ferez plus usage de la longe qui lui fait plier la jambe; bientôt après vous lui laisserez les deux jambes libres, et il saura qu'il doit se mettre à genoux à la suite de petits coups de cravache frappés sur cette partie.

Cette position une fois obtenue, soutenez-lui fortement la tête à gauche, en vous plaçant de ce côté, et appuyez la rêne droite du bridon sur son encolure, pour le faire tomber sur le côté du montoir; ne discontinuez pas cet emploi de force, qu'il n'ait cédé; une fois couché tout de son long, flattez toutes les parties de son corps; pendant ce temps, faites-lui tenir la tête pour qu'il ne se relève, ni malgré vous, ni trop brusquement; profitez de cette position pour l'asseoir sur ses fesses et sur ses jarrets. Pour y parvenir, élevez-lui doucement la tête et l'encolure, avancez-lui les jambes de devant, soutenez-le fortement avec le bridon tenu par les deux mains, et placez-vous près de sa croupe. En l'élevant ainsi graduellement, vous parviendrez, en quelques leçons, à le placer en *gastronome*.

Une fois le cheval posé sur les genoux et habitué à y rester, il sera facile, à l'aide de la cravache, de le faire ainsi marcher; pour cela, on allégera, je suppose, d'abord la partie droite, en portant l'encolure plus à gauche, et de légers coups de cravache activeront le côté allégé; quand le cheval aura fait un mouvement progressif de côté, on opérera sur l'autre de la même manière ; et ainsi de suite pour l'une et l'autre jambe, jusqu'à ce que cette marche lui soit devenue familière.

L'imitation du cheval boiteux se fera encore avec le secours d'une longe qui soutiendra la jambe chaque fois que la cravache touchera dessus. Comme vous l'aurez mis en action et que vous le forcerez à avancer, il faudra bien qu'il retombe sur la jambe libre. Après quelques répétitions de cet exercice, il le fera avec un léger mouvement de la cravache.

C'est au moyen d'un autre mouvement qu'on obtiendra ce qu'on appelle le *pas de basque* ; pour y réussir promptement, il faut mettre le cheval dans les piliers, l'habituer aux *demi-pesades*, et, chaque fois qu'il retombe, le frapper de la cravache sur une jambe, puis sur l'autre, alternativement, pour qu'il ne prenne jamais son point d'appui que sur une jambe. Le caveçon, pour faciliter ce mouvement, sera soutenu avec force du côté où le point d'appui doit avoir lieu, ce qui bientôt donnera le balancé qui caractérise cette espèce de danse.

Le cheval tirera un coup de pistolet quand il saura rapporter, et lorsqu'on l'aura habitué à supporter la détonation sans ciller.

On disposera le pistolet de manière à ce qu'un bouton, long de vingt-sept millimètres, rembourré légèrement, fasse partir la détente quand le cheval le prendra avec les dents; le pistolet sera solidement attaché sur une table par des vis placées en dessous.

On trouvera d'abord très-difficile d'amener le cheval à donner de lui-même la secousse qui fait partir le pistolet; c'est en peu de temps cependant qu'il s'y soumettra, quand on l'aura bien familiarisé avec cette arme. Voici la gradation à observer :

Placez le cheval dans un endroit isolé, pour qu'il n'ait aucun sujet de distraction, montrez-lui le pistolet non chargé, éloignez-le et rapprochez-le de ses yeux à plusieurs reprises. Quand il ne cherchera plus à l'éviter, mettez en jeu la batterie ou le chien, puis après, lâchez la détente, pour faire sortir des étincelles de la pierre. Éloignez le pistolet de ses yeux, et ne le rapprochez qu'au fur et à mesure qu'il s'y habituera. Commencez à brûler de légères amorces, placez-vous à cinq ou six pas de sa tête, et continuez jusqu'à ce qu'étant bien près de lui, sa tête reste dans une immobilité parfaite. Il existe des chevaux dont l'ouïe se familiarise aux détonations plus vite que la vue ne s'accoutume au feu qui jaillit par le contact de la pierre et du couvre-feu [1]; pour ces

---

[1] Les armes à feu étant actuellement à piston, le cheval n'aura plus qu'à se familiariser avec la détonation, ce qui abrégera son éducation.

derniers, il faut, pendant quelques jours, battre le briquet près de leurs yeux. Quand ces deux organes seront bien accoutumés à ces diverses opérations, mettez la dixième partie d'une charge sans bourre dans le canon du pistolet. Restez à une distance pareille à celle que vous conserviez pour l'habituer aux amorces; après le coup parti, venez le flatter, en tenant toujours le pistolet à bras tendu vis-à-vis de sa tête; augmentez la charge et rapprochez-vous insensiblement de lui. Si le cheval cherche à se dérober à ce bruit, ne le frappez pas, car les coups n'amèneraient pas la série d'idées qui lui font apprécier et discerner l'effet de la sensation qu'il éprouve; mais ramenez-le avec beaucoup de ménagements à son point de départ, et revenez à des détonations plus faibles. Il faut avoir soin de charger le pistolet devant le cheval, et de manière à ce qu'il puisse suivre tous vos mouvements. Voilà, selon moi, les moyens les plus efficaces pour familiariser les chevaux avec le pistolet, les mouvements de la charge, et la détonation qui en résulte; une fois cet avantage obtenu, il n'y a plus qu'à leur faire serrer les dents sur le ressort, et nous avons indiqué plus haut les moyens propres à les façonner à ce travail; il faut qu'un cheval soit bien farouche pour ne pas être entièrement familiarisé avec cette arme, si on l'exerce ainsi une demi-heure chaque jour pendant un mois.

Je ne m'étendrai pas davantage sur les exemples de ce genre; on trouvera suffisamment de quoi exercer sa patience dans ce que je viens d'expliquer. Je me serais même abstenu de ces démonstrations, si plusieurs personnes ne m'avaient manifesté le désir de connaître la théorie la plus prompte pour développer l'intelligence du cheval, théorie qui ne se trouve en effet dans aucun ouvrage.

Peu de gens se livrent à ce genre de travail, qui cependant n'est pas sans quelque mérite, quand on le possède assez pour lire dans la pensée de l'animal et pour le soumettre au moindre geste.

J'engagerai l'homme de cheval observateur à se livrer quelquefois à cette étude; elle n'est pas inutile pour l'art qu'il cultive, et c'est une distraction instructive et amusante, quand on n'en abuse pas.

Cet article aura de plus l'avantage de faire perdre au charlatanisme cette espèce de suprématie qu'il avait usurpée sur la véritable équitation, en donnant pour merveilleux et presque surnaturels les moyens employés pour arriver à ces singeries, dont la plupart exigent moins de science et d'habitude qu'il n'en faut pour le simple *dressage* d'un cheval monté.

Les écuyers-voltigeurs qui, par état, sont obligés de satisfaire la curiosité publique, trouveront, je crois, dans cette esquisse, les moyens d'arriver à des résultats pareils à ceux qu'ils obtiennent, mais beaucoup plus vite, et sans avoir recours aussi souvent au châtiment machinal.

On conçoit que je n'ai pu tenir compte ni de l'aptitude plus ou moins vive des chevaux que l'on dresse, ni de celle plus ou moins prompte de l'écuyer, à saisir les nuances et les à-propos. C'est à chacun à réfléchir, à étudier et à se créer ce tact indispensable qui renferme en lui seul les deux tiers des principes.

TRAVAIL EN PLACE. Le travail en place est, d'après mes principes, le moyen dont on doit se servir pour commencer l'éducation du cheval. (*Voyez* FLEXIONS.)

TRAVAIL PRÉPARATOIRE. Avant de commencer les flexions, il est essentiel de donner au cheval une première leçon d'assujettissement et de lui faire connaître toute la puissance de l'homme.

Voici comment on s'y prendra : Le cavalier s'approchera du cheval, sa cravache sous le bras, sans brusquerie ni timidité, puis avec la main gauche il saisira les rênes de la bride à seize centimètres des branches du mors, en soutenant le poignet avec assez d'énergie pour présenter autant de force que possible dans les instants de résistance du cheval. La cravache sera tenue à pleine main de la main droite, la pointe vers la terre, puis elle s'élèvera lentement jusqu'à la hauteur du poitrail pour en frapper délicatement cette partie à des intervalles d'une seconde. Le premier mouvement naturel du cheval sera de fuir en s'éloignant du côté opposé à celui où il sentira la douleur. C'est par le reculer qu'il cherchera à éviter les atteintes. Le cavalier suivra ce mouvement rétrograde sans discontinuer toutefois la tension énergique des rênes de la bride, ni les petits coups de cravache sur le poitrail. Fatigué de ces effets de contrainte, le cheval cherchera bientôt par un autre mouvement à éviter la sujétion, et c'est en se portant en avant qu'il y parviendra; le cavalier saisira ce second mouvement instinctif, pour arrêter et flatter l'animal du geste et de la voix. Le cheval ayant bien compris le moyen à l'aide duquel il peut éviter la douleur, n'attendra pas le contact de la cravache, il le préviendra en s'avançant forcément au moindre geste. Le cavalier en profitera pour opérer avec la main de la bride, par une force de haut en bas, l'affaissement de l'encolure et des effets de mise en main, il disposera ainsi de bonne heure le cheval pour les exercices qui doivent suivre.

TRAVERSER (se). Le cheval se traverse quand

il se jette de la croupe sur l'une des jambes du cavavalier et la force.

Pour arrêter ce mouvement, il faut soutenir vigoureusement la jambe, et si ce moyen est insuffisant, user du filet pour opposer les épaules à la croupe.

Le cavalier doit être averti par son assiette de ces sortes de déplacements, et se mettre de suite en mesure de les prévenir; car, pour qu'une correction opère, il faut qu'elle suive immédiatement l'intention même de la faute.

Il y a plus, le cheval ne comprendrait la volonté de l'écuyer qu'à la longue, si le mouvement de celui-ci succédait au sien, au lieu de le prévenir; il saurait bien qu'il doit revenir dans sa première position, quand on l'y forcerait; mais, comme on ne lui avait pas dit qu'il devait s'y maintenir, il ne croirait pas faire acte de désobéissance en se déplaçant de temps à autre; or, voilà ce que l'on doit lui expliquer clairement.

TRÉPIGNER, c'est l'action d'un cheval colère qui précipite le mouvement de ses jambes en battant la terre à la même place.

Cette impatience naît quelquefois de l'irritabilité du caractère d'un cheval, souvent aussi de la contrainte maladroite dans laquelle le mettent les exigences outrées du cavalier.

Dans le premier cas, la douceur, les bons traitements, des leçons simples et courtes sont les calmants à employer ; dans le second, il faut que le cheval change de cavalier, ou ce défaut ne fera que s'accroître dans les mains inhabiles qui prétendaient l'instruire.

Il y a des cavaliers qui croient faire piaffer leurs chevaux en les faisant trépigner. Il est cependant aisé de reconnaître ce dernier mouvement, à la mauvaise humeur que le cheval y déploie, et qu'il n'a pas dans le vrai piaffer. Le manque d'ensemble dans la motion des jambes est un signe caractéristique, qui aide à distinguer l'un de l'autre ; dans le trépigner les jambes de devant sont seules mobiles, et l'arrière-main n'a qu'une action irrégulière, tandis que, dans le piaffer, chacune d'elles fonctionne comme dans un trot régulier.

TRIDE est une qualité du cheval qui lève les jambes avec vitesse, et leur donne une cadence régulière.

Cela se dit surtout des jambes de derrière, quand, malgré le poids plus considérable dont elles sont surchargées, elles quittent le sol par un mouvement prompt ; on dit alors : *Ce cheval a du tride*. C'est une beauté pour les chevaux de manége ; ils se cadencent plus agréablement, et comme ce mouvement leur est naturel, ils le prennent et le conservent tout le temps qu'on les recherche. Ces chevaux ont pour l'ordinaire de bonnes hanches et d'excellents jarrets.

Si le cavalier parvient à donner du tride à un cheval dont la construction s'oppose à ce mouvement, il pourra s'arroger le titre de savant cavalier.

Il faut bien se garder de confondre le mouvement moelleux du tride avec la contraction convulsive de l'éparvin sec.

TROT (le) est une allure naturelle que le cheval prend en levant en même temps deux jambes transversalement, c'est-à-dire l'une des deux jambes de devant indistinctement et l'opposée de derrière. Si la motion en est bien exacte, on dit que *le cheval trotte régulièrement*.

Comme je l'ai déjà avancé dans plusieurs articles, je conteste fortement l'utilité du grand trot pour donner du liant aux jeunes chevaux; il est, au contraire, indispensable de leur donner une souplesse préalable, pour qu'ils puissent se maintenir gracieusement à cette belle allure. Les mouvements avec lesquels l'équilibre s'obtient le plus aisément, doivent précéder ceux qui présentent plus de difficultés; c'est le travail en place et l'allure du pas qui préparent le cheval au trot, et le mettent à même de conserver aux allures allongées l'aplomb qu'il a acquis aux exercices précédents.

Ce n'est pas assez que le cheval trotte vite ; il faut encore que l'effort qu'il fait à cette allure, ne prenne pas sur son équilibre, et qu'il réponde aussi vivement et avec autant de précision qu'au pas, à tout ce que le cavalier lui demande ; alors seulement on pourra se glorifier de la vélocité du trot de son cheval, puisqu'on ne lui en transmettra pas moins les forces nécessaires à toutes les directions.

TROT (battue de). On entend par battue de trot, l'action produite par les jambes antérieures et postérieures transversales du cheval, en se levant et en posant en même temps sur le sol. Plus le corps du cheval est bien placé, soit naturellement, soit par l'art, plus la battue du trot est régulière. Il est essentiel que cette battue se fasse distinctement à l'instant où les deux pieds posent à terre, sans cela les mouvements manquent d'harmonie ; la confusion qui en résulte rend le cheval plus difficile à conduire et met son équilibre en défaut. Le cavalier doit donc s'attacher à donner une battue de trot régulière à son cheval, sous peine de le rendre promptement incapable d'aucun beau service. (*Voyez* ÉDUCATION RAISONNÉE.)

TROT ESPAGNOL. (*Voyez* PAS ESPAGNOL.)

U

UNIR UN CHEVAL, c'est le remettre sur le bon pied quand il est désuni, c'est-à-dire sur le pied droit quand il est à main droite, *et vice versâ*.

En ligne droite, il n'y a pas de bon ou de mauvais pied, et, pourvu que le cheval galope uniment, on ne doit rien lui demander de plus; mais, du moins, est-il essentiel de le maintenir uni. (*Voyez* GALOP, pour les moyens à employer.)

V

VAILLANT (un cheval) est celui qui joint le courage à la vigueur.

Ces deux qualités, bien difficiles à rencontrer, laissent peu de chose à faire à l'écuyer; aussi n'est-ce pas là qu'il peut développer tout son savoir.

VENTRE A TERRE. On désigne par ce mot le cheval qui galope de toute sa vitesse, et de manière à ce que l'extension de ses extrémités et leur éloignement du centre, rapproche autant que possible son ventre de la terre.

Les chevaux destinés aux courses sont ceux auxquels cette position est la plus habituelle.

Si l'on me demande à quoi peut servir cette accélération outrée dans les mouvements des chevaux : à rien, répondrai-je, soit comme utilité, soit pour l'amélioration de la race chevaline. Mais l'intérêt particulier l'emporte toujours sur l'intérêt général; on a voulu surprendre, éblouir, émouvoir même, et cette excessive rapidité est très-propre à produire ce résultat.

Voyez le mot COURSES, pour les moyens qu'il faudrait employer, afin de les rendre fructueuses, sans rien diminuer de l'admiration publique.

VOLONTAIRE, se dit d'un cheval qui se livre continuellement à des actes de fantaisie et de désobéissance.

Le cheval bien assoupli, dont on épie et dirige tous les mouvements, ne peut être volontaire; car, sentant le pouvoir du cavalier, il se soumet à son influence; mais il faut faire en sorte que le raisonnement serve de base à tous les moyens que l'on mettra en pratique. Je l'ai déjà dit, ce n'est qu'à force de raison qu'on dominera le physique du cheval, et bientôt son intelligence.

VOLTE (demi-). On appelle demi-volte une figure dans laquelle le cheval décrit la moitié d'un cercle. Dans la demi-volte ordinaire, les jambes de devant ont le plus grand cercle à parcourir; c'est l'opposé dans la demi-volte renversée. L'une et l'autre se prennent indistinctement dans toutes les parties du manége; ordinairement, on les commence après le passage d'un des petits côtés.

La demi-volte renversée est plus facile à exécuter que la demi-volte ordinaire, en ce que le contact des jambes qui active d'abord l'arrière-main, aide en même temps à sa mobilité.

Pour la demi-volte ordinaire, il faut, au contraire, reporter toute l'action sur la partie antérieure, pour que celle-ci ait un mouvement de rotation sur les hanches. La difficulté consiste donc à contenir la croupe de manière à ce qu'elle attende les épaules.

VOLTIGER, c'est l'action de sauter sur le cheval, soit qu'il reste en place, soit qu'il galope.

On confond souvent sous le même titre les écuyers et les voltigeurs, quoiqu'il n'y ait entre eux aucun rapport, les études de l'équitation et de la voltige étant entièrement différentes. Il est vrai que le voltigeur est toujours à cheval, ce qui, jusqu'à un certain point et aux yeux du vulgaire, l'assimile à l'écuyer; mais le plus souvent il néglige et ignore les principes de l'équitation. Soit que la voltige captive toute son attention, soit que l'habitude de ses mouvements de corps et de jambes l'empêche de se fixer dans une même position, toujours est-il que les voltigeurs, sauf quelques exceptions rares, sont loin d'être de bons écuyers. *M. Laurent Franconi*, dont je me plais à reconnaître la haute capacité, était nécessairement dans l'exception. Il pouvait à bon droit revendiquer le titre d'écuyer.

On devrait donc, pour distinguer les voltigeurs, des danseurs de corde et des écuyers, ajouter un trait d'union entre ces deux titres, et dire *écuyers-voltigeurs*.

FIN.

TABLE.

Introduction, page 1.
Rapport de M. le capitaine de Kersolain, x.
Rapport de M. le capitaine Guays, xiii.
Rapport de M. le capitaine de Mezange, xv.
Rapport de M. le lieutenant-colonel de Mermet, xix.
Rapport de M. le capitaine Pereimond, xxiv.
Rapport de M. le capitaine Delard, xxvii.
Résumé des rapports de MM. les Officiers composant l'état-major de l'Ecole de cavalerie de Saumur, xxxi.
Rapport de MM. les capitaines détachés à l'Ecole de cavalerie de Saumur, xxxv.

Abandonner un cheval, 1.
Académie, 2.
Accord, 3.
Acculer (s'), 4.
Acheminer un cheval, 5.
Achever un cheval, 6.
Action, 6.
Adela, 6.
Aides (les), 7.
Airs bas, airs relevés, 7.
Ajuster un cheval, 12.
Ajuster les rênes, 12.
Alléger, 12.
Amazone, 13.
Amble (l'), 16.
Animer un cheval, 17.
Appui, 17.
Appuyer des deux, 18.
Ardeur, 18.
Armer, 18.
Arrêt (l'), 19.
Arrêt (le demi-), 19.
Arrondir un cheval, 19.
Assembler un cheval, 20.

Asseoir un cheval, 20.
Assouplissement, 21.
Assuré, 22.
Attacher (s'), 23.
Attaque, 23.
Attaquer, 23.
Attendre un cheval, 26.
Aubin (l'), 26.
Avantage (être monté à son), 27.
Averti (pas), 27.
Avertir un cheval, 28.
Balancer, 28.
Ballottade (la), 29.
Barres, 29.
Battre à la main, 33.
Bégayer, 34.
Bercer, 34.
Bond (le), 34.
Bouche égarée, 34.
Bouts en dedans (les deux), 35.
Branle de galop, 36.
Brave, 36.
Brider (se bien), 36.
Bridon, 37.
Brillant, 37.
Bringue, 38.
Brouiller (se), 38.
Buade, 38.

Cabrer (se), 39.
Cabriole ou Capriole, 40.
Cadence (la), 40.
Caracoler, 40.
Carrière (la), 41.
Carrousel (le), 41.
Casse-cou, 42.
Caveçon, 44.
Centre de gravité, 46.
Chambrière, 47.
Changement de direction, 48.
Changement de main, 49.
Changement de main renversé, 49.

20*

Changement de pied (à chaque foulée), 49.
Chasser son cheval en avant, 51.
Châtier, 51.
Chatouiller, 51.
Chatouilleux à l'éperon, 52.
Chercher sa cinquième jambe, 53.
Cheval, 53.
Cheval dans la main, 54.
Cheval entier à une main, 55.
Cheval portant bas, 56.
Cheval portant au vent, 56.
Chevaler, 57.
Chevaline, 57.
Chevaucher, 57.
Choper, 58.
Col ou encolure, 58.
Conduire son cheval étroit ou large, 59.
Confirmer un cheval, 59.
Contraction, 60.
Contredanse, 61.
Contre-changement de main, 64.
Contre-temps, 64.
Coucher (se), 65.
Coup de hache, 65.
Couper (se), 66.
Courbette (la), 67.
Course, 67.
Courses de bagues, 71.
Cousu, 73.
Cravache, 74.
Croupade (la), 74.
Croupe au mur, 75.
Croupionner, 76.
Cru (monter à), 76.

Débourrer un cheval, 76.
Décousu, 77.
Défendre (se), 78.
Défendre, 79.
Délibérer un cheval, 82.
Demander, 83.
Désarçonner, 83.
Descente de main, 84.
Désespérade, 84.
Désuni, 85.
Détacher la ruade, 85.
Déterminer un cheval, 86.
Détraquer, 86.
Dévider, 87.
Dompter un cheval, 87.

Donner la main, 88.
Dos de carpe, 88.
Doubler, 88.
Doubler les reins, 90.
Dresser, 91.
Dresser (se), 98.
Dur à cuire, 99.

Ebranler son cheval au galop, 99.
Ecart, 99.
Echapper, 100.
Ecouter son cheval, 101.
Ecouteux, 101.
Ecuyer, 102.
Education raisonnée du cheval, 108.
Effets d'ensemble, 123.
Egarer la bouche d'un cheval, 125.
Elargir son cheval, 125.
Emboucher un cheval, 126.
Embrasser son cheval, 126.
Emporter (s'), 126.
Encapuchonner (s'), 127.
Enfoncer les éperons dans le ventre, 127.
Ensemble, 127.
Entabler (s'), 128.
Entamer le chemin à main droite, 128.
Entier, 129.
Entrer dans les coins, 129.
Entretenir, 129.
Epaule en dedans (l'), 129.
Eperon, 131.
Equitation (l'), 132.
Esbrillade, 137.
Escapade, 138.
Escavessade, 138.
Estrapade, 138.
Estrapasser, 139.
Etriers, 139.

Façonner un cheval, 140.
Faire la révérence, 140.
Fait (cheval), 140.
Falcade (la), 141.
Fantaisie, 141.
Fantasque, 142.
Farouche, 142.
Farouche, 142.
Faux, 143.

TABLE. 315

Ferme, 143.
Fermer, 144.
Fier, 144.
Filet, 145.
Fin, 147.
Fingard, 147.
Finir un cheval, 147.
Flexions, 147.
Fond, 153.
Forcer la main, 154.
Forces (faire les), 154.
Forces du cheval, 154.
Forger, 155.
Fougueux, 156.
Foule, 156.
Fourche (la troisième), 157.
Fournir sa carrière, 157.
Frein, 157.
Frein (mâcher son), 157.
Fuir des hanches, 158.

Galop, 161.
Galop gaillard, 176.
Galopade (la), 176.
Galoper près du tapis, 177.
Ganache, 177.
Gaule, 177.
Gourmander un cheval, 178.
Gourmette, 178.
Gourmette (fausse), 179.
Goûter la bride, 179.
Gouverner son cheval, 180.
Gras de jambe, 180.
Gueulard, 180.
Guindé, 180.

Haquenée, 181.
Hagard, 182.
Hanches, 183.
Haras, 184.
Harasser un cheval, 185.
Hardies (branches), 185.
Haridelle, 186.
Harper, 186.
Haute école, 186.
Holà, 187.
Homme de cheval, 188.
Hors du montoir, 188.
Huit-de-chiffres, 189.

Impulsion, 189.
Inaction, 190.

Indomptable, 191.
Instinct, 192.
Intelligence, 192.

Jockey anglais ou homme de bois, 196.

Lâcher la main à son cheval, 197.
Leçon, 197.
Léger à la main, 203.
Liant (cheval), 204.
Loyal, 204.

Mâcher son mors, 205.
Mâchoire, 205.
Main légère, 206.
Maître à danser, 207.
Manége, 207.
Maquignon, 209.
Marcher de deux pistes, 213.
Martingale, 213.
Mécanisme, 219.
Mêler un cheval, 219.
Mener son cheval sagement, 220.
Mettre dans la main, 220.
Mezair (le), 220.
Mis, 221.
Molette, 221.
Monter entre les piliers, 221.
Montoir, 222.
Mors (du) et de ses effets, 223.
Mors aux dents, 230.

Nature (mauvaise), 231.
Neuf (cheval), 231.

Obtenir d'un cheval, 232.
Ombrageux, 232.
Oppositions, 234.
Oscillations, 234.
Outrer un cheval, 235.

Palefroi, 235.
Partager les rênes, 235.
Pas (le), 236.
Pas de côté, 236.
Pas (le), le saut et le galop gaillard, 236.
Pas espagnol, 237.
Passade (la), 238.
Passage, 238.

Pesade (la), 239.
Piaffer, 239.
Picoter, 240.
Piliers (les), 241.
Pincer des deux, 242.
Pirouette (la), 242.
Piste (la), 243.
Placer un cheval, 244.
Plate-longe, 244.
Plier le cou d'un cheval, 245.
Pointe, 245.
Position de l'homme à cheval, 245.
Position du cheval, 255.
Portant bas (cheval) 255.
Portant au vent (cheval), 255.

Race, 255.
Raccourcir un cheval, 256.
Ralentir un cheval, 256.
Ralentir (se), 257.
Ramener (tous les chevaux peuvent se), 257.
Ramingue, 260.
Rare, 260.
Raser le tapis, 261.
Rassembler, 261.
Rebours, 264.
Rebuter un cheval, 265.
Réchauffer un cheval, 265.
Rechercher un cheval, 265.
Recommencer un cheval, 266.
Reculer (du), 267.
Réduire un cheval, 269.
Rênes, 270.
Rêne (prendre la cinquième), 270.
Renverser, 271.
Renverser un cheval, 272.
Replier, 273.
Reprise, 273.
Rétif, 273.
Rouler à cheval, 274.

Ruade, 274.
Rudoyer son cheval, 275.

Saccade, 276.
Sage (le cheval), 276.
Saut (le), le pas et le galop gaillard, 277.
Saut de mouton, 277.
Saut de pie, 277.
Saut du fossé et de la barrière, 278.
Scier du bridon ou du filet, 280.
Selle, 280.
Sentir son cheval, 282.
Solliciter, 282.
Soubresaut, 283.
Souple, 283.
Soutenir un cheval, 283.
Surmener un cheval, 284.
Surprendre un cheval, 284.

Tâter son cheval, 284.
Terre-à-terre, 285.
Tête au mur, 285.
Travail des chevaux en liberté, 286.
Travail en place, 303.
Travail préparatoire, 303.
Traverser (se), 304.
Trépigner, 305.
Tride, 306.
Trot (le), 307.
Trot (battue de), 308.
Trot espagnol, 308.

Unir un cheval, 309.

Vaillant (un cheval), 309.
Ventre à terre, 309.
Volontaire, 310.
Volte (demi-), 310.
Voltiger, 311.

FIN DE LA TABLE.

Paris.Imprimerie de Mme Ve Dondey-Dupré, rue St-Louis, 46, au Marais.

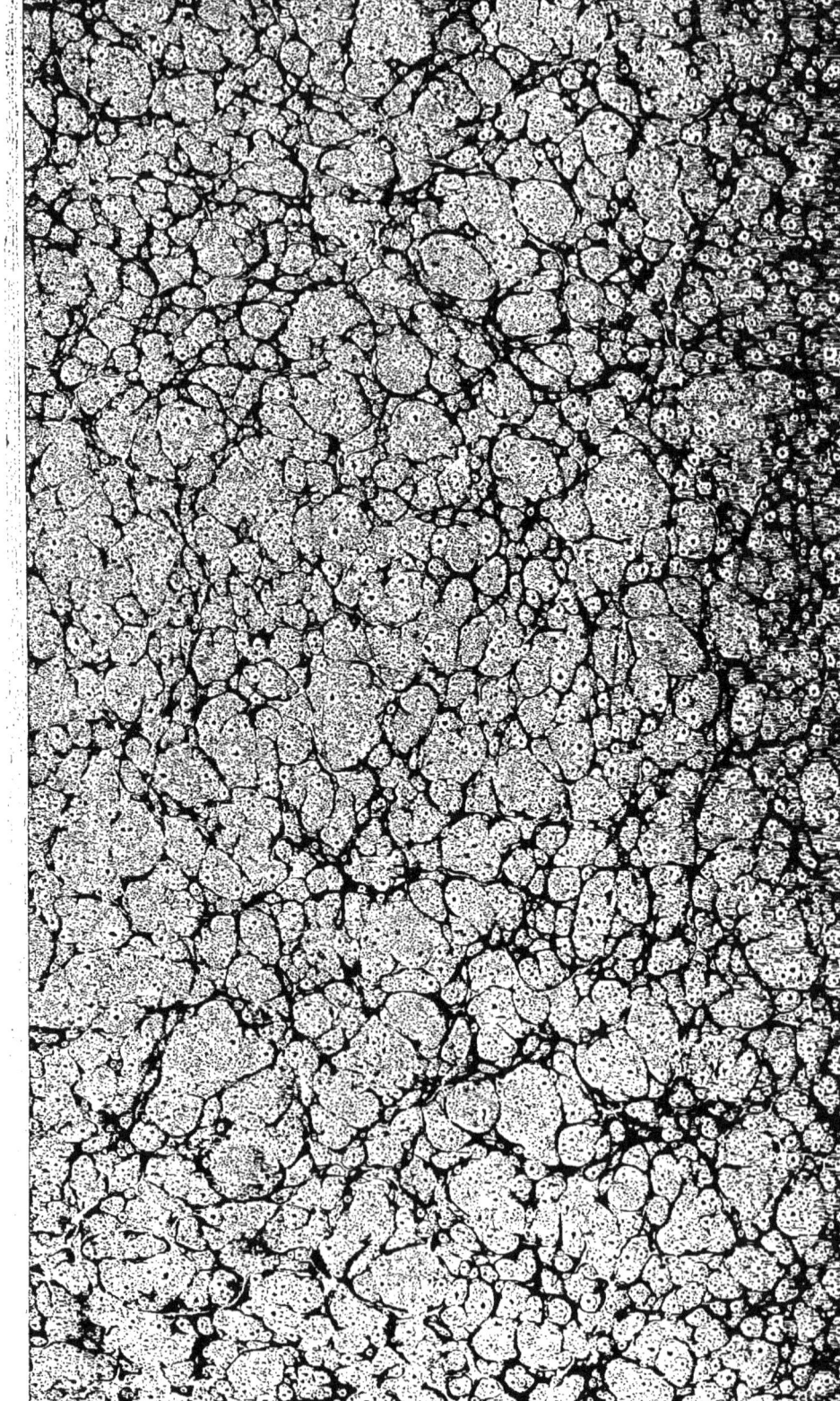

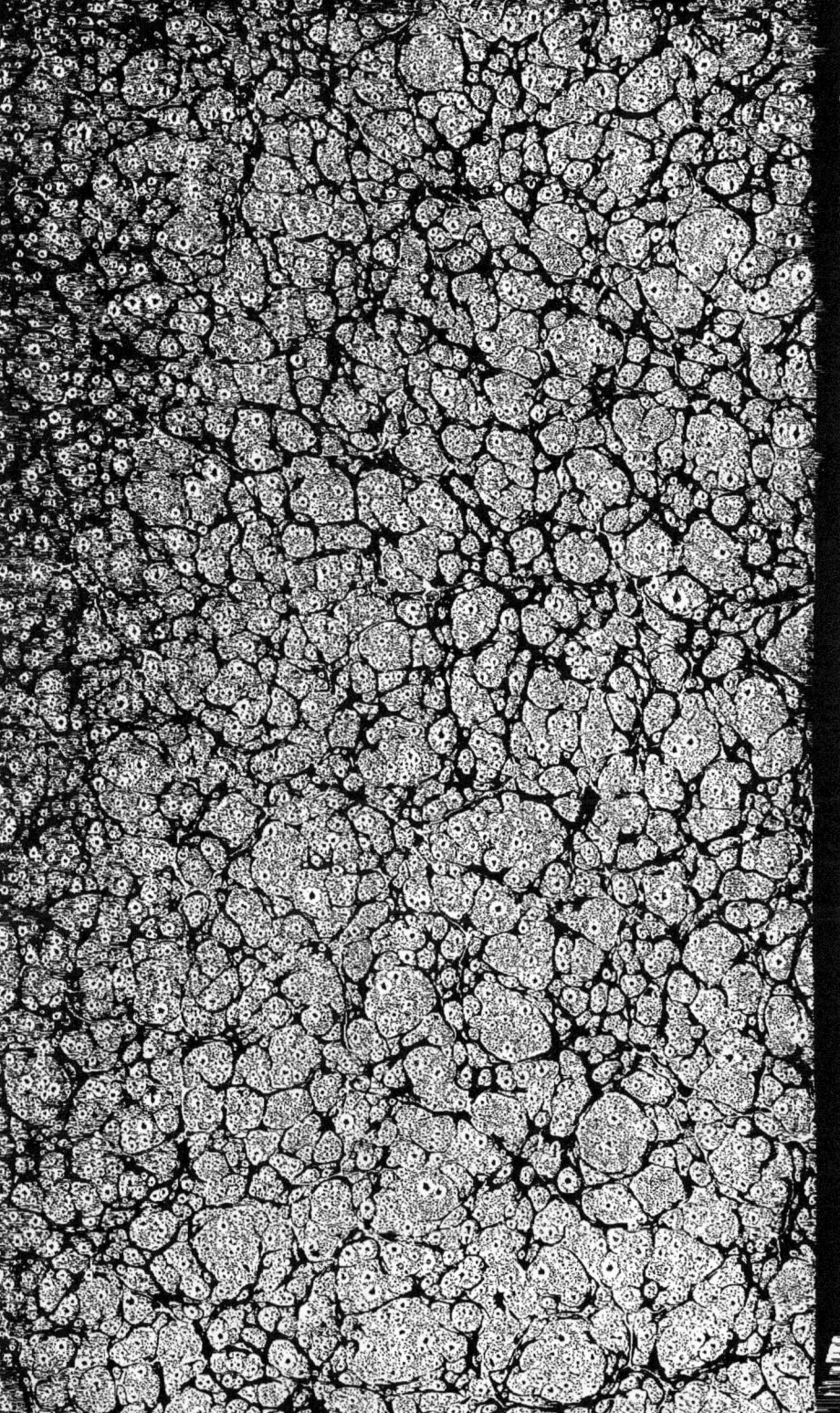

www.ingramcontent.com/pod-product-compliance
Lightning Source LLC
Chambersburg PA
CBHW050250170426
43202CB00011B/1622